# エヴァンジェリカルズ

## アメリカ外交を動かすキリスト教福音主義

EVANGELICALS AND AMERICAN FOREIGN POLICY

MARK R. AMSTUTZ

マーク・R・アムスタッツ

加藤万里子 訳

橋爪大三郎 解説

太田出版

# エヴァンジェリカルズ

アメリカ外交を動かすキリスト教福音主義

EVANGELICALS

AND

AMERICAN FOREIGN POLICY

BY MARK R. AMSTUTZ

# エヴァンジェリカルズ　アメリカ外交を動かすキリスト教福音主義　目次

# まえがき

冷戦後、アメリカの福音派の政治的影響力は著しく増大した――二〇〇六年、アメリカ外交問題評議会シニア・フェローのウォルター・ラッセル・ミードは、有力外交誌「フォーリン・アフェアーズ」でそう述べている。それまでアメリカの政治に登場する宗教勢力を支配していたのは「メインライン・プロテスタント」〔保守的な福音派ではない、リベラルなプロテスタントを指す。「主流派プロテスタント」と呼ばれることが多い〕であった。しかし、保守派プロテスタント教会の成長により、その権力はメインラインから、保守派プロテスタントから成る福音派へと移行した。この変化について、ミードは次のように書いている。「アメリカのプロテスタンティズム内で保守派の信徒が増え、二〇世紀半ば当時はアメリカで主流を占めていたリベラル派プロテスタントの信徒が減少している。この宗教勢力地図の変化は、すでにアメリカの外交政策を大きく変えている」(1)

この勢力交代は、人口統計の大規模な変化を反映している。一九六〇年から二〇〇三年の間に、メインライン教会の信徒数は二九〇〇万から二二〇〇万に減少した。これを比率で見るとその凋落ぶりはさらに劇的なものとなり、アメリカのすべての宗教集団の二五パーセントからわずか一五パーセントにまで落ち込んでいる。その一方で、急激な拡大を遂げたのが福音派教会である。ISAE〔北米の福音派キリスト教の研究所〕の報告書によると、二一世紀初めにアメリカの福音派は

## アメリカにおけるキリスト教の教派

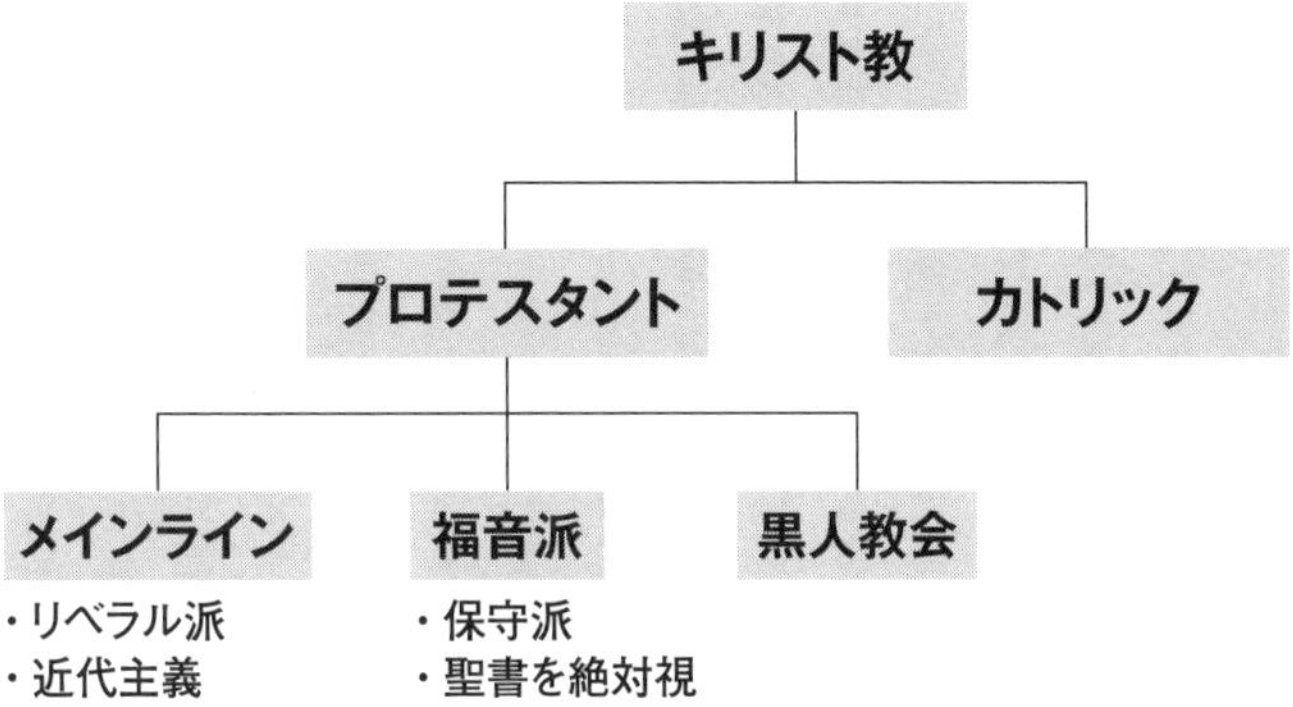


以下は、アメリカ国内の主な福音派およびメインラインの教派である。
ただし、20世紀初めのプロテスタントの分裂により、
アメリカでは各教会の中にもメインラインの信徒と福音派の信徒が共存している。

**〈福音派〉**
- 南部バプテスト連盟
- チャーチ・オブ・クライスト教会
- アッセンブリーズ・オブ・ゴッド教会
- ルター派ミズーリ・シノッド

**〈メインライン〉**
- 合同メソジスト教会
- 米福音ルター教会
- 米バプテスト教会 USA
- 長老派教会
- 米国聖公会

七〇〇〇万人から八〇〇〇万人と推定され、人口の約二五パーセントから三〇パーセントを占めている。しかし、この数字には福音派の神学を共有する黒人教会が含まれていない。そのため、報告書はこう結論づけている。「アメリカの福音派の総数は、平均で人口のおよそ三〇パーセントから三五パーセント、約一億人と言ってよい」(2)

福音派が政治、とりわけ国際関係への関与を強めていることは、アメリカの宗教と政治における重要な展開である。というのも、彼らは二〇世紀の大半を宗教活動に専念して過ごし、公共問題と関わることを避けてきたからだ。なぜ公共問題に無関心だったのか？　それは原理主義のはじまりと関係している。二〇世紀初め、聖書批評学〔聖書の起源の批判的調査〕、科学主義、進歩思想の影響を受けたメインライン・プロテスタント教会が伝統的なプロテスタンティズムの教えから離れはじめたため、信徒たちの間で伝統的なプロテスタントの「原理」を強調する運動が起こった。この原理主義運動は次第に宗教的信条、聖書の教え、世俗の問題よりもスピリチュアルな〔本書では、spiritual（一般に「霊的」）ということばを「スピリチュアル」と訳している。同様に、spirituality（「霊性」）は「スピリチュアリティ」とする〕問題の優先性をさらに強調するようになり、真の信仰を守るためにメインライン教会から離脱することを求めた。こうして、伝統的な教えに忠実な信徒たちは、政治や社会よりも宗教を優先する分離戦略にますます傾倒するようになったのである。

原理主義者たちの社会、文化、政治からの離脱——キリスト教神学者H・リチャード・ニーバーのことばを借りれば「文化に対立するキリスト」〔ニーバーが五つの類型にまとめた文化とキリストの関係のひとつ〕——は、一八世紀と一九世紀にアメリカ文化の主流だったより包括的なプロテスタント信仰との決別を意味していた。このような過激な分離主義に異を唱える原理主義者の一部が、ほどなくして伝統的なプロテスタントの信仰と実践に立ち戻る新しい福音主義を求めはじめる。この新たな運動は、原理主義と同じ中核となる教義上の信条を持ちながら、世俗の出来事にもしっかりと関わり、公共道徳と社会問題を促進するためにほかのキリスト教集団と協力していくことを望んでいた。一部の識者たちは、原理主義者と福音派の実質的な違いは、メインライン・プロテスタントやローマ・カトリック教徒と積極的に連携しようとするこの福音派の意欲にある、と考えている。

## 福音派のグローバルな展開

本書では、アメリカの福音派が国際問題に与える影響について考察する。政府関係者が外交政策を国益促進の手段と見なしているのに対し、福音派は外国の人々のスピリチュアルな幸福と世俗的な幸福に配慮する手段と考えている。この使命を実践するうえで中心となるのが、福音〔聖書の教え〕を説き教えることと、人々、とりわけ貧困社会の人々のニーズを満たすことだ。そのために福音派は、教会や神学校の建設、聖書学と神学の教育、聖書の現地語への翻訳をおこなっている。さらに、それと並行して子供のための学校の設立と読み書き能力の向上、診療所と公共医療施設の建設、農業開発の推進、食料の分配、孤児院の創設、人間の生まれながらの価値に関する価値観の普及といった人間の尊厳を高める活動にも努めてきた。つまり、福音派のグローバルな関わりは主にスピリチュアルな関心から生じているが、スピリチュアルな側面と人道的な側面の両方を兼ねそなえていると言ってよい。

アメリカのプロテスタントは一九世紀初めに宣教活動を本格化させるが、この宗教活動には当初から社会、教育、医療のニーズを満たすさまざまな人道的奉仕がつきものだった。宣教師は外国からやってきた福音の使者であると同時に、国際的な人道支援の実践者でもあったというわけだ。それだけではない。人間の尊厳を促進する価値観と実践を教え、自らその模範となることによって、文化の改革者の役割も果たしていた。人間の持って生まれた価値、良心の自由、人間の平等、個人の道徳的自律性は、彼らによって広められたのである。また、外国社会の情報を伝え、国際問題への関心を高めた宣教師は、アメリカの国際主義の旗手でもあった。さらに、外国の言語と文化にもっとも精通していたことから、海外、特にアジア、アフリカ、ラテンアメリカを訪れる政府やビジネスリーダーへの教育にも力を貸していた。

宣教活動は、二〇世紀前半を通して拡大を続けた。一九四〇年代半ばに新しい福音主義が出現すると、人道組織が発達して公共問題への関心が一段と高まり、世界的な活動の幅と深みがさらに増した。このころ、まだ国際政治にほとんど関心を示していなかった福音派が、唯一活発におこなっていたのが無神論を掲げる共産主義への反対運動である(3)。冷戦の間中、彼らがソ連の共産主義を断固として批判し続けたのは、その全体主義もさることながら、ソ連が超越的な宗教に反対していたからにほかならない。共産主義を「偽」宗教(4)と見なしていた福音派にとって、冷戦はふたつの対立する宗教的世界観の争いだったのである。それが、アメリカの封じ込め政策への強い支持につながったというわけだ。

反共主義は、宗教迫害の被害者を支援する、という新たな関心をもたらした。共産主義政権下では信教の自由が奪われていたため、全国福音派協会（ＮＡＥ）――約四五の教派から成る福音派の非公式団体――は宗教迫害の増加を懸念して複数の決議を採択する(5)。ところが、一九九〇年にソ連の共産主義体制が崩壊した後も、宗教弾圧はなくならなかった。それどころか、狭量な部族、民族、宗教団体による迫害が増えたため、ＮＡＥの戦いは今にいたるまで続いている。

福音派の政治への関わりがさらに公なものになったのは、一九七〇年代初めのことである。最初に彼らを駆り立てたのは、人工妊娠中絶や公立学校での祈りといった国内の社会問題である。アメリカ社会が世俗主義と物質主義に席巻されつつある、という危機感から、関連するほかの問題への活動も活発になった。しかし、冷戦の緊張が和らぐにつれて、その関心は国内問題から国際問題、特に宗教迫害やそれに関連する人権問題へと移っていく。そして一九九〇年代初め以降、ミードが述べたようにアメリカの外交政策における福音派の影響力はますます強まっている。それと同時に、彼らのアドボカシー〔政策提言とロビー活動〕に対する懸念も芽生えた。先にあげたような問題におけるイニシアチブの効果と、さらに重要なことに、教会の優先事項がスピリチュアルな問題から世俗の問題に移っていることに不安を抱く人が増えてきたのだ。思慮に富んだ識者の間では、こんな声が上がっている。教会は利益団体ではなく、そのように機能しはじめればスピリチュアルな権威と道徳的な権威を失う恐れがある、と。

これまでのところ、福音派は主にふたつの方法でアメリカの外交に参与してきた。ひとつは、宣教師による宗教活動と人道活動を通して、平和で思いやりのある国際関係づくりに直接的に貢献すること。とりわけ、外国社会の知識を提供し、道徳的に統合された国際社会という理想を育み、グローバル社会という意識を育てることに尽力してきた。福音派はアメリカの国際主義の先頭を走ってきたと言えるだろう。しかし近年は、この直接的な取り組みに、外交政策問題へのアドボカシーが加わった。冷戦終結以降、福音派は数多くの外交政策問題への関与をさらに深め、その意思決定により大きな影響を与えようとしているのである。彼らはこれを、基本的な宗教的価値観と道徳的価値観を強調すること、宗教の自由や人権に関する特定の公共政策のイニシアチブに草の根支援を動員することによって実行してきた。

社会と政治をどう考えるかについて教義が確立されているローマ・カトリック教会とは異なり、福音派には政治活動の指針となる社会的な教義がない。それにもかかわらず、信徒の公共問題へのアプローチに働きかける、聖書に基づいたある大まかな枠組みを確立している。基本的に、福音派のアプローチは世俗の問題よりもスピリチュアルな生活を優先する。個人を救済すれば世界の社会的な問題や物質的な問題が解決する、と考えているからではない。むしろ、個人の道徳改革によって公正で人道的な政治社会の基盤ができる、と信じているからなのである。

福音派の活動がアメリカの世界の諸問題への取り組みに与えている発展的な影響とはどのようなものなのか？　アメリカの福音主義の拡散的かつ草の根的な性質を考えると、それを定義することは容易ではない。国際関係における福音派の過去と現在の役割を疑わしく思う向きがいるのももっともなことだろう。そこで本書は、一般に流布している福音派にまつわるさまざまな誤解を解くことによって、彼らが国際問題において果たしている独特な役割を詳しく説明していく。

## 本書の構成

本書は大きくふたつに分けることができる。前半の第一章から第四章では、福音派のグローバルな展開の起源と性質について探る。ここでは、外交政策における宗教の役割、福音主義の性質、宣教活動の影響、福音派の政治倫理について考察する。第五章から第八章では、福音派の世界観を国際関係に適用し、アメリカとイスラエルの絆、世界の貧困、そして国際的な宗教の自由、人身売買、気候変動、移民といった特定の外交政策問題に焦点を当てる。そして、福音派の政治的アドボカシーの多くの欠点を特定したのち、最終章の第九章で世界の諸問題への積極的な取り組みについてより信頼できる戦略を策定できるように、多くの提案をおこなう。

本書は福音派をテーマにしているため、最後にこのキリスト教徒集団のアイデンティティに触れておこう。福音派は、教会学〔神学の一部門で、教会の性質・組織・歴史に関する教説の研究〕が確立された教会連合でもなく、明確な教義の下に団結した合理的な運動でもない。教派の相違よりも共通の聖書信仰〔聖書を誤りない神のことばと信じる信仰〕を重んじる教派横断的なプロテスタント運動であるため、進歩的なメインライン・プロテスタント教会などの他宗派にも福音派は多数存在している。そういうわけで、神学者の間では福音主義の定義に関する統一見解はないのだが、本書では福音派を同じ信条と実践を共有する特定のキリスト教の信徒たちとする。

# 第1章 キリスト教と外交政策

福音派はどのように外交政策と関わり、どのような影響を及ぼしているのだろうか？　その答えを知るために、まずは外交政策が展開される背景、特に外交における道徳的価値観と宗教規範、そしてそれらが果たす役割を調べることからはじめたい。それによって、福音派の信条がどのような状況でアメリカの対外姿勢に影響を与え続けているのかが明らかになる。本章では、三つの視点――道徳と外交政策、宗教とアメリカ国家の発展、道徳的価値観と政府の意思決定の融合――からこの問題を考察する。

## 道徳と外交政策

まずは前提として道徳的価値観と国際政治の関係について簡単に述べておこう。

諸民族が民族性や文化特性を保持しつつ共存していく――このような文化的多元主義の広がりを理由に、理論家や政府関係者の中には、国家間に政治道徳〔政治において遵守すべき規範〕は存在しない、とまで言う者もいる(1)。しかし、「万国共通の道徳的価値観などない」という確たる根拠はどこにもない。

本書は、規範――わけても道徳的価値観――は、個人であろうと集団であろうとすべての人間の行為に不可欠な要素である、という前提のもとに書かれている。政治理論学者A・J・M・ミルンが述べたように、価値観に一致するところがまったくなければ、国際社会と国際政治を維持することは不可能である。せめて、最低限の道徳といったものが必要だ。このような国際的な道徳の例として、ミルンは人命の尊重、正義の追求、連帯意識、社会的責任、恣意的干渉からの自由、礼節などをあげている(2)。

同様に、政治理論学者マイケル・ウォルツァーも、国際社会は広くて薄い世界規模の道徳によって維持されている、と主張している。彼によると、道徳には特定の社会の境界内で濃密に練り上げられた「マキシマル」な道徳と、それほど練り上げられていない「ミニマル」な道徳というふたつの種類が存在する。そして、道徳における「ミニマル」とは「広くて薄い」ことだと言う。それは、このようなミニマルな道徳観がとるに足らないから、あるいは人間に及ぼす影響が小さいからではなく、その主張が広範に行き渡っているからである(3)。そのおかげで、女性の権利、配分の公正、刑事訴訟手続き、結婚の性質といった「マキシマル」な価値観は社会によって異なっても、紛争の平和的解決、人間の命の尊厳、環境保護といった基本的な規範については意見を一致させることができるのだ。この「ミニマル」な道徳について、ウォルツァーは名著『正しい戦争と不正な戦争』(萩原能久訳、風行社)で説得力のある根拠を示している。それによると、道徳的価値観は戦時中においても存在し、指導者たちの自己主張と正当化を通じて歴史的に実証されてきた。ウォルツァーは次のように述べている。「政治家や軍人がつく嘘があまり変わっていないということこそ、われわれの価値観が時代を隔てて変わっていないことをもっとも明瞭に証明している。彼らが嘘をつくのは、自己を正当化するためである。そうすることで彼らは正義の特徴をわれわれに示してくれている」(4)。よって、国際的な道徳基準は曖昧で、ときに識別すら難しいかもしれないが、国際社会には広くて薄いさまざまな道徳規範が存在することがわかるのである。

ほかに、政治学者のジェームズ・Q・ウィルソンも、練り上げられていない政治道徳が社会や政治を維持している、と述べている。ウィルソンによると、この道徳感《モラル・センス》は「灯台が放つ煌々とした光ではなく……むしろ、ろうそくの小さな灯である。ぼやけた影を幾重も投げかけ、吹き荒れる権力と熱情、欲とイデオロギーにさらされながら、はかなげに瞬きパチパチとかすかな音を立てている。しかし、胸元に引き寄せて両手で包み込めば、闇を追い払い、魂を温めてくれるのだ」(5)。

広くて薄い世界的な道徳規範の存在を認めたとしても、まだ疑問は残っている。その政治道徳は、国家の国際的行動にどのように影響を与えるのだろうか？

基本的に、道徳原則は外交政策の策定と遂行に次のように役立てることができる。

**1 目標と目的を定めるのを助ける。**

**2 判断基準を提供する。**

**3 人々を行動へと駆り立てる。**

まず、外交において道徳原則は灯台として機能する。国際関係という荒波を行く船を導いてくれる灯り、というわけだ。常に基準となる地点を示し、それなしに外交政策の一貫性は維持できない。政策の基本目標を設定する際も、この原則——正義、罪なき人々の保護、極度の貧困に喘《あえ》ぐ者たちへの配慮――が重要な役割を果たす。なにも、道徳を用いて具体的な外交政策目標を立案する、というわけではない。政治における道徳の役割は、むしろ外交政策の概略と視点を作り上げる手助けをすることにある。この超越的な規範について国際問題学者アルベルト・コルは、国家の行動に直接活用することはできないが、「人間の行動の道標として、灯りとして、源泉として」用いることができると述べている(6)。同様に、歴史家アーサー・シュレジンジャー・ジュニアも、外交政策目標の決定において道徳的価値観が果たす重要だが限定的な役割に注目している。彼によると、この価値観は外交政策であくまでも最後の手段として決定的な役割を果たすのがよい。また、その主な目的は「国益という概念を明確にし、磨き上げる」ことにある(7)。

次に、道徳規範は判断の基準ともなる。正邪善悪の観念なしに、大虐殺や民族浄化などの恐ろしい行為を非難したり、人権の向上や宗教の自由を促すイニシアチブを支持したりすることは不可能だ。たとえば、一九九四年のルワンダ大虐殺の後、ビル・クリントン大統領は、アメリカをはじめとして国際社会がフツ族の大量殺人から罪のないツチ族を守るために最善を尽くさなかった、と遺憾の意を表明した。また、一九九二年から一九九五年にかけてのボスニア内戦では、セルビア人によるイスラム教徒たちの民族浄化や諸々の人権侵害が明らかになるや、国際社会から多くの非難が沸き起こった。さらに、二〇一一年、リビアの反体制派勢力のベンガジ制圧後、独裁者ムアンマル・カダフィが大虐殺の決行を示唆すると、国連安全保障理事会は即座に共同軍事行動を承認した。理由は、一般市民を守るためだ。つまるところ、広くて薄いながらも、道徳規範は政府の行動の判断基準としてなくてはならないものなのである。人道的で公正な世界秩序が何によって構成されているのか？　それがわからなければ、政治的悪を特定したり批判したりすることはできない。

最後に、道徳規範は外交政策の実行を説得し動機づける。政府をエンジンとするならば、道徳はその燃料というわけだ。われわれは、人間の尊厳を守り、困窮している人々に思いやりを示す、という普遍的な精神を共有している。それゆえ、社会には「政府は惨事に対して人道的支援をおこなうべきだ」という考えが広く浸透している。メディアが報じる何千人というソマリアの栄養失調の子供たちを見てアメリカの世論が動いたのは、その典型と言えよう。現地の部族間の戦いが熾烈さを増し、十分な食料が配布されずにいると知った国民は、飢えに苦しむ人々に何らかの援助を提供するようアメリカ政府に働きかけ、政府は国連にこの問題を提起した。そして一九九二年一二月に国連安全保障理事会が軍事行動を承認すると、ジョージ・H・W・ブッシュ大統領は直ちにアメリカ軍の介入を命じ、三〇万人に食料が行き渡るように最低限の秩序を回復した。

ほかにも、乏しい資源を強力な軍隊につぎ込む北朝鮮に、同じように食料援助をおこなっている。そのような行動が、全体主義の共産主義国家である北朝鮮を抑え込む、という自国の戦略的目標に反するからといって、支援が中止されることもなかった。アメリカの国際関係／外交政策専門家デヴィッド・ラムスダインがおこなった対外援助研究によると、西洋の先進国から貧困国への莫大な援助は、主に道義心から提供されている。経済支援のいちばんの動機は、援助供与国の正義感と思いやりなのだという(8)。

このような政治道徳が実際にアメリカの外交に融合されるまでは、決して平坦な道のりではなかった。その主な理由は、冷戦中、アメリカの国際問題へのアプローチが「政治的リアリズム」に支配されていたことにある。当時の学者と政府関係者たちに言わせれば、国際政治は国家間の力《パワー》の分布によって決まるため、慎重な外交政策は道徳的願望ではなく、国益によって導かれる必要があった。さらに、中央権力が存在しない世界では、自国の安全と幸福の最終責任はそれぞれの国に帰せられる。このようなリアリストの視点では、当然のことながら経済力と軍事力が偏重され、道徳的価値観にはあまり重きが置かれない。

冷戦時代を通じてこのような「政治的リアリズム」を代表していたのが、著名なアメリカの外交官で外交思想家としても知られるジョージ・ケナンである。彼は多くの自著で、道徳的価値観は外交政策の策定と遂行にほとんど役に立たない、と主張した。その理由は、まず国家間の政治道徳について広く受け入れられている規範というものがないこと。次に、政府の意思決定は道徳的価値観ではなく、政治的配慮に基づいておこなわれるべきだということだ。そして、外交政策において道徳が果たす役割について、以下のような懐疑的な意見を示している。

道徳原則は、個人の心の中と、市民として、または政府関係者としての個人の行為の形成過程に存在する……しかし、一個人の行為が膨大な数の個人の行為と同化して政府の行動として表出すると、その性質がまったく別のものに変化し、それらの道徳概念はあまり重要ではなくなる。政府というものは、何かを成し遂げる行為者にはなれても、行為を左右する原則や主義主張そのものにはなれない。とりわけ、個人の道徳的成長の極みである自制と自己犠牲という至高の法に左右されてはならない（9）。

アメリカのほかのリアリストたちと同じように、ケナンもまた、慎重な外交政策を推進する方法はひとつしかないと述べている。それは、国際社会で追求する目標が、国家のきわめて重大な利益——安全保障、政治活動の誠実性、市民の幸福——に根ざしたものになるよう努めることだ。これらの利益は、道徳的要素は含まないが、分散化した国際社会——各国が自国の安全と幸福を追求する、異なる主権国民国家で構成される社会——から生じる根本的な目的である（10）。

ケナンが外交問題における道徳の役割を過小評価した背景には、少なくともふたつの問題がある。まず、彼は個人の道徳と政治道徳を区別していない。このふたつは関連しているが、まったく同じものではない。個人の道徳は、主に私的な関係における個人を念頭に置いた道徳原則と規則から成る。たとえば、聖書にある山上の垂訓や、「隣人を汝自身のごとく愛せ」という訓戒、真実を話す義務は、主として個人に適用されるもので、公共政策の立案に直接用いることはできない。対照的に、共同体または政治の道徳は、近隣、大学、企業、都市、国家のような集団の行動を念頭に置いた道徳規範から成る。たとえば、国家の自主独立権、それに付随する自衛権、他国への内政不干渉、国境管理権、国家間の紛争の平和的解決などである。ケナンは、道徳を個人の倫理というプリズムを通して見ていたため、約束を守ること、慈悲、寛容といった価値観が公共政策に統合されうることを認識しなかったのである。

米国聖公会の会員であるディーン・アチソン国務長官もまた、ケナンと同じ偏狭なリアリストの考え方にとらわれていたひとりだった。彼によると、外交政策の倫理基準とされているものは「道徳主義、格言、スローガンの寄せ集めである。どれも意思決定を助けることも導くこともせず、ただ混乱させるだけだ」という(11)。

ケナンが公共問題における道徳的価値観の重要性を理解できなかったふたつ目の原因は、彼の限定的な政府観である。キリスト教の思想家を含め、多くの政治理論学者が正義の促進を国家の基本的な務めと見なしているのに対し、ケナンの政府観ははるかに狭いものだった。彼にとって統治とは、社会秩序の維持、経済的繁栄の促進、外国の侵攻から社会を守るための実践演習であった。長老派教会の信徒である彼が、政府が神によって置かれたと信じていたことは疑う余地がない。それでも、信仰と外交官としての職務を進んで融合させようとはしなかった。国際的な正義、人権、もしくは貧困削減といった道徳的目標の追求は、高潔で尊敬すべき行為かもしれないが、国際社会における政府の基本職務ではない、と考えていたからだ。

国際問題と外交に鋭く切り込むケナンも、道徳と外交政策に対する考え方は説得力に欠けるものだった。人間の生活は道徳的選択を伴う。そもそも人間であるということは、家族、仕事、地域社会、国家へのさまざまな責任について日々選択することである。もちろん、ほとんどの決定は外面的なもので道徳的問題とは関係がない――正しいか間違っているか、善いか悪いか、正当か不当か、といった側面が浮上するのは稀である。しかし、気候変動、軍縮、罪のない一般市民の保護、侵略や大虐殺を終わらせるにあたっての軍の役割、環境保護といった問題に市民が取り組むとなると、必ず倫理的問題が絡んでくる。

外交も同様で、道徳的選択とは切っても切れない関係にある。政府の目標に少しでも道徳的価値観が関わっていれば、その政策の推進には必然的に倫理的分析が必要になる。競合する道徳的目標を比較検討したり、望ましい目標をもっとも効果的かつ低コストで推進する政策を立案したりする必要が出てくるからだ。公共政策の決定は、道徳的価値観に基づいておこなわれることが多い。そのため、価値観が外交政策の遂行に影響を与えるかどうかではなく、むしろどの価値観がどのように影響を与えるかが重要になる。つまるところ、価値観に影響されない外交政策など存在しないし、そのような外交政策を作ることも不可能なのだ。冷戦時代の著名な国際関係学者アーノルド・ウォルファーズは、この問題を次のように論理的に語っている。「国際政治、さらに言えば生活のあらゆる領域で〝必要なこと〟は、道徳上の判断ではなく、道徳上の選択そのものである」と(12)。

キューバ危機でソ連が中距離弾道ミサイルをキューバに持ち込んだとき、当時のケネディ政権はその脅威のほどを決定して対応を考えなければならなかった。この危機について記した自著『13日間――キューバ危機回顧録』(毎日新聞社外信部訳、中公文庫BIBLIO20世紀)でロバート・ケネディは、政策代案を検討する際に道徳の考慮が決定的な役割を果たしたと述べている。危機の初期段階において、アメリカ側の当局者たちは軍事行動の道徳的結果を評価することにほかのどの問題よりも多くの時間をかけたという。最終的にキューバに全面的な軍事攻撃をしかけなかった最大の理由は、そのような行動が「全世界におけるアメリカの道徳的立場」を、破壊しないまでも掘り崩すことになるだろう、と考えたからだった(13)。このような考慮が、必ずしも倫理的対応につながるとは限らない。しかし、意思決定者たちが自分たちの行動の正しさを判ずるとき、時間をかければかけるほど、よりよい外交政策をもたらす答えが導き出される可能性は高い。

国際社会において追求すべきは自国の利益であるというリアリストのパラダイムは、冷戦時代を通して政治に大きな影響を及ぼしたが、建国以来アメリカ国民の国際問題への関心をかき立ててきたものはそれだけでは説明がつかない。それは、今や国際関係学者や官僚たちも認めるところである。米外交問題評議会シニア・フェローのウォルター・ラッセル・ミードは、アメリカの外交政策を鋭く分析した著書で、批評家、とりわけヨーロッパの批評家がアメリカの外交を理解しないのは、彼らリアリストの枠組みにアメリカ社会の際立った特徴が組み込まれていないせいだ、と述べている。アメリカの現実を反映していないアプローチで、アメリカの外交を理解しようとしても無理がある。ミードのことばを借りれば「ジョージア州を車で旅しようというときに、オレゴン州の地図で計画を立てるようなものだ。これでは道に迷わないわけがない」のである(14)。

冷戦終結後、アメリカを支配していたリアリズムの魅力が褪せると同時に、当時の国際関係分析の定説であった「世俗化」もまた信用性を失った。冷戦の間中、西洋のほとんどの知識階層は、政治の発展と経済の近代化によって理性が信仰に取って代わり、国際社会から宗教の影響が薄れていくのは避けられない、と信じていた。深く浸透していたこの世俗主義思想のせいで、学者たちは宗教を無視し、信仰を国際問題の分析に関係がないばかりか、平和と国際秩序に有害なものとさえ見なしていた。しかし、この世俗化のパラダイムが歴史で実証されることはついぞなかった。それどころか、二〇世紀前半から宗教は国の内外の問題においてますます重要な存在となり、結局のところ、予測されていた世俗化の道を辿ったのはヨーロッパだけであった(15)。これにより、この前提の欠陥が認識されはじめ、宗教は国際政治の重要な現象として分析されるようになったのである。

## 宗教とアメリカの発展

宗教が公共生活に与える影響の大きさは、国によってまちまちである。アメリカの場合は、建国当初からきわめて重要な役割を担ってきた。国家のアイデンティティを定義する価値観と信念を提供するだけでなく、国の目標を示し、政策と行動の動機にもなっているのだ。これについて、ウォルター・ラッセル・ミードは次のように述べている。

宗教は、常にアメリカの政治、政策、アイデンティティ、文化の基層をなす大きな要因だった。国の特質やアメリカ人の世界観を形成し、そして外国での出来事へのアメリカの反応を規定してきた。アメリカ人はなぜ自国のことを特別な存在だと見なし、アメリカの価値を世界に広めていく義務を負っていると考えるのか。これも宗教で多くを説明できる。もちろん、すべてのアメリカ人がこのような自画像を持っているわけではなく、アメリカの世界における役割をめぐって激しい論争が起きることも珍しくない。しかし、「自国のことを特別な存在と見なし、アメリカの価値を世界に広めていく義務を負っているという自画像が、アメリカの内外での行動に大きな影響を与えている」と考える人は多い。(16)

一七世紀初めにイギリス人たちがニューイングランドに植民地を建設した当初から、キリスト教は生まれたばかりのアメリカ国家の精神的価値観として、宗教的シンボルとして、また道徳的指針として、公共生活で重要な役割を果たしてきた。北アメリカにおいてもっとも重要な初期入植者はピューリタンたちであった。カルヴァン主義者である彼らは、プロテスタント的な神学的伝統を重んじる新しいコミュニティを築き、国の支配から自立するために、体制的キリスト教が支配するヨーロッパを捨ててこの地にやってきた。この敬虔な開拓者たちは、アメリカという国のアイデンティティを確立するためにふたつの重要な貢献をし、その貢献がアメリカ社会に恒久的な影響を与えることになる。ひとつは、「アメリカは特別な国である」という考えを明確に定め、それを定着させたことだ。もうひとつは、続いて生まれる公共宗教〔市民宗教とも言う〕の基盤を築いたことである。前者は、アメリカは質的にほかの国と異なっているというアメリカ例外主義の思想へと発展した。後者の公共宗教とは、宗教的信念体系ではなく、むしろ国のアイデンティティを解釈するために聖なる言語〔典礼言語。日常的には用いられず、宗教行為でのみ用いられる言語〕とシンボリズムを用いることを指す。以下で、アメリカ例外主義と公共宗教というふたつの概念が、どのようにアメリカの公共生活で重要な役割を果たしてきたかを説明しよう。

まず、ピューリタンの初期入植者たちは、自分たちには神の律法を具現する政治コミュニティを確立し、維持していく責任があると信じていた。聖アウグスティヌス〔三五四～四三〇年。古代キリスト教の神学者〕の考えに倣って、「地上の国」は常に欠陥があり罪に穢《けが》れた社会だが、信徒は個人あるいは集団での生き方によって「神の国」を目指すことができる、と考えていたのである。この地上でのプロジェクトを実行するにあたって、ピューリタンたちは神がイスラエル民族と交わした約束、とりわけ、イスラエルの民をエジプトによる支配から解放することにまつわる約束〔旧約聖書では、神はイスラエルの民を主なる神の宝の民とし、約束の地カナンを与えるという契約を結ぶために、彼らをエジプトから解放したと書かれている〕から多大な影響を受けている。

たとえば、マサチューセッツ湾植民地の総督ジョン・ウィンスロップは、一六三〇年の有名な説教で、自分たちの世界観をこの神との契約理念によって説明している。自分たちが神に祝福されたことを認め、入植者たちに「丘の上の町」になるよう求めて、すべての人の眼が自分たちに注がれている、と説いたのである(17)。同時に、神の指示に従わなければ、わざわいが訪れ呪われるだろう、と警告した。そして、ピューリタンたちは、「申命記」第二八章でモーセとイスラエルの民に与えられた条件つきの約束を自分たちに当てはめて、神の指示に従い、道徳的で敬虔な生活を送りさえすれば、神の祝福を受けて新しいコミュニティが繁栄すると信じたのである。これまでにピューリタンの信仰は、彼ら自身の信条を絶対視する拡張主義的なものと解釈されたこともあったが、初期入植者たちのいちばんの関心事は神の御心に従った生き方だったのである。

そんな彼らの社会でアメリカ例外主義という思想が芽生えたのは、一八世紀末のことだった。もともとは、自由、平等、立憲主義という純粋な政治理念であったのだが、公共宗教によってそれがアメリカの特異性だと強く信じられるようになっていったのである。実際のところ、例外主義がアメリカ社会で今なお根強い影響力を保っている原因は、その宗教的かつ政治的な性質にある。参加型の小さな政府という共和制の理想のうえに成立し、宗教的レトリックによって維持されてきたのである。これについて、政治理論学者ジェームズ・スキレンは次のように述べている。

> 共和制を敷いた建国の父たちは、小さな政府とその政府に縛られない自由な個人を含む自分たちのプロジェクト全体が、歴史上唯一、神の意志による祝福と約束を表していると信じていた。その結果、国民は「世を照らす光となるべく選ばれた民」という自画像を抱くようになったのである。アメリカ市民が政府への猜疑心を抱えながらも、強い愛国心を持つに至った理由はそこにある。(18)

この宗教的レトリックと政治的レトリックの融合は、アメリカ史のいたるところで顕著である。植民地時代と独立初期において、牧師、市民運動の指導者、政府関係者たちは、アメリカ国家の誕生と発展は神の導きによるものだ、とことあるごとに言い続けてきた。たとえば一七八三年の独立記念日の説教で、牧師でもあるイエール大学のエズラ・スタイルズ学長は、神が「アメリカのイスラエル民族」を祝福したこと、そしてこれからさらに大きな祝福が与えられるだろうことを示唆している(19)。同様に、ジョージ・ワシントンもアメリカという国家に神意が及んでいることにしばしば言及しており、辞任演説では国の幸福と繁栄には宗教と道徳律の両方が不可欠だ、と強調している。近代でも、ジョン・F・ケネディが就任演説で宗教的なレトリックを使って次のように国民に呼びかけた。「神に祝福と助けを求めながら、この大切な世の中の先頭に立ち、前進しようではありませんか。神の御業が、地上では真に私たちのものとなることを念じて」(20)。レーガン大統領もまた、一九八三年に宗教系の放送局でおこなったスピーチで、やはりアメリカの独特な性質に言及している。

この祝福された国が特別に作られたことをいつも信じてきました。この偉大な土地は神のご意志によって、ふたつの海の間に置かれたのです。自由を深く愛し、故郷や友人たちから遠く離れて、未知の土地へと旅立つ勇気を持つ者たちに見出されるように。そして、彼らはこの地にやってきて、それまで誰も作ったことのないものを築き上げました。政府が人民に恩恵を与えるのではなく、人民が政府に恩恵を与える国を作ったのです。(21)

公共宗教もまた、キリスト教とアメリカ人の思想の融合から生まれたものだ。〝公共宗教〟

ということばを作った社会学者ロバート・ベラーによると、公共宗教とは「どの民族の生き方にも見出されるはずの特質のことであり、民族はそれによって自らの歴史的経験を、超越的リアリティに関わらせて解釈するのである」(22)。この公共宗教が、アメリカにおいては例外主義の基盤となっている。公共宗教はアメリカの政治信条の神学であり、例外主義はアメリカの特異性を信じること、というわけだ。

建国当初、読み書きのできるアメリカ人にとって身近な本は聖書だった。そのため、アメリカの公共宗教は聖書の中のイメージによって構築されたと言ってよい。契約、約束の地、神の選民、新しいエルサレム〔現在のイスラエル共和国の首都ではなく、キリストの体である教会の象徴〕、出エジプト……このような考え方が聖なる概念となり、市民はそれを通して新しい国の誕生と発展を解釈することができたのである。しかし、ここでもう一度強調しておかなければならないのは、公共宗教とは非宗教的な領域に宗教を用いることである、ということだ。ベラーが述べているように、公共宗教はキリスト教に代わるものではない。どちらも果たす機能が根本的に異なっている。

確かに、アメリカには公共宗教とキリスト教を区別していないキリスト教徒が多い。実際、多くのアメリカ人が、アメリカの繁栄と政治力を神の偏愛のしるしと見なそうとしてきた。しかし、スキレンはアメリカの公共宗教は必ずしもキリスト教ではない、と念を押している。彼によると、一部の福音派がアメリカ例外主義に共感する傾向は、「一九世紀末のアメリカ気質を特徴づけるワスプ〔WASP。アングロサクソン系白人プロテスタント〕の道徳的コンセンサスを取り戻したい」(23)という欲求からきており、神学または聖書の分析に根ざしたものではない。

アメリカのほとんどのキリスト教徒、とりわけ福音派と原理主義者たちがアメリカの公共宗教を支持しているという事実は、特に意外なことではない。これまでの世論調査でも、アメリカ人の大多数は自国が質的に特別であると強く信じて疑わない、という結果が再三にわたって示されている。アメリカ最大の調査会社ギャラップが二〇一〇年一二月に実施した世論調査によると、回答者の実に八〇パーセントが、「アメリカは世界でもっとも偉大であり、ほかの国とは質的に異なる」と考えていた(24)。さらに、二〇一一年のピュー研究所〔宗教に関する世論調査機関〕による世論調査でも、アメリカ人はやはり他国人よりもはるかに自国の優越性を確信している。世界二三カ国の国民を対象にした世論調査によると、自国の文化のほうが他国よりも優れているか、という問いに四九パーセントのアメリカ人が「イエス」と答えている。これとは対照的に、イギリスとフランスでこの見解に賛同したのは、それぞれ三二パーセントと二七パーセントだけだ(25)。これらの結果からもわかるように、国内の例外主義への支持は減っているかもしれないが、多くのアメリカ人が今なお自国が質的に特異で例外的である、という強い信念を持っている。そして、この信念を支えているのが聖なる言語と観念であることから、キリスト教徒は往々にしてこの国の独特な使命をより熱烈に支援するのである。

このようなアメリカの公共宗教について、国民を自己崇拝に向かわせるはたらきがある、と指摘する意見もこれまでにあった。確かに、神がアメリカを祝福してきた、という考えは誤解や誤用を招きやすい。いくつかの外交政策イニシアチブ、とりわけ「マニフェスト・デスティニー(明白なる使命)」〔アメリカの西部開拓を神の意志による当然の運命という考え方で正当化した標語〕の時代のものなどは、まさにこの信念の副産物と言えよう。しかし、一九九一年にベラーが強調したように、アメリカの公共宗教は本来、国民の自己崇拝の形態としてではなく、超越的な倫理原則と倫理観そのものに国と市民が従い、そして自らの行いの善し悪しを判断することとして考えられていた(26)。とすると、公共宗教は国と市民を道徳的行動へと駆り立て、かつ両者に道徳的責任を負わせる倫理的枠組みとなることができたのだ。「丘の上の町」になるということは、アメリカが自国の価値観と制度を他国に課さなければならない、ということではなく、そうなることによってアメリカ社会の繁栄、自由、人間の尊厳をもたらす習慣、伝統、価値観を世界に実証することができる、という意味だったのである。

アメリカの建国の父たちは、例外主義を、他国を活性化しようとする理想の中にではなく、自国のアイデンティティの中に見出していた。そう主張したのは、歴史家のウォルター・マクドゥーガルだ。「外交政策は〝アメリカとは何か?〟を定義するためではなく、それを守るために存在していた」(27)。元国務長官のマデレーン・オルブライトは、アメリカが他国を導く責任を負った特別な国だと認める一方で、外交政策は慎重に、国際規範を尊重しながら遂行すべきである、と論じている。「自分たちの正義を過信するあまり、人間だから間違いを犯しやすい、ということを忘れてしまったら、私たちの問題は解決できないでしょう。アメリカは特別かもしれません。しかし、私たちを特別扱いしてくれるよう無理強いすることはできないのです。アメリカは法を超越する存在ではなく、民主主義を広めるという神の使命を負っているわけでもないのです」(28)

## 道徳的価値観と外交政策決定の融合

道徳的価値観が政府の意思決定に不可欠なら、福音派は外交政策の策定と遂行にどのように貢献できるのだろうか？　また、キリスト教、もっと正確に言うと聖書の規範は、アメリカの外交政策にどのように役立てることができるのだろうか？

まず、選出された指導者と、その指導者が任命する政府官僚の宗教的信条と道徳的価値観によって、外交政策の意志決定に影響を与えることができる。指導者たちの善悪の判断力は意志決定の重要な要因となる。よって、道徳的目標を推進しようとするなら、基本的な道徳規範をそなえた指導者たちが必要だ。政策決定において、彼らの信念と価値観はそれほどまでに重要なのか？　それは、歴代大統領の家族計画に関する対外援助政策を見るとわかりやすい。一九八四年、ロナルド・レーガン大統領は、人工妊娠中絶を実施または支援する組織への政府の資金援助を禁じる政策をとりはじめた。メキシコ・シティ政策と呼ばれるこの措置によって、中絶を実施または支援する診療所と家族計画センターは、たとえ非政府組織（NGO）からであっても一切資金提供を受けることができなくなった。つまり、アメリカは、中絶を推進する医療および人道組織に対外援助をおこなうことができなくなったというわけだ。この政策は、ビル・クリントン政権誕生直後の一九九三年に大統領令により廃止になったが、次のジョージ・W・ブッシュ大統領が就任早々に復活させた。ところが、二〇〇九年にバラク・オバマ大統領が就任三日後にこれを覆し、指導者の道徳的信条が公共政策を一転させることを三度実証して見せた。

　指導者の宗教的価値観が外交政策に影響を与えた例としては、ハリー・トルーマン大統領のイスラエル建国支持の決定があげられる。素朴だが深い信仰心を持つバプテスト派信徒のトルーマンは、ユダヤ人たちが贖罪という神の計画で特別な位置にあると信じていた。さらに、二〇〇〇年に及ぶ国外追放の間絶えず迫害と差別にさらされ、第二次世界大戦中には人類史上最大規模の虐殺を経験したのだから、人道的支援を受ける資格がある、とも考えていた。そんな彼の宗教的信条がイスラエル支持を決めた、とは証明できないが、彼の中核となる宗教的／道徳的な信条が重要な役割を果たさなかったとは考えにくい。そのためにジョージ・C・マーシャル国務長官と国務省幹部らの強硬な反対を押し切らなければならなかったのだから、なおのことだ(29)。

　近年のジョージ・W・ブッシュ大統領の外交政策イニシアチブからも、指導者の宗教的傾向と道徳的価値観が意思決定に影響を及ぼすことがよくわかる。二〇〇〇年一二月一三日、共和党の大統領予備選挙の討論会で好きな政治哲学者を尋ねられて、彼はイエス・キリストと答えている。さらに、政権取得後は自らの意思決定の宗教的基盤について、こう説明した。「私は、外交政策の多くを自分が真理だと考えることに基づいて決定する。まず、私は全能の神がいると信じている。次に、自由は全能の神が人間に下さった素晴らしい贈り物であると信じている。自由は、外見や住んでいる場所に関係なく、すべての人間の中にある。人類全体に共通するものだ」(30)

ほとんどの前任者たちと異なり、ブッシュは国際問題に倫理的判断を下すことをためらわなかった。国際政治を権力闘争と見なすリアリストたちと違って、彼は世界の多くの問題を正義と不正義、正と邪、善と悪の対立と考えていた。このように問題を基本的な道徳的裁定に変換する傾向は、二〇〇二年にウェストポイント陸軍士官学校の卒業式でおこなった演説にも表れている。「正邪といったことばを使うことを、非外交的で失礼にあたると懸念する者もいる。私はそうは思わない。状況によってとるべき方法はさまざまだが、道徳はひとつしか存在しない。あらゆる文化、あらゆる時代、あらゆる場所において、道徳的な真理は同じである……われわれは善と悪の戦いの最中にあり、アメリカは悪をその名で呼ぶ」(31)。哲学者ピーター・シンガーによると、任期の最初の二年半の間に、ブッシュ大統領が悪について語った演説の回数は三一九回にのぼり、「悪（evel）」ということばを形容詞として使うよりもはるかに多くの場合、名詞として使っている(32)。

確かに、ブッシュ大統領をはじめとする指導者たちの宗教的信条と道徳的価値観が特定の行動や決定を招いていると実証することはできない。そうするには、人間の選択と決定にはあまりにも多くの要素が絡みすぎている。それでも、宗教と道徳が人間の行動の重要な決定要因であることは強調しておかなければならない。歴史家ポール・マークレーの言う通り、人間の信条が行動に影響を与えないのなら、「歴史はまったく意味のない研究分野になりさがってしまう」からだ(33)。つまるところ、よほどの強制的な要因がない限り、指導者は必ず自分の信念に沿ったやり方で行動するということだ。

宗教的信条が外交政策に影響を与えるふたつ目の手段は、市民が表明する意見と感情である。アメリカ政府と市民の関係は、合意に基づいた民主主義だ。そのような国では、市民の信念や考えが大きな影響力を持っている。市民は、地元、州、国家レベルで官僚を選出するだけでなく、ロビー活動やメディア・キャンペーンを通して直接的にも間接的にも指導者たちの行動に影響を与えることができる。

アメリカの外交政策はたいてい政府首脳によって提案されるが、世論は指導者の行動を支持したり抑制したりすることができる。外交政策の意思決定においては、国民に継続的に支持してもらえるかどうかが重要となる(34)。実際、外交政策のイニシアチブをとるときに国民の支持は必要ないが、イニシアチブを維持するには国民の支持か、せめて反対意見がないことが必要条件となる。もちろん、このような世論を動かし、政府の政策の始動、変更、修正を手助けするのはさまざまな組織である。

あらゆるNGOと同じように、宗教団体と教会連合も世論の動員において重要な役割を果たすことができる。たとえば、教会が議会に設置しているオフィスで議会の発案を監視し、特定の問題について教会指導者たちに絶えず情報を提供したり、道徳的に重要だと見なした問題についてロビー活動を続けたりする。さらに、教会の信徒たちにも情報を提供して、彼らの意見や感情に影響を及ぼすことも可能だ。皮肉にも、冷戦後にメインライン・プロテスタント教会が政治的アドボカシーを大幅に縮小すると同時に、それまで社会問題や政治問題をあまり重視してこなかった福音派の外交政策アドボカシーが著しく拡大した。のちほど詳しく説明するが、このような動きには必ずリスクがつきまとう。

福音派は、宗教的レトリックではなく宗教的信条と献身に基づいて国際政治への関わりを深める。以下の章では、その中で福音派が果たす役割について考察する。それによって福音派がどのように外交に関与し、進化してきたのかに光を当て、その全般的な影響を評価してみたい。

# 第2章
# 福音派の本質と起源

## 福音派の歩み

| | |
|---|---|
| 16世紀 | 宗教改革（プロテスタントが生まれる） |
| 18世紀初期 | 大覚醒（プロテスタント派の再生） |
| 18世紀末～19世紀半ば | 第二次大覚醒（福音主義の信徒数と教会への献身度の飛躍的増大） |
| 19世紀 | 従来のキリスト教の正統的な教義を信仰し続ける（つまり、福音派が主流）<br>海外宣教の拡大 |
| 20世紀初め | 福音派とリベラル派にプロテスタントが分裂→原理主義が生まれる |
| 20世紀半ば | 新福音主義の発生（のちに「新」をとって福音派と呼ばれるようになる） |
| １９４３年 | 全国福音派協会（ＮＡＥ）設立（原理主義からの分離）<br>反共運動（冷戦中）以外は主な政治活動なし |
| １９５０～60年代 | ほとんど政治と関わらず（この間、メインラインの全盛期） |
| １９７０年代初め | 国内政治に関わりはじめる（中絶、公立学校での祈りの時間） |
| １９８０年代末 | 外交問題に取り組み始める（宗教迫害、人権問題） |
| １９８０年代 | メガ・チャーチ出現（福音派の発展に貢献） |
| １９９０年代初め～ | 外交政策への影響力がますます強まる（20世紀末～メインラインの衰退） |

福音主義を定義することは難しい。教会学が確立された教会の連合組織でもなく、明確な教義の下に団結した合理的な運動でもない。むしろ、同じ信念と献身を共有する教派横断的なプロテスタント運動である。さらに、福音派は仲間の信徒にごく自然な親近感を抱いているため、教派の相違よりも共通の聖書信仰を重んじ、さまざまな伝統と国内組織を有する宗教運動だと言える[1]。本章では、そんな福音主義の起源とアメリカにおける発展について説明していく。

## 福音主義の発展

福音派を意味する英語“evangelical”（エヴァンジェリカル）は、ギリシャ語の名詞“euangelion”（ユアンゲリオン）に由来する。新約聖書では、神の子イエスが人間の罪を贖《あがな》い救済を与えるという「良い知らせ（good news）」、すなわち「福音」を表すことばとして使われている。福音主義の種が初めて蒔かれたのは、マルティン・ルター、ジャン・カルヴァン、ジョン・ノックスら教会指導者たちによる宗教改革に遡る。その目的は、聖書を読むこと、キリストと一対一でつながる個人的信仰、そして人間救済の唯一の仲介者としてのイエスの役割を重視するキリスト教の再生にあった。それはローマ・カトリック教会の伝統、慣習、権威に挑戦するものでもあったため、この運動はプロテスタンティズム〔反対・抵抗するという意味〕と呼ばれるようになる。ルターとカルヴァンにしてみれば、救済は聖職者によって施されるものではなく、イエスを救い主であり主であると信じるすべての者に与えられる、神からの贈り物だった。このような経緯から、一七世紀にプロテスタント教会が誕生すると、その一部が初期のキリスト教信仰への献身を強調するために、名前に〝エヴァンジェリカル〟(「福音」)を取り入れはじめた。これらの教会の末裔の多くが、今も〝エヴァンジェリカル〟(「福音」)をその名にとどめている。

現在一般的に使われている「福音」ということばは、一八世紀のイギリス、ウェールズ、スコットランド、とりわけイギリスの北アメリカ植民地における信仰復興《リバイバル》運動を起源とする。植民地でプロテスタント派の再生がはじまったのは一八世紀初期のいわゆる「大覚醒」という運動で、ジョナサン・エドワーズ、ジョージ・ホイットフィールド、ジョン・ウェスレーなどの説教師たちが個人的な信仰体験と敬虔さを取り戻すよう呼びかけはじめたときのことだった。それまでピューリタンたちは、神に忠実に仕えることによって真の宗教に必要なことを実践できる、という強い自信を持っていたが、そんな彼らも権力と富の誘惑を断ち切ることはできないということが明らかになったのである。宗教改革派の神学は、人間の罪が普遍的かつ全体的であるとしていたが、信徒、とりわけ政治や社会で責任ある立場にいる者の罪の力を見くびっていた。そこで大覚醒は、信徒一人ひとりに真の敬虔さを求めたのである(2)。

この後一七八〇年代から一八〇〇年代半ばにかけて、プロテスタントの信徒数と教会への献身度は飛躍的に上昇した(第二次大覚醒)。この変化は、歴史家マーク・ノールをして、「アメリカ史上、信仰とアメリカ文化に及ぼす宗教の影響力がこれほど劇的に高まった時期はない」と言わしめたほどだった(3)。

一九世紀の間、アメリカのプロテスタントは聖書に忠実な教義を信奉し続けた。よって、当時の主流教派は福音派だったことになる。政治学者ロバート・パットナムとデヴィッド・キャンベルがアメリカの宗教に関する権威ある研究書で記したように、「福音主義は、一九世紀の大半を通してアメリカのプロテスタンティズム内でもっとも優勢な地位を占めていた」のである(4)。信徒数の増加とともに、海外宣教活動も急速に拡大した。アメリカのプロテスタント教会による宣教師の海外派遣は一九世紀初期とむしろ遅くにはじまったが、同世紀末にはハワイ、中国、インド、中東を中心に世界中で五〇〇〇人以上が活動するまでに発展した。さらに一九〇六年から一九一五年の間に、その数は七五〇〇人から一万五〇〇〇人へと倍増する(5)。この宣教活動が、のちにアメリカの世界の諸問題への取り組みに絶大な影響を与えることになる。

ところが、このような順調な発展にも変化が訪れる。一九世紀末までに、プロテスタント教会の指導者たちが世俗主義、近代科学、聖書批評〔聖書の起源の批判的調査〕の影響を受け、聖書の権威、キリスト教の中核となる信条、伝統的な聖書解釈を疑問視するようになったのだ。福音派プロテスタンティズムが人間の罪の普遍性と全体性を前提としているのに対し、この新しいリベラルな信仰は人間の本質を進歩的に解釈した。キリスト教神学者アリスター・マクグラスによると、リベラル派の信条は「進歩と繁栄という人間性の新たな領域を目指すビジョンに感化されたものだった」(6)。

二〇世紀初めになると、このようなリベラルな神学的思考と前提がますます一般化し、福音派と進歩的なリベラル派の間で緊張が高まっていった。伝統的な福音派が聖書の啓示を最終権威と考えるのに対し、リベラル派は近代性と宗教的信念を調和させようと努めていた。一九二〇年代に入り両者の対立が激化すると、とうとう伝統主義者たちはキリスト教の根本原理に立ち戻り、既存の教派からの独立を求めはじめる。一九一〇年初めには、キリスト教の本質を記した『ザ・ファンダメンタルズ（原理主義）』が発行された。およそ九〇篇の論文から成るこの一二冊のペーパーバックでは、古典的なプロテスタント信仰の主要素をあげてそれを擁護し、正統主義を脅かす思想と実践を批判している。これらの冊子がリベラル派と伝統主義者の論争においてきわめて重要な役割を果たしたことから、以後聖書を絶対視する者たちは〝ファンダメンタリスト（原理主義者）〟と呼ばれるようになる。

原理主義者たちの当初の活動は、聖書に基づく正統的な信仰への回帰に関わるものが多かった。しかし、リベラル派との対立が深まるにつれ、指導者たちはますます闘争的になり、社会からの離脱を呼びかけるようになる。原理主義者は福音の教えを広めるよりも近代科学や世俗文化を攻撃する人々と見なされるようになり、さらに悪いことに彼らは終末論に走るようになった。信仰によって信徒が現世でキリストの忠実な僕《しもべ》になれる方法を追求するよりも、永遠の命と最後の審判にそなえることに専念しはじめたのである。この傾向は、前千年王国説と呼ばれる「ディスペンセーション主義」に基づいたものだった（この神学的方法は信徒のイスラエル観にきわめて大きな影響を与えてきたため、第五章にて詳しく説明する）。ディスペンセーション主義は、社会からの分離と信心による聖《きよ》い生活を強調しているため、目に見える現在の世界よりも見えない未来の分析——マーク・ノールのことばを借りれば「グノーシス主義〔選ばれた人間だけが真理を知りうるとする立場〕の超自然信仰」——を奨励した(7)。これにより原理主義者の関心は神の創造物を管理することから世界の救済と贖罪を静観することへ移り、分離主義と来世志向に拍車がかかった。

　原理主義と古典的な福音主義は、異なる面もあったものの、多くの中核的信念を共有していた。なかでも聖書の権威、人間の罪深さ、キリストの贖罪を個人の救済の唯一の根拠とすること、キリストの犠牲を個人として受け入れる必要性、福音の共有を優先することは、原理主義者がことさら強調している部分である。しかし、彼らが重視する個人の敬虔さ、世俗社会の要求からの分離、救済を社会的／政治的／経済的問題からの解放とする考え方は、古典的な福音派と相容れない。当然のことながら、指導者の一部が、文化と社会に参与する伝統的な福音派信仰に立ち戻ることを求めはじめた。この運動の指導者のひとり、ハロルド・オケンガ博士は、この新しい福音派〔新福音派。のちに新がとれて福音派と呼ばれるようになる〕を次のように定義している。

> 新しい福音主義は、原理主義の正統派的信念をすべて奉じているが、原理主義に不思議なことに欠けていた社会的意識と責任の必要性を明言している。また、個人の救済、教義上の真理、不変の道徳規準だけでなく、人種、戦争、階級闘争、飲酒、青少年犯罪、不道徳行為、帝国主義の問題にも関心を寄せている……さらに、正統派のキリスト教徒は社会における責任を放棄することはできない、と考えている。(8)

一九四三年、オケンガ、ステファン・ペイン、ウィリアム・エアー、チャールズ・フラーら教会指導者たちが全国福音派協会（ＮＡＥ）を設立し、〝新〟福音派は正式なスタートを切った。原理主義は自分たちの信仰とは異なるものになってしまった――そう結論を下したオケンガたちは、メインライン・プロテスタント教会がキリスト教会連合協議会（ＦＣＣ）を設立して集団行動の促進をはかったように、自分たちにも共有する懸念について協力し合う組織が必要だと考えたのである。そこで、約一〇〇〇人の教会指導者たちがシカゴに集結し、定款と教義声明を採択したというわけだ。それから半世紀、新たにペンテコステ派〔一九〇六年にロサンゼルスで生まれた教派で、プロテスタントの大分裂とは異なるルーツを持つ〕も加わって、ＮＡＥは著しい拡大を遂げてきた。しかし、約三〇〇〇万の会員と、約四万五〇〇〇の教会から成る五〇以上の教派を擁する今も、緩やかな連合体のままである。皮肉なことに、一六〇〇万人を超える信徒を抱える福音派の最大教派、南部バプテスト連盟（ＳＢＣ）はＮＡＥに合流しなかった。これは教義の違いのせいではなく、独立を大切にするＳＢＣの方針によるものだ。

このように、福音主義の起源は二〇世紀初頭のリベラル派と原理主義者の論争と深く関わっている。原理主義と福音主義は同じ伝統的な信仰を共有しているため、しばしばメディアから同義として扱われる。しかし、神学的にはそれほど変わりがないものの、両者の戦略と宣教学には重要な違いがある。この相違について、バージニア州ロノーク大学の宗教学教授ジェラルド・マクダーモットは以下の七つを特定した。

## 1 聖書の解釈

原理主義者は、福音派よりも聖書を文字通りに解釈する直解主義を強調する傾向がある。

## 2 文化

原理主義者は世俗文化の価値に懐疑的だが、福音派はあらゆる社会と文化団体の中で活動し協力することを「一般恩寵」〔すべての人に与えられる神の恵み〕だと見なしている。

## 3 社会貢献

原理主義者が社会貢献や経済活動を重要ではないと考える傾向があるのに対し、福音派はそれらの活動を福音の中心と見なしている。

## 4 分離主義

すでに述べたように、原理主義者は「真の信仰は、聖書に基づく宗教に啓示された使命と権限をまっとうするために社会からの隔離を求めている」と考えている。そのため、個人の敬虔さを優先し、世俗社会との関わりを最小限にとどめているが、福音派は社会の改革と変容には文化、社会、政治への参加が不可欠だと信じている。

## 5 リベラル派との対話

原理主義者は、リベラル派のキリスト教徒と議論しても得るものなどほとんどない、と信じて議論を避けてきた。一方、福音派はリベラル派から学び、できれば彼らに影響を与えたいと強く望んでいる。

**6 信仰の本質**

原理主義者も福音派も神の恩寵による救済を重視しているが、原理主義者は福音派よりもはるかに規則や禁止事項に重きを置く傾向がある。

**7 対立**

どちらの教会にも意見の不一致や不和はあるが、福音派よりも原理主義者のほうが深刻である。福音派は原理主義者よりも本質的要素とそうでないものの違いを重視するため、メインライン・プロテスタントの教派にとどまるなどの困難な状況に進んで適応しようとする(9)。

## 福音派の信徒を特定するには?

福音派はどのように特定したらよいのだろう? よくある判断材料として、所属教派、福音派独特の宗教的信条の支持、自己認識の三つがあげられる(10)。これらのアプローチには相関性があるものの、それぞれの範疇に含まれるグループは少しずつ異なっている。さらに、どれも真の福音派の信条と実践に必ずしも一致していないため、潜在的に問題がある。たとえば、所属教派で福音派を識別すると、保守派プロテスタントの教会や教派に参加している人々は福音派で、進歩的なメインライン・プロテスタント教会に通っていればそうではない、ということになる。しかし、実際にはメインライン教派のかなりの部分を福音派の信徒が占めている。同様に、本人が福音派を自認していても、必ずしも正統的な福音派の宗教的信条を持ち、それを実践しているとは限らない。最後に、宗教的信条で判断する場合、何を基準にするかによって信徒の性質と数も大きく変わってくる。たとえば、福音派キリスト教団体の統計グループ、バルナ研究会が採用する厳格な基準にかかると、福音派の信徒数は制限されがちだ。アメリカの宗教政治学者コーウィン・シュミットによると、所属教派で測定すると福音派の人口はアメリカ人の約四分の一だが、バルナ研究会が開発したシステムを使うと七分の一しかいないことになるという[11]。

本書は福音派の性質と国際問題における役割をテーマとしているため、彼らの活動の宗教的特徴に注目したい。とすると、上記の三つのうち、宗教的信条による特定がもっとも適切と思われる。そこで、私は福音主義を以下の三つの信条を強調するプロテスタント内の運動とする。

**1　聖書を信仰の最終権威とする聖書第一主義。**
**2　キリストの十字架上の贖罪を個人的に受け入れることによって回心する必要性。**
**3　福音主義を通して福音という良い知らせを共有する義務[12]。**

福音主義の際立った特徴のひとつは、この運動が正式に組織された教派のような中央集権的なものではなく、企業家精神に満ちていることだ。この企業家精神は、とりわけ一九世紀のキリスト教信仰復興《リバイバル》運動——一八世紀末から一九世紀半ばまで続いた第二次大覚醒と、一八八〇年から一九一〇年の第三次大覚醒——に顕著である。これらの再生運動は信徒たちの信心を深めただけでなく、宣教活動の拡大を含め、信徒数の増加、社会的影響の増大といったさまざまな発展をもたらした。

また、プロテスタント内の風潮または運動であるという性質上、福音主義はカルヴァン主義や再洗礼派のように十分に発展した神学的伝統に比べてまとまりや合理性に欠けている。それゆえ、識者の中には福音派のアイデンティティに疑義を唱える者もいる。歴史家のネイサン・ハッチは「福音主義などというものは存在しない」と述べているし(13)、宗教学教授のジョン・R・ストーンは、戦後の福音派の連合体を分析して「福音主義はフィクションである」と主張した(14)。一方、キリスト教倫理学者のデヴィッド・ガシーとゴードン・コンウェル神学校のデニス・ホリナー教授は、福音派のアイデンティティの一貫性を疑問視しつつも、聖書の啓示の至高性を基盤とするアイデンティティが確立されていることを指摘している。プロテスタントの正統的信条が問題視されたときに、福音派の再生運動は聖書への忠誠に基づいて応えたからだ。よって、福音主義を「聖書の信仰と実践への深い献身に立ち返るよう絶えず呼びかけているキリスト教内の再生運動」と見なしている(15)。

このように、福音派を特定することは容易ではない。これがアメリカ国内の福音派の規模を推定するとなれば、なおのことだ。ISAE〔北米の福音派キリスト教の研究所〕は、さまざまな情報源を用いた調査データから、アメリカの人口のおよそ二五パーセントから三〇パーセント、人数にして七〇〇〇万から八〇〇〇万という数字をはじき出した。しかし、これには神学的にはほとんど福音派である黒人プロテスタント（アメリカの人口の推定八パーセントから九パーセント）が含まれていないため、実際の数字よりも小さい。よって、ＩＳＡＥはアメリカの福音派のより正確な規模を人口の三〇パーセントから三五パーセント、約一億人と発表した[16]。一方、自著でアメリカの宗教を徹底研究したロバート・パットナムとデヴィッド・キャンベルは、福音派を人口の約三〇パーセントとし、アメリカ最大の宗教的伝統だと述べている[17]。社会学者クリスチャン・スミスの推定もほぼ同じである。彼の場合、複数のデータ・ソースを使ってアメリカの人口の二九パーセント、およそ八二〇〇万人と結論づけている[18]。

## 福音派の台頭とメインラインの衰退

この数十年で、アメリカの福音主義は規模・影響力ともに増大した。その理由は何だろうか？　まず、福音派の成長をもたらした明らかな要因として、スピリチュアリティの形成への強いコミットメントがある。メインライン・プロテスタント教会がスピリチュアルな教えを疎かにしてしまったのに対し、福音派は福音を宣《の》べ伝え、信仰の土台として聖書を教え諭すという使命を優先し続けてきた。それは、教会が神を崇拝し、福音という良い知らせを宣べ伝え、世界の世俗的なニーズとスピリチュアルなニーズを満たすためにある、と信じているからにほかならない。本来、教会の役割は信徒が神の国に忠実に仕えることができるように努めることなのだから。

福音派の活力のふたつ目の源泉は、その草の根的かつポピュリスト的な性質である。メインライン教派の大半が組織として十分に発達しているのに対し、福音派の活動には中央指導部がなく、現地の教会とそこに集う会衆がそれぞれの活動の責任を負っている。信徒たちの自治が確立されていることから、教会では会員たちが比較的深く活動に関わり、積極的に資金援助をおこなう傾向がある。また、位階制度が存在しないため、スピリチュアルな使命を犠牲にすることなく、変化する文化規範や社会規範を自由に体験し、それらに順応することができる。実際のところ、この運動は絶えず革新をはかり、近代の商業的社会と大衆文化に適応することによって発展してきた。

福音派の影響力が増大した三つ目の理由は、彼らが国内外の問題に取り組むことを教会の贖罪的使命の一部と考えていたことだ。一九七四年のローザンヌ世界伝道国際会議では、福音伝道は依然として教会の主たる使命のひとつだが、社会、経済、政治の問題に取り組むこともその贖罪的使命に含まれる、と宣言している。

四つ目の理由として、メディアへの露出が増え、しばしば好意的に取り上げられたことがあげられる。福音派について新聞で報道されはじめたのは一九七六年、ジミー・カーターの大統領選挙戦中のことであった。カーター当選後ほどなく、「ニューズウィーク」誌は一九七六年を「福音派の年」と呼んだ。その後、ジェリー・フォルウェル師によって結成された「モラル・マジョリティ（道徳再興のための多数派運動）」やパット・ロバートソンが設立した「キリスト教連合」を通して保守派キリスト教徒の政治動員が増大すると、報道はより広範に、より詳細になっていった。共和主義への信奉が広く認知されるにつれて、福音派と原理主義者たちの影響力とメディアへの露出は拡大したが、レポーターたちはたいてい両者を同一と見なしたため、常に正しい事実が伝えられたわけではない。それでも、アメリカのメディアの大半が依然として世俗的で政治的にリベラルだったにもかかわらず、福音派に関する報道はより細やかになっただけでなく、より好意的なものになっていった。

では、福音派の政治的影響力が高まった五つ目の理由は何だろうか？　それは、指導者たちが同じような政治目標と立法目標を持つほかの政治団体と協調することを学んだからである。同時に、その柔軟性と草の根的な組織を足がかりに世論を動かす重要性にも気がついた。国際宗教自由法（ＩＲＦＡ）とスーダン平和法が可決されたのも、このような連携と動員を優先した結果である。

ほかに、福音派の教育レベルが向上し、より洗練されたため、多くのメンバーがビジネス、教育、専門職、政府、政治において指導者的地位に就くようになったことも無視できない。ゴードン・カレッジ学長のマイケル・リンゼイは、福音派を公言する政治指導者や政府関係者がますます増えたおかげで政界での影響力が増大した、と述べている(19)。

最後に、そしてもっとも重要なことに、メインライン・プロテスタントの衰退によってできた真空状態を、福音派をはじめとするほかの宗教グループが埋めたことがあげられる。メインライン教会は、より進歩的な社会・政治目標を掲げ、福音を宣べ伝えるという本来の仕事を疎かにしたために多くの信徒を失った。その割合は、全教会員の二五パーセントを占めていた一九六〇年と比べると、二〇〇三年には一五パーセントにまで落ち込んでいる(20)。一九九三年の「ニューズウィーク」誌の特集記事でケネス・ウッドワードが書いたように、メインライン教会はまさに「資金も、会員も、意義も失いつつある」(21)。

聖なる使命に忠実であったなら、メインライン教会は間違いなくアメリカの文化と政治において、重要なだけでなく中心的な役割さえ果たし続けたことだろう。特にこの教派は十分に発達した組織であり、個人や集団の効率的な意思決定を促進することができたのだから、なおのことだ。それとは対照的に、福音派の組織構造は脆弱で、分権的な地域レベルの活動で公共問題に取り組んでいる。共通の信念と活動を促進する組織をほとんど確立していない草の根運動、という性質を考えると、そんな福音派のグループがアメリカや世界の問題に大きな影響を与えてきたということ自体、実に驚くべきことである。

## 福音主義の組織化

歴史家マーク・ノールは福音派の活動について、さまざまな種類、形態があって、融通が利き周囲の環境に順応できる、と述べている(22)。実際のところ、福音主義の強みは、社会や文化の主要傾向の変化に適応し、市場に適したやり方で信仰を伝えることができる、という分権的な性質にある。このような福音主義の組織の柔軟性と順応性は、デヴィッド・ウェルズの言うところの「マーケティング・チャーチ」の出現に顕著である(23)。一九八〇年代と一九九〇年代に現れたこの新しい発想の特筆すべき点は、神を信じない人々を引きつけるために、現代文化の変化に信仰を適応させようとしているところである。この市場向けの信仰は、聖書の真実を理解して日常生活に適用する伝統的な福音主義とは対照的だ。さらに、一般の教会の礼拝が従来通り教会に集まって讃美歌や聖歌隊、聖書の朗読、祈りの中での団体としての告解を用いるのに対し、現代の顧客志向型の教会はスポーツ・アリーナのような建物を使用し、現代音楽、劇、（説教ではない）教育を取り入れている。当然のことながらこうした新しい教会は信徒数も多いため、「メガ・チャーチ」〔日曜礼拝の参加者が二〇〇〇人を超える教会を指す〕と呼ばれている。

福音主義のもうひとつの際立った特徴は、中心的な統治権威を持たないことだ。福音派には、ローマ・カトリック教会の教皇に匹敵するような指導者がいない。福音主義の指導者たちはもっぱら説教師や神学者たちから選ばれて、その権威は信徒たちを引きつける本人の能力によってもたらされる。それ以外は何もない。

世界の変化に臨機応変に順応する活力は、牧師と信徒の指導者たちによる創造的で企業家精神にあふれたイニシアチブの賜物である。この企業家精神に富んだ草の根的なイニシアチブと、広範にわたる非公式のコミュニケーション・ネットワーク、自発的な連合体――それが福音派の強みなのである。しかし、組織力の弱さのために、市民生活への関わりは限定されがちだった。とりわけ、メインライン・プロテスタントやローマ・カトリックのようなはるかに組織化された宗教団体と比べると、歴然たる差があった。

とはいえ、福音派の発展と成長も、組織、主に全国福音派協会（NAE）の設立なしには実現しなかっただろう。一九三四年に設立されたNAEが最初におこなった活動のひとつが、ワシントンDCにロビー活動の拠点となる事務所を設立し、福音派の従軍牧師の派遣、宣教団体と国務省の交渉の補佐、宗教放送の拡張、反共産主義といった目的を推進することだった。この事務所で三〇年間所長を務めたクライド・テイラー師は、任期中、役人たちを相手にこれらのような共通の問題に働きかけるだけでなく、組織自体の発展にも大きく貢献した。

ただ、NAEはあくまでも包括的組織であり、所属するさまざまな教派をつなぐ絆が緩やかで脆いため、社会や政治への関与は限定的なものであった。このような福音主義の組織力の弱さから、NAEは会員に広く支持される意見に指導者たちが賛同したときに、もっとも大きな効果を発揮してきた。たとえば、冷戦時代には国内の福音派の大多数が同じ見解であることを知っていて、共産主義をキリスト教と対極にあるイデオロギーとして繰り返し非難した。同様に、イスラエル建国の正当性を支持し中東和平を呼びかける一方で、この争いについて派内にさまざまな意見が混在しているために、具体的な政策問題について立場を明確にすることを拒否している。会員の幅広い支持を受けていない見解を促進しても、指導者たちのイニシアチブは限定的な影響しか与えることができない。そのようなアドボカシーは効果がないばかりでなく、もっと重要なことに、組織そのものの信頼性まで損ねることになりかねないのだ。

二一世紀の初め、NAEには約三〇〇〇万の会員、四八教派にわたる四万五〇〇〇以上の教会が所属していた。しかし、この数はアメリカ国内の福音派コミュニティのごく一部にすぎない。第一に、メインラインの教派に属している信徒の大部分は福音派である。実際のところ、メインライン・プロテスタント教派でもっとも規模が大きくもっとも活動的な複数の教会が、神学的には保守派である。メインライン教派を率いているのはリベラルで進歩的なスタッフだが、その信徒の大半は伝統的信仰の復興を期待しながら、自分の教派や地元の教会にとどまっているというわけだ。さらに、神学的には保守派ながら、NAEには入らずに独立を保っている教派もある。その中で最大かつもっとも重要なのが、一六〇〇万を超える信徒を擁する南部バプテスト連盟（SBC）である。また、福音派のかなりの信徒が独立教会や、組織だった大教会に属さないパラチャーチ〔教派横断的な宗教運動の形態〕に関わっている。

たとえば一九八〇年代初めに現代福音主義の組織に起きたもっとも重要な展開のひとつとして、先ほど述べた独立系のメガ・チャーチの出現がある。その代表的な例が、イリノイ州バリントンにあるビル・ハイベルズ牧師のウィロー・クリーク教会、ヒューストンにあるジョエル・オスティーン牧師のレイクウッド教会、カリフォルニア州レイクフォレストにあるリック・ウォレン牧師のサドルバック教会である。メガ・チャーチは一万人から二万人の会員を抱えるところもあるほど規模が大きく、このような教会が福音派の発展に大きく貢献していることは言うまでもない。

## 将来の福音主義

アメリカの福音主義は、今も細い絆で結びついた緩やかな連合体のままである。現在、この細い絆が、礼拝方法の多様化に加えて、内部で進んでいるさまざまな社会的・政治的見解の共存によって危険にさらされている。識者の中には、こうした分裂が福音派の影響力を弱めるかもしれない、と考える向きもある。あるジャーナリストは、福音主義運動は解体する、とさえ予測している(24)。

そんなアメリカの福音主義は依然としてかなり保守的だが、穏健な政治的中道勢力が力をつけつつある、と示唆する声もある。倫理学者のデヴィッド・ガシーは、支配的な宗教右派と、作家のジム・ウォリスらを中心とする少数派である〝福音派左派〟の中間に位置する〝中間主義的福音派〟が台頭しつつある、と述べている(25)。公共生活に対してより穏健で包括的なアプローチをとり、環境や世界の貧困など以前はあまり顧みられなかった問題を取り上げる有力な福音派信徒が増えているそうだ。

ジム・ウォリスのような進歩主義的福音派は、伝統主義的福音派たちが掲げる視野の狭い社会的および経済的な課題にことさら批判的な眼を向けてきた。「福音派とは祈る共和党員だ」という世間の大雑把な認識を打破するのなら、もっと幅広い政治問題に取り組まなければならない、そう考えているからだ。つまり、人工妊娠中絶、公立学校での祈り、同性婚といった従来の社会問題のほかに、対外援助、気候変動、拷問、移民などを加える必要があるということだ。進歩主義者たちは、福音派の保守性を特徴づけるアメリカ例外主義や愛国的感情にもこれに輪をかけて厳しい眼を向けている。さらに、前述した通り、政治問題から一定の距離を置くよう求める教会指導者たちもいる。政治が教会の優先すべきものの順位を歪めている、というのがその理由である。彼らは二〇〇八年、派内のあるグループが福音派の信仰の際立った特徴を強調する「エヴァンジェリカル・マニフェスト」を発表した。起草者によると、この文書は福音派のアイデンティティに対する誤解を正し、公共問題への立場を明確にするために作成されたという。福音派は「ナザレのイエスという良い知らせ」をことさら重視する信徒である、と書かれたこのマニフェストは、キリスト教徒がふたつの国籍を持っていることを思い出させている。キリスト教徒は神の国の国民であり、地上の国に滞在する外国人でもあるのだ、と。真の信仰は、信徒に世界の一員になるのではなく、世界の中にいるように求めている。そのため、「福音派は公共問題と真摯に関わるが、ある特定の政党、特定の党派思想、特定の経済システム、特定の国籍と決して同一視されない」と主張している(26)。

この「エヴァンジェリカル・マニフェスト」によると、キリスト教徒はしばしばふたつの大きな過ちを犯してきた。ひとつは、宗教が個人的な領域とスピリチュアルな領域だけに適用されると解釈して、信仰を私物化することである。もうひとつは信仰の政治化で、宗教的な生活を、主に社会を改革する手段として見てしまうことだ。真の福音派の信仰は、社会に参与することを義務づけているが、それよりも重要な義務であるキリストへの献身を決して疎かにはしない。マニフェストは、次のように述べている。「われわれ福音派は政治と積極的に関わる義務があるが、それと同じくらい、ある特定の政党、特定の党派思想、特定の経済システム、特定の国籍と同一視されてはいけない義務がある」(27)

すでに述べたように、一九四〇年代初めに新しい福音主義が出現したのは、原理主義の行き過ぎた敬虔主義、孤立、そして文化と社会に背を向ける分離主義への苛立ちによるところが大きかった。しかし、一九八〇年代になってみると、今度は政治活動に傾斜しすぎるあまり、本来宗教が政治にもたらすことのできる超越的なメッセージを損ないかねない危険を冒していた。いわゆる宗教右派である保守派キリスト教徒の広範な運動の台頭により、特に国内の社会問題に対して原理主義者と福音派の教会に大々的な政治活動が奨励され、その結果、一九九〇年に冷戦が終結するころには、その政治的影響力はメインライン教派を凌ぐまでになっていたのである(28)。

しかし、多くの福音派にとって、宗教の政治化は厄介な問題だった。教会の基本であるスピリチュアルな役割が疎かになる、という理由だけではない。アメリカ国民全体もまた、そのような活動に深い危惧感を抱いていたからである。パットナムとキャンベルの調査データによると、説教師が政治活動に影響を及ぼそうとすることを国民はよしとしていない。「圧倒的多数のアメリカ人が、聖職者は政治的信条に介入すべきではない、と考えている。教会に来る人々のほとんどは、シーザーではなく神の話を聞くためにやってくる。シーザーのことばかり話していては、教会員を遠ざけてしまう恐れがある」(29)

アメリカの福音主義の風がさまざまな方向へと吹いていることは否定できない。しかし、福音派が政治に深入りしすぎて、もっとも重要なスピリチュアルな使命をおざなりにすれば、やがてメインライン・プロテスタント教会が辿った衰退の道を進むはめになるだろう。

最後に、アメリカの福音主義の世界的な影響力が低下していることに触れておこう。この現象は、世界のキリスト教徒の人口統計学的変化と関連している。歴史家のフィリップ・ジェンキンスによれば、キリスト教界の中心はグローバル・ノースからグローバル・サウスへと移りつつある。これは、グローバル・サウスと呼ばれるアフリカ、アジア、ラテンアメリカなどの貧しい後進地域でキリスト教が著しく拡大する一方で、ヨーロッパと北アメリカの豊かな近代社会でその役割が縮小していることに起因する。一説では、一九〇〇年の北アメリカとヨーロッパのキリスト教徒人口は、世界のキリスト教徒人口の八二パーセントを占める四億二八〇〇万人で、残りの一八パーセントにあたるそれ以外の地域のキリスト教徒はおよそ九四〇〇万人にすぎなかった。ところが、二〇〇五年になると状況は逆転し、ヨーロッパと北アメリカのキリスト教徒七億五八〇〇万人に対し、それ以外の地域のキリスト教徒は一四億人に増えている。グローバル・サウスに世界のキリスト教徒の六五パーセントが住み、ヨーロッパと北アメリカにいるのは全体のわずか三五パーセントに縮小したことになる(30)。もっと重要なことに、この傾向が続けば、二〇二五年までにグローバル・サウスのキリスト教徒は一八億五〇〇〇万人に膨れ上がり、世界のキリスト教徒の実に七一パーセントがこの地域に集中すると予測されている。それに対して、北アメリカとヨーロッパが占める割合は二九パーセントまで落ち込む見込みだ(31)。

グローバル・サウスにおけるキリスト教の劇的な拡大は、かなりの部分がペンテコステ派の影響力増大によるものだ(32)。福音派であるペンテコステ派とカリスマ派〔聖霊がもたらす超自然的な力を強調する教派〕の普及は、ヨーロッパと北アメリカのプロテスタント教派とローマ・カトリック教会でも見られるが、とりわけグローバル・サウスで顕著である。アフリカとラテンアメリカでの飛躍的な拡大により、両派の人口は、一九七〇年の約七二〇〇万から二〇〇五年には約五億九〇〇〇万に激増したという説もある。この勢いが続けば、二〇二五年には世界のペンテコステ派とカリスマ派の総人口は八億近くに達すると見込まれている(33)。

本章をまとめると、福音派はアメリカの有権者のおよそ四分の一を占め続けているものの、神学や政治的方向性の多様化が進んでいるために、国内における宗教的・社会的影響力が脅かされている。はたして初期のようなまとまりや合理性を取り戻すことができるのだろうか？答えはわからない。しかし、信仰と神学の多元的共存を抑えることができなければ、アメリカ国内における影響力はますます低下するだろう。また、多様化がさらに進めば、公共問題に対する世界での影響力も衰えることは間違いない。

第3章

# 福音派のグローバルな展開の起源

――宣教活動

公式な国際関係は、政府間の関係、つまりそれぞれの国の当局者たちが結ぶ二国間および多国間の協力関係によって概ね決まる。一般に理解されている通り、外交政策の関心は主に国益の推進にあり、宣教師の仕事は厳密にはアメリカの外交政策とは関係がない。

けれども、国際関係は政府だけの領域ではない。実際には、非国家団体――数々の多国間の問題に取り組んでいる組織、連合体、運動、グループなど――の信念と行動が、国際社会に多大な影響を与えている。アメリカの非政府組織（ＮＧＯ）にいたっては、国外の問題ばかりでなく、アメリカの外交政策をも左右する。宗教団体とて例外ではない。たとえば、キリスト教宣教師は、昔から派遣先のコミュニティに強い影響力を発揮してきた。したがって、宣教師はアメリカの外交に直接関わったことはないとはいえ、間接的に重大な役割を果たしていたし、今も果たし続けているのである。

## アメリカの宣教事業のはじまり

プロテスタントの会衆派、メソジスト派、聖公会、長老派の教会が宣教師を海外へ派遣しはじめたのは、一九世紀初めのことだった。その派遣先は、ハワイを皮切りに、やがて中東、極東へと拡大していく。アメリカの一部のプロテスタント教会は一八世紀末にも散発的な派遣をおこなっていたが、現代の宣教運動は一八〇六年からはじまった。きっかけは、ウィリアムズ大学の学生サミュエル・ミルズとその友人たちの「干し草祈禱会」である。その年、突然の雷雨に見舞われたミルズたちは、干し草の山の下で身を寄せ合いながら、海外宣教に身を捧げることを誓い合ったのだ。この祈禱会の後、ミルズは兄弟会というグループを組織し、イエール大学、アンドーヴァー神学校をはじめとするさまざまな教育機関で海外宣教活動を奨励した。ミルズ自身の海外経験は、解放奴隷が帰還できる土地（リベリア）の決定を手伝った短期間のアフリカ訪問だけだったが、彼は宣教の推進と、宣教師となる教会指導者の勧誘においてきわめて重大な役割を果たした。

一八一〇年、海外伝道の促進をはかるために、まだ若いながらマサチューセッツ州の会衆派教会協議会で演説することを許されたミルズは、情熱的なプレゼンテーションで海外宣教組織の設立を訴えた。そんな彼の要請のおかげもあって、ニューイングランドの教会指導者たちは、宣教事業を管理指揮する教派横断的な集権組織「アメリカ海外宣教委員会（American Board of Commissioners for Foreign Missions：以下、アメリカン・ボードと略称）」を立ち上げる。

プロテスタント宣教師の大半がこの組織の後援により派遣されたため、アメリカン・ボードは海外宣教活動に絶大な影響を与えた。設立当初より福音伝道を第一とし、宣教師は人間の尊厳に影響を及ぼす場合のみ社会や文化の問題に取り組むよう勧められていた。一八二三年の指示書には次のように書かれている。「宣教師は現地住民の意見や政治的見解への干渉を慎むこと。神の国はこの世界ではないのだから。そして、首長や統治者の私益やかりそめの利益からはことさら距離を置くことを義務とする」（1）。アメリカン・ボードの中でもとりわけ強い影響力を発揮したのが、一八三二年から一八六六年にかけて筆頭幹事を務めたルーファス・アンダーソンである。現地生まれの教会指導者の仕事と外国人宣教師の仕事は分離する必要がある、と考える彼は、宣教師は定住した牧師ではなく、巡回教師や巡回説教師として務めを果たすべきだと強調した。

もっとも大きな影響を与えた初期の宣教師夫婦といえば、ビルマ（現ミャンマー）に派遣されたアドニラムとアン・ジャドソン夫妻だろう。ふたりはビルマ語を習得すると福音伝道と教育に専心し、アンは女性に読み書きを、アドニラムは男性に西洋の技術を教えた。しかし、宣教開始からほどなくして、イギリスとビルマの間に戦争が勃発し、アドニラムは投獄されて拷問を受ける。その間に妻とふたりの幼い娘は、病と迫害の末、悲惨な最期を遂げた。家族の悲劇に見舞われながらも、アドニラムは一八五〇年に亡くなるまで現地にとどまり、福音伝道と教育に身を捧げた。彼の残した学究成果は、その質、範囲ともに実に優れたものであった。なによりも素晴らしいのは、聖書をビルマ語に全訳し、学術的な文法書を作成したうえに、包括的なビルマ語＝英語の辞書までほぼ完成させていたことである。福音伝道はたやすい仕事ではない。その証拠に、最初の四年間、アドニラムはひとりも改宗させることができなかった。しかし、彼が死んだときには監督下の教会のビルマ人指導者は一六三人まで増え、その下の教会員は約七〇〇〇人に達していたという(2)。

初めはゆっくりと進んでいたアメリカの海外宣教だが、第二次大覚醒――信仰の復興と社会改革を促す一九世紀半ばの信仰復興運動で、「実践的キリスト教」とも呼ばれる――がはじまると、宣教師の数は急速に増えていった。そして、一九世紀後半に再び信仰復興運動《リバイバル》がアメリカ本土を席巻すると、伝道活動は劇的な拡大を遂げた。第三次大覚醒として知られるこの分権的な再生運動は、信徒たちに一段と篤い信仰を奨励するものだった。当然のことながら、福音伝道を促すイニシアチブも活発さを増し、敬虔主義が進み、社会との積極的な関わり、とりわけ奴隷制度、アルコール依存症、貧困といった社会悪への取り組みが深まった。また、この運動の指導者のひとりD・L・ムーディーがシカゴに設立した「ムーディー聖書学院」という教育指導センターで、数えきれないほど多くの学生たちが海外宣教奉仕の素養を身につけた。こうして、一九世紀末には五〇〇〇人だったプロテスタント宣教師は、一九一五年までにおよそ一万人に倍増したと推定される(3)。

しかし、第一次世界大戦が終わり、メインライン・プロテスタント教会の関心が福音伝道から社会的正義へと移ると、プロテスタントの宣教活動に変化が訪れる。メインライン・プロテスタントの宣教師派遣数がこの後数十年間にわたりほぼ一定していた一方で、無教派および超教派の福音派グループの派遣数が急激に伸び、一九四〇年にはメインラインを凌ぐほどに成長した。ハーバード大学の宗教史教授ウィリアム・ハチソンはプロテスタントの海外宣教の「全盛期」を一八八〇年から一九三〇年としているが(4)、さらに第二次世界大戦後になって宣教活動が拡大している事実を踏まえると、この見解は正しいとは言いがたい。実際の全盛期が訪れたのは、超教派および無教派の福音派の宣教連合が拡大した一九五〇年代と一九六〇年代と言ってよいだろう。

一九五八年のプロテスタント宣教師の内訳を見ると、メインラインが七九〇一人、福音派はその倍近い一万三四六八人となっている(5)。その後数十年間、福音派の宣教師は増え続け、この傾向はますます顕著になる。南部バプテスト連盟（SBC）を例にとると、一九六九年から二〇〇一年にかけて派遣数が倍以上になり、目覚ましい伸びを見せている（二五六四人から五四三七人へ）(6)。二〇〇一年にはアメリカ人専任宣教師の数は四万四〇〇〇人以上に達し、その大半が福音派組織による派遣者だった(7)。

しかし、現在、宣教事業の質と目的に大きな変化が起きている。原因は、グローバル化が進み海外旅行が安価で手軽になったことに加えて、「ポピュリスト的な福音伝道」とでも呼ばれるようなものが発展したことである。福音派の活動の分権化と略式化が進んだため、伝統的な海外宣教の構造は以前ほどきっちりと組織化されたものではなくなってきた。その結果、より小規模で緩やかな宣教組織が急増し、さらなる注目すべき展開をもたらしたのである。それは、教会グループが主催する短期間の宣教旅行の台頭と、長期派遣の宣教師の減少だ。この、より手軽で期間の短い宣教活動への移行はどのような影響を及ぼしたのか？　それについては、のちほど説明する。

## 宣教運動と海外文化への関与

宣教活動、とりわけ一九世紀の宣教事業初期の活動とは、どのようなものだったのだろうか？　そして、どのような影響を及ぼしたのか？　これらの解釈は学者によって意見が大きく異なる。一部では、宣教師の仕事はスピリチュアルな活動が中心で、キリスト教があまり知られていない異国の地で福音を共有することが目的だった、と言われている。宣教師たちはキリストによる救済という良い知らせを宣べ伝えるために異国へ赴き、その主な関心は宗教にあって現地の社会や文化にはなかった、というわけだ。しかし、宣教活動は決して宗教的な枠内にとどまらなかった。宗教の教えを広めるという単純な動機からはじまったにしろ、実際のところ、宣教師には教育、医療、社会、文化的活動が不可欠であり、それらの活動はしばしば現地のしきたりや社会的慣習に挑むものであった。そのため、宣教活動は文化、経済、社会の変革にも深く関わっている、という意見もある。たとえば、有名な歴史家ダニエル・ブーアスティンは次のように述べている。

宣教はアメリカの民主主義とアメリカ人の生活水準を神聖なものと崇める手段となり、一九世紀の外国人宣教師の活動は本国のアメリカ人の在り方が宗教的に正しいという認識を与える一助となった。アメリカ国内で世俗的宗教となりつつあった教育が、海外宣教の仲立ちとなったのである。アメリカ人宣教師は、この教育という福音を世界の果てまで運んでいった。そして、自らの手で集めた何百万ドルというアメリカの資金で、あらゆる種類の学校を設立したのである。(8)

アメリカの宣教運動を、宣教師を通じて現地の社会と文化を支配する帝国主義の一形態だ、と主張する批評家もいた。たとえば、スティーブン・ニールは次のように書いている。「その慈悲深い目的と思しきものが何であれ、宣教師は事実上政府の手先であった。そして宣教は、西洋のやり方を浸透させて支配するための一手段と見なすことができる」(9)。アフリカ研究者のジーンとジョン・カマロフ夫妻も、宣教師がアフリカを救おうとした目的は、「アフリカの人々を全世界に広がるキリスト教社会に組み入れることだった」と述べている。宣教師は、単なるキリスト教の布教者ではなく「覇権主義的な世界観の実現者」でもあったのだと(10)。こうした主張以上に納得できる解釈は、宣教運動は複数の動機によって推進された、というものだ。確かに、宣教師は絶大な力を持つ政府・企業連合体から恩恵を得るだけでなく、海外の政治やビジネス上の利権を強化することもあった。しかし、それと同じくらい、現地の文化を保護し、現地住民の利益と幸福を守ったこともあったのである。これについて、イエール大学の歴史学教授ラミン・サネーは、次のように書いている。

現地住民たちのキリスト教への反応は実にまちまちでまったく予測がつかない。これは、宣教師たちのヘゲモニーという前提が間違っているからだ。彼らが帝国主義と共謀し、それを黙認した例と同じくらい、キリスト教と反植民地活動が一体化した例も数多くあったのだ。鎖の強さはその中のいちばん弱い環の強さと同じであり、ヘゲモニー論争のいちばん弱い環は、教会と政治の両方においてキリスト教に鼓舞された抗議と抵抗が存在したことである。植民地化された社会は、帝国の支持者ばかりでなく国民の擁護者といった類も

生み出したのである。(11)

同様に、歴史家のアンドリュー・プレストンは、宣教事業は帝国主義と奉仕の混合体だった、と述べている。「アメリカ精神とキリスト教の拡張は、しばしば帝国プロジェクトと明らかに同義であった。しかし、それと同じくらいしばしば、宣教師たちは偏見を捨てて現地住民たちの問題に実に細やかな注意を払っていた」(12)。宣教師スティーブン・ニールによると、ほとんどの宣教師は西洋の植民地主義と、西洋の価値観が果たす優れた役割に複雑な感情を抱いていたという。西洋のヘゲモニーを「それ自体好ましくない」と思う者もいれば、「善のためにそれを受け入れようとするあまり、ときには悪をまったく見て見ぬふりをする者もいた」(13)。また、宣教師のいちばんの関心が「自分が仕えるようになった人々の幸福」であったことを認める一方で、だからといって彼らが常に公明正大かつ冷静に職務を遂行していたわけではない、とも述べている。「現地住民たちよりも、自分のほうが本当に彼らのためになることを判断できる、と考えることも多かった。それは、決して一人前と見なすことができない相手をいたわりつつも見下した、ときに傲慢ですらある考え方によって、客観的な見方ができなくなってしまうからであった」(14)。圧政的かつ不当な文化的・社会的慣習に直面したとき、現地住民を教育することによって宣教師が彼らを解放し、向上させようとしたことは間違いない。しかし、そのような行為は、ほとんどの場合、帝国支配または政治的支配を及ぼすための戦いからくるものではなく、むしろ地位、性別、財産、社会的階級にかかわらず現地住民たちの人間の尊厳を高めたいという考えに基づいたものであった。歴史家のジョン・フェアバンクは、中国におけるアメリカの宣教事業に関する著書で、宣教師は宗教活動に従事するほかに、アメリカの社会的・文化的価値観を広めるエージェントであった、と述べている。実際のところ、彼らは「法の下の自由、人類平等主義（黒人奴隷の例外を除いて）、民族自決の使徒」であった(15)。アーサー・シュレシンジャー・ジュニアによれば、現地住民社会は「純真で平穏な庭園」ではなく、そのために宣教師はしばしば邪悪な風習に挑み、差別的な慣習を非難したという。そして、ときには抑圧的な制度を改革し、不公平な文化的伝統を変えることもやってのけた(16)。つまるところ、福音伝道を第一の使命としていたが、人間の尊厳に反する価値観や伝統にも臆することなく立ち向かったのである(17)。

そんな彼らの活動を単なる宗教活動と見なし、それらが外国の社会や文化に影響を及ぼす可能性を無視することは簡単だ。しかし、ミードの巧みな表現にあるように、宣教師を単に「讃美歌を謳う魂の釣り人にすぎない」と考えるのは誤りである(18)。彼らは、当初から診療所や病院、学校の建設などの教育的・社会的・文化的な活動を通して、人間の幸福を増進していたのだから。そして、宗教活動と人道的活動をおこないながら、あらゆる人間にそなわった尊厳を高める価値観と実践とはいかなるものか、その模範を示したのである。そのために特に力を入れて立ち向かったのが、性差別、児童労働、その他の人権侵害である。彼らがおこなった重要な人道的活動を考えると、宣教活動が、アーサー・シュレシンジャー・ジュニアの言うところの「社会的発展を促進する手段」であったことはほぼ間違いない(19)。その貢献は、以下の四つの領域にわたっている。

## 人間の尊厳の向上

プロテスタントの宣教師は、人間本来の価値の認識を促したパイオニアである。彼らは神の創造物である人間を大切な存在とみなし、その人間がキリストによる救済という贈り物を受け取ることが重要である、と考えていた。それは、回心〔自分の罪を認めて神に立ち返り、個人的な救い主であるキリストとのスピリチュアルな交わりに生きること〕が「道徳性を高めるための必須条件」であり、回心せずにまともな人間社会を築き維持することはできない、と信じていたからにほかならない(20)。また、良心と肉体の諸々の問題について基本的な選択をすることができてはじめて責任をまっとうできるのだから、人間が自由でいることは重要だったのである。

性別、社会階級、民族に関係なくすべての人間が本来持っている価値を認める——多くの福音派宣教師がこの価値観を伝え、身を以て示した。彼らにとって人間の尊厳とは、法的原則や政治イデオロギーではなく、むしろ福音伝道の使命——キリストによる救済という良い知らせを共有すること——の基盤だったと言ってよい。すべての人間は神のかたちをとって創られていて、救世主としてのイエスの贈り物を受け取ればどんな者も救済される。そんなキリスト教の神の普遍的な愛のメッセージは、支配者が圧制を敷く不平等で差別的な社会にとって潜在的な脅威だった。しかし、アメリカン・ボードの方針にあったように、宣教師は初めから積極的に政治に関わろうとしていたわけではない。彼らにとって人間の幸福を促進するもっとも効果的な方法が、回心を経験させ、人間の価値観と伝統を育むことだったのである。

そういうわけで、人間の尊厳を高めることは、政治プロジェクトではなく宗教活動の一部と見なされていた。しかし、キリストによる救済のメッセージを宣べ伝えるうちに、意図せずしてアメリカの経済企業と民主主義の実践を育んだ社会的・政治的・文化的価値観も推進することになった。そんな宣教師を、歴史家のジョン・フェアバンクは、アメリカ人の生活の一般的な価値観を伝える「使徒」だったと述べている。その価値観とは以下の通りである。

> 自分の性格と行動に対する強い責任感。特に教育、発明、技術を用いることによって全般的な向上を目指すことができる、という楽観的な考え方。聖書の宗教的な教えと建国の父たちの政治思想によって正しいと証明された道徳および文化を重要だとする信念。[21]

人間の尊厳を高めるもっとも重要で効果的な方法はキリスト教の信仰を宣べ伝えることだ。しかし、宣教師たちは人々の幸福を促進するために、抑圧的な社会的・政治的慣習に異議を唱えたり、奴隷制度、拷問、女性や子供の地位を低下させる行為などの人権侵害を怯むことなく非難したりした。非人道的な慣習と戦う宣教師がいかに重要な役割を果たしたかは、イギリス人バプテスト派のウィリアム・ケアリーの行動にもっともよく表れている。一七九三年から一八三四年に亡くなるまでインドで宣教活動に奉じた彼は、夫の火葬時に妻を焼き殺すヒンズー教の慣習「サティー」（寡婦殉死）を公に非難した[22]。そんなケアリーの運動によって、とうとうインド政府はこの残虐な風習を違法とすることを宣言したのである。

## 教育

学校や大学を設立して読み書き能力と技術的スキルを養う――これは当初から宣教師が果たしていた重要な役割のひとつである。教育は単に聖書を読めるようにするというだけではなく、人々のスキルと知識を向上させる手段でもあった。教育によって人間の尊厳と生活水準が向上した西洋社会の実例から、現地住民たちにも同様の効果が得られるのではないか――そう期待したのである。さらに、学校は社会の平等を促進する価値観を実践し、それを発展させる役に立つ。当時の外国社会において、教育は数少ない貴重な機会であり、その恩恵を受けることができるのは裕福で有力な家系の男子に限られていた。しかし宣教学校を作れば、貧しい子供たちがスキルを身に付け、絶望的な貧困から抜け出す機会を与えることができる。また、女性が不遇を受ける伝統文化にあって、学校は男女平等の模範を示す貴重な場でもあった。このような背景を考えれば、オスマン帝国、インド、中国のいたるところで多くの女子校と女子大が創設されたのもごく自然な成り行きと言えよう。

教育はすべての宣教事業において重要な要素だったが、近東や極東のように福音伝道が困難で遅々として進まない地域では、とりわけ大きな意味があった。なかでも、中東に遺した教育遺産は注目に値する。たとえば、シリア（現在のレバノンを含む）では一八六〇年までに三三の学校が創設された。一九〇〇年までにその数は九五まで増え、五三〇〇人を超える生徒に学びの場を提供した(23)。一説によると、第一次世界大戦までにオスマン帝国(現トルコ)北部では一〇の大学(学生数二五〇〇)、五〇の高校(生徒数四五〇〇)、四〇〇以上の小学校(児童数二万)が建てられたという。そしてシリアの学校や大学では、さらに六〇〇〇人の生徒が学業に励んだ(24)。

極東地域においても、教育は宣教活動の重要な一環だった。ジョン・フェアバンクの推定では、一九三五年までに中国で設立された一三の大学で五八〇〇人が学び、二五五の中学校には四万四〇〇〇人近くが通ったという(25)。したがって、アメリカ人宣教師たちの教育事業とイギリス人宣教師の教育奉仕を合わせると、プロテスタントの宣教師が世界の教育に与えたインパクトには目を見張るものがある。二〇世紀初めまでにアメリカ人とイギリス人の宣教師が創設した大学は九四校、学校にいたっては二万九四五八校に及ぶという(26)。

中東において、宣教師たちの教育事業が与えた長期的な影響を見てみよう。一八六六年に、ベイルートに派遣されたプロテスタントの会衆派宣教師ダニエル・ブリスがある小さな大学——シリア・プロテスタント大学を創設した(のちにベイルート・アメリカン大学と改称)。この機関は多くの点で注目に値する。まず、学生にキリスト教を紹介するために設立された大学ながら、福音伝道への手引きは控えめで間接的なものだった。この大学のビジョンについて、ブリスは次のように述べている。

当大学は人種、国籍、家系、宗教に関係なく、あらゆる境遇および階級の学生を受け入れる。白人、黒人、黄色人種であっても、キリスト教徒、ユダヤ教徒、イスラム教徒、あるいは無宗教であっても入学を許され、三年でも四年でも八年でも好きなだけ教育を受けることができる。卒業時に信じる神がひとりであっても、複数であっても、あるいはいずれの神も信じずとも、それは一人ひとりの自由である。しかし、われわれキリスト教徒が何を真理と信じ、なぜそれを信じるのか、それを学ばずにはいられないだろう。(27)

第二に、イギリスやフランスの宣教師が設立した宗教系の学校では英語やフランス語が使われていたのに対し、この大学は現地語（アラブ語）で授業をおこなった。アメリカ人ジャーナリストのロバート・カプランによると、この決定は「フランス人やイギリス人のように外国人であることを前面に出さずに、パートナーとして内部からシリア社会を回心させたい」というアメリカ人宣教師たちの願望を反映したものだったという(28)。自由研究を奨励し、現地住民が母国語で学べる高等教育施設を作る、というこの取り組みは、シリア（後のレバノン）社会に多大な影響を与えた。カプランによれば、シリア・プロテスタント大学の創設はおそらく「対外援助史上、もっとも刺激的なアイディアだった。アラブ世界に長い時間をかけて西洋の価値観を浸透させる理想的な内発性重視のプロジェクトであっただけでなく、それぞれの国の主権を脅かすことのない、中東に後世まで残る美的なアメリカの功績ともなったのである」(29)。

トルコとイランの教育事業は、シリアよりもさらに規模の大きいものだった。学校や大学が創設されはじめたのは一九世紀半ばのことで、コンスタンティノープル北方の男子高等学校、ロバート・カレッジが近東初の宣教高等教育機関となった。コンスタンティノープル・ウィメンズ・カレッジ（のちにアメリカン・カレッジ・フォー・ガールズに改称）は、その女子校版である(30)。トルコ東部のカーバードには、アメリカ人のためにユーフラテス・カレッジという女子高等学校と共学高等学校も設立された。この学校は、一八九五年にクルド人によって構内の大半が破壊され、一九一五年にトルコ軍当局の手に渡ると、ほどなくして廃校になった。

宣教師たちは、教育事業を通じて現地住民と密な関係を築き上げた。それだけでなく、エジプトでも、シリアでも、トルコでも、さまざまな地域で現地語を習得し、社会や文化の規範を学んだ。シリア・プロテスタント大学でアラブ語を採用したことは、構内のアラブ人学生とアメリカ人学生の関係を親密にしただけでなく、中東全体にもきわめて象徴的なインパクトを与えた。自由な研究と率直な議論ができるこの大学の安全な環境から、アラブの集団としてのアイデンティティが芽生え、それがのちの汎アラブ運動と近代中東政治における一大政治勢力の基盤となったのである。キリスト教教育の推進のために建てられた同大学が、結果的に中東の社会と政治にもっとも重要な影響を及ぼしたというわけだ。同じことが、カイロ・アメリカ大学にもあてはまる。

## 人道主義

宣教師の活動の三つ目の重要な要素は、救済および開発事業である。困っている人々のために診療所や孤児院を建設することは、当初から活動の一環としておこなわれていた。一八六七年、アメリカ人宣教師たちはシリアにプロテスタント医科大学を、その四年後に薬科大学を創設した。そしてそれから数年も経たぬうちに、オスマン帝国各地に建てた病院や診療所で、年間四万人に治療を施すようになった。ほかにも、効果的な農作業を教えるためにモデル農場を開発したり、経済効率の改善に必要な価値観と実践を示すことによって、より収益性の高い事業を奨励するなど、さまざまな活動が実施された。たとえば、チリでは英国国教会派の宣教師がアラウカノ族というチリ中部の小規模な貧しい原住民グループを支援し、開発援助をおこなった。同様に、メソジスト派の宣教師も中央部の農業地域に大規模なモデル農場（別名エル・ヴェルゲル）をつくり、地元の農夫たちが教育と訓練を受けることができるようにした。この学校は、現在も若者たちの技術研修の場となっている。

宣教師のもっとも重要な人道的活動のひとつが、第一次世界大戦勃発時に迫害された貧しいアルメニア人やその他の少数民族の救援である。オスマン帝国（現トルコ）北部で何万というアルメニア人が虐殺され強制退去させられると、近東のアメリカ人宣教師たちはアメリカの政府関係者や慈善家たちと協力してこの人道危機に対応した。そして一九一五年、アメリカ政府後援の下、「米国アルメニア人およびシリア人救済委員会（American Committee for Armenian and Syrian Relief：ＡＣＡＳＲ）」を設置し、近東への人道援助の先頭に立った（のちに「近東救済団（Near East Relief）」に改称）。ＡＣＡＳＲは大勢の有力な市民、ビジネス・宗教指導者らによって監督され、アメリカン・ボードの書記長ジェームズ・バートンが議長を務めた。推定では、最初の一五年間で一〇〇万人以上の難民を支援し、一〇万人以上の孤児に住む場所と衣服、教育を提供している(31)。

第二次世界大戦が終わると、福音派の人道主義は一気に拡大する。そんな戦後の人道主義のパイオニアのひとりが、「ワールド・ビジョン」の創設者ボブ・ピアスである。ピアスは、最初に従軍記者として中国を訪れ、破壊と人々の悲惨な状況を目の当たりにする。その後、韓国に赴き、戦争孤児たちを長期支援するスポンサーシップ・プログラムをはじめた。このプログラムは、やがて孤児と貧しい地域の子供たちも対象に含めるようになる。そして新世紀の初めまでに、「ワールド・ビジョン」は世界最大の福音派人道組織に成長した。

ここで強調しておきたいのは、人道主義は宣教師の中心的な務めではない、ということだ。もちろん、すべての人間が持って生まれた尊厳を向上させる、といった人間の基本的欲求を満たすことは、宣教師の重要な使命である。しかし、それはあくまでもキリストによる救済という良い知らせを宣べ伝える、という基本的な福音伝道の奉仕に付随するものである。さらに、知識を活かした適切な方法で人道的活動ができるのは、現地住民との親しい関係の賜物である。アメリカ政府当局者やビジネスリーダーが社会の比較的狭い分野と交流するのに対し、宣教師は大衆と密接な関係を保っている。そのため、その国の人々が何を必要とし、どのような問題を抱え、どのような困難に直面しているのかを把握している。それに加えて、現地住民との個人的な親しいつきあいを通じて、人々の健康や生産性を促進し、自信を高め、あらゆる人々の固有の尊厳を維持するという価値観を身を以て示し、また伝えることができるのである。

## 市民社会

アメリカ人宣教師は宗教団体、医療協会、出版グループ、教育協会などの非政府機関を創設し、それらを強化することによって、市民社会も育成した。こうした中間団体は、ビジネス、宗教、教育、職業団体のいずれを対象にしていようと、人道的で参加型の社会・政治制度を築くうえで不可欠である。民主主義の理論家たちによると、市民社会が重要なのは、それによって社会的結束と信頼——社会科学者たちが社会的資本と呼ぶもの——が醸成されるからだという。この参加と信頼は民主主義に欠かすことのできない要素である。よって、民主主義政府は強力な市民社会なしに機能しないというわけだ。

シンガポール大学の政治学准教授ロバート・D・ウッドベリーと政治学者ティモシー・S・シャーによると、プロテスタンティズムが市民社会の出現と拡大に重要な役割を果たしたのは、中央集権的なローマ・カトリック教会のように神学的論争を解決する権威が確立されていなかったからだという(32)。その結果として多元論が奨励され、その多元論が、国家の宗教からの独立と、宗教の政府からの独立を育んだ(33)。政治学者アルフレッド・ステパンはこれを「双子の宗教的寛容性（twin tolerations）」と呼ぶ。宗教団体は国家を支配することがより困難になり、政治活動は教会当局の介入を受けなくなった。この結果、市民社会に教会と政治活動を仲介する機関が出現し、ついには民主制度が確立されたのである。宗教の政府からの独立は信教および良心の自由を実現するため、同じくらい重要なことであった。宗教多元主義が社会に深く根づいて継続していなければ、民主制度の発展は難しかっただろう。よってプロテスタントの信仰は、多元主義と市民社会を育んだという点で、民主的統治の発展を後押ししたと言える(34)。

アメリカ人宣教師たちは、異国の地へ赴くときにプロテスタンティズムの基礎となる概念も一緒に持っていった。それは、人間の罪、すべての人間に固有の尊厳、個人の責任の優先、神に対する個人の説明責任の重要性、人間としての自由、政府を含む権威に対する不信である。このような概念の普及は、特定利益団体、教会、ボランティア団体の発展に重要な役割を果たした。インド、中東、中国、日本では何世紀にもわたってさまざまな宗教が信徒の獲得を競い合っていたが、ウッドベリーとシャーによると「体制派ではない教会から派遣されたプロテスタント宣教師が登場するまで、これらの地に広範に及ぶ任意団体は存在しなかった」という(35)。

宣教師は市民社会を確立するために海外へ赴いたわけではない。むしろ、彼らが創設を助けた民間団体は、多岐にわたる宣教活動の副産物と言える。その活動がいかに多方面に及んでいたかは、二〇世紀初めまでにアメリカとヨーロッパの宣教師が残した以下の実績を見れば明らかである。五五五八の宣教協会、七三一九の伝道所、一万四三六四の教会、九四の大学、二万九四五八の学校、三七九の病院、七六八二の診療所、一五二の出版社。宣教運動に関わった宣教師は一万八六八二人、派遣先の協力スタッフは七万九三九六人にのぼる(36)。このような成果を考えると、ウッドベリーとシャーの主張は決して誇張ではない。宣教師は実際に、非西洋世界のいたるところで、組織化された市民社会の発展にきわめて重要な役割を果たしたのである(37)。

## 宣教活動とアメリカの外交政策

宣教師は政府のエージェントではないとはいえ、彼らがアメリカの外交に果たしてきた貢献は特筆に値する。その中でもっとも重要なものは知識や価値観の流布といった間接的な形でもたらされたが、ごく稀に意思決定に直接影響を及ぼすこともあった。それは主に、中核となる道徳的価値観を擁護したり、特定の公共政策の提言をしたり、外国社会の知識を広めることによっておこなわれた。

### 直接的な関与

アメリカの外交に宣教師が直接関与した最たる例は、第一次世界大戦に遡る。当時、宣教師はオスマン帝国のアルメニア人やシリア人、その他の民族と親密な関係を築いていた。長年にわたる地域に密着した活動のおかげで、彼らはほかのアメリカ人には知りえない近東の事情に精通しており、地域におけるアメリカの外交政策上の利益を定めるために力を貸した(38)。そして、一九一五年から一九一七年にトルコがアルメニア人の大虐殺をおこなうと、この残虐行為を世に公表して助けを求め、人道援助の中心的な役割を担ったのである。

その後、オスマン帝国が崩壊して領土が分割されると、今度は現地住民たちのニーズや要望について貴重な見解を提供した。ほどなくして独立戦争でトルコの軍事力がイギリスとフランスを凌駕すると、アメリカン・ボードの幹事ジェームズ・バートンも交渉の場に同席する。その結果、一九二三年にローザンヌ条約が締結されるのだが、この条約はトルコ国内における宗教の自由、宣教事業、アルメニアの領土を縮小する内容であったため、バートンは反対の立場をとっていた。大半のアメリカ人プロテスタントが、彼と同じ意見だった。しかし、ギリシャ、トルコ、イギリス、イタリア、日本が次々と批准したため、現在のトルコ国境が確定する。このローザンヌ条約の批准を、歴史学者ジョセフ・グラビルは、プロテスタントの外交上の優位と近東におけるプロテスタンティズムの英雄時代の終わりを示す出来事と見なしている(39)。

宣教師が派遣先の地域に関する政策決定に直接貢献をすることもあった。たとえば、冷戦初期はアメリカの対中政策において積極的な活動を展開した。蔣介石率いる国民党軍と毛沢東率いる共産党軍の激しい内戦が続いた一九四〇年代後半に、宗教指導者たちとともに政策論議に加わるだけでなく、特定の目標も推進するために協力したのである。毛の共産主義の理想に共鳴する者もいないわけではなかったが、宣教師やプロテスタント指導者の大半が蔣介石の支持に回った。その理由は蔣自身がキリスト教徒だったからというだけでなく、共産主義の反宗教的性質に深い懸念を抱いていたせいでもある。

長期にわたる異文化体験のおかげで、宣教師たちは複雑で困難な外交政策問題に独特な視点をもたらすことができた。これは、中国でのアメリカの利益促進をはかったトルーマン大統領が、宣教師の両親の息子として現地で生まれ育った専任宣教師J・レイトン・スチュアートを大使に任命したことからも明らかだ。長老派の宣教師兼教育者として四〇年以上の実績を持つスチュアートは、中国の歴史、言語、文化に誰よりも通じていた。彼は一九四六年から中国共産党が国民党軍を打倒したあとの一九五三年まで大使として仕え、大統領の期待に見事に応えた。スチュアートの退任後ほどなくして、毛沢東による新政権はキリスト教崇拝、つまり外国人宣教師の活動を厳しく制限し、やがて共産主義の中国とアメリカの間には深い相互不信と政治的対立が生まれ、外交関係は断絶する。

元ホワイトハウス安全保障会議（NSC）の戦略立案担当シニア・ディレクターのウィリアム・インボーデンは、冷戦初期の宗教とアメリカの外交政策に関する重要な自著で、中国を救う議論に元宣教師たちが参加したときのことに触れている(40)。また、米中政策の進展に貢献したスチュアート大使の功績を強調するだけでなく、ほかのふたりの宣教師——ウォルター・ジャッドとウィリアム・リチャード・ジョンソンの重要な政治的アドボカシーにも注目している。一九四三年に議員に選出される前、ジャッドは中国で一〇年間、会衆派教会の宣教医として活動していた。一九四〇年代後半、彼は毛が率いる革命的な共産主義勢力の台頭を深く憂慮するようになる。そして国民党政府へのゲリラ戦による大がかりな襲撃がはじまると、アメリカ社会、とりわけ宗教エリートたちの間で反共産主義運動の指導的スポークスマンとして活躍したのである。

中国で四〇年間メソジスト派の宣教教師を務めたジョンソンもまた、退職後に中国の反共産主義運動に取り組んだ。ただし、ジャッドがアメリカの議員としてアドボカシーをおこなったのに対し、ジョンソンの場合は政治活動家としてホワイトハウス当局者や国務省の外交官、議員たちに影響を与えることによってこの問題に立ち向かった。ここで重要なのは、ジャッドもジョンソンも国民党の理念を強く支持し、毛の共産党に反対したものの、このふたりの元宣教師の間に米中関係に対する統一的視点がなかったことである。インボーデンによれば、多くのアメリカ人宣教師が米中の絆を発展させようと努めたが、彼らは宣教師ロビー〔圧力団体〕としてではなく、一人ひとりが独自の視点を持った独立した宗教活動家のグループとして行動したのだという。「全員一致の〝宣教師の見解〟というものはなかった」。彼はそう書いている。スピリチュアルな義務でアメリカの政策を導くべきだ、という点では全員の意見が一致していたが、どの方向に導くかという点ではばらばらだったというわけだ(41)。

さらに、アメリカの対中外交政策に影響を与えようとした元宣教師たちの取り組みは、宗教または神学的な理由からではなく、むしろ中国社会についての知識、人々への愛、自由で寛容な文化を育てたいという願望から生まれたものだった。よって、変化する中国の政治情勢や共産主義政権に対するアメリカ政府の行動を話し合うために公開討論に参加するときも、主に中国問題に精通した一個人として出席したのである(42)。

もうひとつ、宣教師は、革命的な共産主義に脅かされている外国社会の情報を提供するという重要な役割も担っていた。現地の情報に日々触れているうえに反共産主義志向が強かったため、アメリカ政府の反共キャンペーンに協力したがる者は多かった。中央情報局（ＣＩＡ）はこうした事情を活用して、一九五〇年代から情報収集のために宣教師たちへの定期インタビューをはじめた。このCIAの取り組みの下、ラテンアメリカ、東南アジアなど共産主義の影響力が強まっていた地域の宣教師たちは、帰省休暇の際に現地の状況を報告した。冷戦の緊張がもっとも高まっていた時期、宣教師の一〇パーセントから二五パーセントがアメリカの諜報当局に何らかの情報を提供していたという説もある(43)。

一九七〇年代半ばにこの事実が発覚すると、全国福音派協会（NAE）をはじめとする宗教団体から非難の声が沸き起こった。宣教師の宗教的な使命と、国家権力からの独立という認識を貶《おとし》める由々しき行為である――それが彼らの主張だった。このような批判もあって、CIAなどの諜報機関は一九七七年に、宣教師やジャーナリストを使った情報収集を禁じることを発表した。しかし一九九六年になると、CIAのジョン・ダッチ長官が、国家の安全保障が特段の脅威にさらされている場合はその限りではないと述べたことから、禁止措置に関する新たな懸念が高まった。このときも、NAEやほかの宗教団体が激しい抗議を展開した。

## 間接的な関与

アメリカの外交政策に対する宣教師のもっとも重要な貢献は、彼らがアメリカ国民の世界全般――とりわけ外国社会――に対する考え方、価値観、慣習に間接的に影響を及ぼしてきたことである。世界に関する知識を深め、さまざまな文化の価値観と考え方を理解し、外国で暮らす人々への関心を高めることによって、宣教師は他国の幸福に配慮することを促してきたのである。なかでも特に力を注いだのが、外国文化の知識を学び広めること、国境にとらわれない興味と関心を高めること、世界的な人道主義の推進、ひとつにまとまった国際社会という世界観の育成、民主主義の理想と実践の促進、グローバルな市民社会の推進であり、これらはどれも現在「グローバルな市民社会」の条件として定義されるものばかりである。以下で詳しく見てみよう。

## 1 外国文化の知識を学び、広める

長期間にわたって海外で暮らすアメリカ人が当時ほとんどいなかったため、宣教師は外国の文化にもっとも詳しい人物となった。彼らの知識は、とりわけ政府当局者、世界中を飛び回る実業家、わけてもアメリカ人外交官にきわめて有用であることが証明された。たとえば、オスマン帝国崩壊後に連合国が中東を再構築する際に、ウッドロウ・ウィルソン政権は宣教指導者たちの近東の人々に関する意見を大いに頼りとしたし、第二次世界大戦後、ダグラス・マッカーサー将軍も極東、特にビルマ、中国、日本で活動した宣教師たちの文化や歴史に関する知識を活用した。ウォルター・ラッセル・ミードは、マッカーサーの日本再建は「宣教師の計画を銃剣の先で実行したもの」だったと述べ、次のように続けている。「長期にわたる宣教経験がなければ、アメリカは日本占領——諸々の論争はあるが、アメリカ史上もっとも重要な成功例のひとつとされている外交政策——を特徴づける大胆さも知識も持ち合わせることはできなかっただろう」(44)

ミード曰く、宣教師の活動は、アメリカが第二次世界大戦後の世界でリーダーシップをとる下地を作った(45)。国際機関の設立、自由という大義、経済的繁栄——アメリカにこれらを先導する態勢が整ったのは、宣教師たちがアメリカ社会全般、とりわけアメリカ政府と共有した貴重な国際経験のおかげだったと言える。彼らの子供の多くは、親の後を継いでキリスト教活動の専従者となったが、ビジネスや外交、それらに関連した国際関係の仕事に進む者もかなりの数にのぼった。世界のリーダー的役割を担うアメリカにとって、外国の専門家の必要性は高まるばかりであった。そのような状況で、宣教師という背景を持つ外交官が増えていったのもごく自然な成り行きだろう。この傾向は、近東、極東、アジアという西洋以外の地域で顕著だった。一説によると、第二次世界大戦中の「外国文化の専門家」の約半分は、宣教師の子供たちで占められていたという(46)。

## 2 国境にとらわれない興味と関心を高める

宣教師たちは、アメリカが他国の人々の利益と幸福により配慮するように促す重要な役割を果たした。アメリカ共和国の初期において、政府の関心は主に自国の政治・経済制度の発展と強化に向けられており、外交政策の主要原則は孤立主義であった。諸外国からの挑戦を受けることもしばしばあったが、その場合も外国との紛糾を避けることを主な目標としていたのである。しかし、一九世紀後半に宣教運動が起こり拡大していくにつれて、世界の諸問題に対する社会の関心が高まっていく。プレストンのことばを借りれば、「世界市民」を自任していた宣教師たちは、アメリカの国際主義の先駆者であった。実際のところ、世界は本来つながり合っている、ということをかなり早くから認識していた(47)彼らは、同時代のアメリカ人の外交観のはるかに先を行っていたのである。

アメリカの孤立主義から国際主義への移行において宣教師が果たした役割も大きい。たとえばシュレシンジャーは、一九世紀末のアメリカの拡張主義の高まりに宣教師が大きく寄与したと考えているが、彼らの宣教運動は、外国文化に影響を与えた以上にアメリカに大きな影響を与えたのではないだろうか、と示唆している。宣教の理念の根底にある自信と独善性が、拡張主義者のエートスを盛り上げたのだという。

他国の文化への侵略は、侵略された国の自画像を危ういものにするだけでなく、侵略国の独善性を増長させる。アメリカ人は、長い間自分たちを、最初は宗教的な意味から、そして次第に政治的な意味から、選ばれた民と見なしてきた。建国の父たちは、アメリカが介入することよりも模範を示すことによって影響力を拡大していくと考えていたが、宣教師たちは自分たちの責任をもっと差し迫ったものと見た……そんな彼らの福音主義精神が、世界におけるアメリカの役割に十字軍的な衝動を吹き込んだのである。(48)

要するに、アメリカのグローバリズム〔世界的干渉主義〕の高まりは主に政治的・経済的なものであったが、福音を宣べ伝え、貧困に喘ぐ社会の人々のニーズに応えたいという宣教師の欲求もまた、世界に関するアメリカの世論を形作る一助となったのである。

## 3 世界的な人道主義の推進

宣教師たちは外国に暮らす人々のニーズや問題を強調し、彼らに配慮する機関を作ることによって、アメリカの外交政策に貢献した。前述の通り、教育の促進、医療施設の建設、人道支援の提供においてパイオニア的存在だったということだ。これについて、著名な歴史家ダニエル・ブーアスティンは次のように述べている。「対外援助、平和部隊、その他多数のアメリカの外交および外交関係組織は、一九世紀に全盛したアメリカの宣教の伝統に深く根ざしたものである」(49)

## 4 ひとつにまとまった国際社会という概念の育成

宣教師たちがアメリカの外交関係に影響を与えたもうひとつの方法は、普遍的な社会という世界観の促進である。彼らはアメリカと、アメリカの理想と利益に共感しがちではあったが、その海外経験は多国間の強い絆と、国籍、民族、社会階級に関係なくあらゆる人間に無比の価値があるという考え方ももたらした。また、すべての人間は神の創造物の一部なので、彼らにとって世界は単なる部族、文化、国家の集合体ではなく、ひとつの合理的な道徳的社会であった。牧師のダナ・ロバートによると、「キリスト教の本質にあるグローバルなビジョン——ひとつの世界、イエス・キリストが治めるひとつの神の国というビジョン——は、熱意あふれる宣教の原動力でもあり、目的でもあったのだ」(50)。宣教師たちは国境を認識しつつ、世界の内在的な統一性と道徳的な結びつきを祝福する重要な役割を務めたのである。

このような宣教師たちはアメリカの最初の国際主義者と言ってよい。すべての人々がキリストによる救済という福音のメッセージを聞く機会を持つべきだと信じ、企業家が海外利権を確立しはじめる前から、世界の福音伝道という使命に深く関わっていたのだから。宣教師は外国人ビジネスマンに先んじていた、と述べているのは中国駐在アメリカ公使チャールズ・デンビーだ。「宣教師は、聖なる熱意につき動かされて、どこへでも行った。それに、外国貿易が徐々に追随していったのである」(51)

福音派宣教師は、一般国民の間にも国際主義者の気質を芽生えさせ、この気質が人権、女性と子供たちへの配慮、貧困削減といった世界の問題への関心を高める結果となった。しかし、このような関心が、公式な国際政府機関の整備への支援に結びつくことはなかった。原理主義者や多くの福音派は、国際連盟やその継承機関である国際連合のような国際政府機関に対し、はなから深い不信を抱いていたのである。第一次世界大戦後にウッドロウ・ウィルソン大統領が国際連盟を設立しようとしたときも、保守的なキリスト教徒たちの激しい反対にあっている。フィンランド人学者のマルック・ルオツィラによると、キリスト教徒のアンチ・インターナショナリズムは、近代主義者と保守派キリスト教徒の論争の副産物だという(52)。保守的な信徒、とりわけ原理主義者は、国際政府機関の設立は、根本的なスピリチュアルな変容を経なくても世界平和を達成できる、という前提に基づいているため間違っていると信じていた。そして、戦間期、そして冷戦中でさえ、国際連合のような国際機関について重大な懸念を表明し続けた。つまるところ、福音派は国際問題を強く提唱し、ひとつにまとまった道徳的社会という世界観に深く関わってきた一方で、国際政府機関の役割には不信を抱き続けているのである。

## 5 民主主義の理想と実践の促進

信仰を伝え、自立的な教会を展開するときに、アメリカ人宣教師が当初からことさら重視していたのが聖書の果たす役割である。大衆教育、読み書き能力の向上、聖書の翻訳に力を入れたのも、改宗者たちが自分で聖書を読んで学ぶことができるように、と考えてのことだった。

宣教師の役割と民主主義の拡大の先駆的研究において、社会学者ロバート・ウッドベリーは、宣教師（彼の言う「回心したプロテスタント」）が世界中に安定した民主主義を起こし広めることに多大な貢献をしたことを示している。彼らは宗教の自由、大衆教育、大量印刷、新聞、ボランティア組織、植民地改革の発展・普及の手ほどきをし、それによって盤石な民主主義が生まれやすい状況を作り出す、なくてはならない触媒だった(53)。ウッドベリーは、歴史と統計の両方からこの主張を裏づけている。歴史的解析によると、宣教師は大衆教育、読み書き能力の向上、印刷、市民社会の拡大において独特な役割を果たしており、統計的解析によると、宣教師の役割はアフリカ、アジア、ラテンアメリカ、オセアニアにおける民主主義の変動の約半分を説明している。

ウッドベリーはヨーロッパとアメリカのすべてのプロテスタント宣教師を調べたが、民主主義の価値観と実践の普及においてとりわけ決定的な役割を果たしたのは、アメリカの宣教事業であったという結論にたどりついた。ヨーロッパの宣教師の多くが国家の支援を受けたプロテスタント教会の下で活動していたのに対し、アメリカの宣教運動は最初から民間の宗教運動であった。その結果、アメリカ人宣教師はスピリチュアルな使命を遂行するうえで体制的なヨーロッパの教派の宣教師たちほど制約を受けずにすんだだけでなく、より自由に社会改革、宗教の自由、市民社会の成立を促進することができたというわけだ(54)。政治を発展させるという意図はなかったものの、自らの宗教的信条が教育的・社会的・人道的な問題に取り組むよう彼らを駆り立て、それらの取り組みが民主主義の下地を作ったのである。

## 6 グローバルな市民社会の推進

最後に、宣教師はグローバルな市民社会という観念を発展させることに貢献した。宣教運動は、国際社会という概念に基づいて多国間の絆を強め、その関係を維持する民間組織を創設する、という重要な役割を果たした。極東の宣教活動を分析したフェアバンクは、海外宣教は「アメリカ初の大規模な多国籍企業」だったと結論づけている(55)。また、ミードは、グローバルな市民社会という概念は宣教運動そのものから生まれたという。彼は、次のように書いている。

世界のさまざまな文化と社会が共通の国際社会を構築可能にするだけの、もしくは望ましいものにするだけの共通点をそなえている。もしくはそなえているかもしれない。そう考えたのは、ほんのひと握りの孤立した知識人を除けば、宣教師が初めてだった。宣教師が実行するまで、そのような世界を作ろうとした大規模な集団はひとつもなかった。「後進的な」国々は西洋式の工業民主主義国へと発展することができるし、発展すべきである、という概念は彼らの中で育まれ、その結果、「ワールド・ビジョン」や「カトリック・リリーフ・サービス」などの組織が開発を先導し続けている。西欧諸国政府には財政援助やその他の支援を提供して貧困国の発展をサポートする義務がある、という考えもまた宣教師の世界から生まれたものである。自然災害における救援活動、難民の保護、貧困国で働く医師の訓練など世界規模で重要な貢献をしている現代の国際組織のルーツは、宣教組織か宣教環境にあると言ってよい(56)。

宣教事業は、国際的な人道的活動と宗教活動を通して国際意識を育てるだけでなく、宣教協会、聖書協会、人道組織、教会教派などの国際組織に支えられた多国間の関係も推進した。また、宣教師は、自ら築き上げた広範なグローバル・ネットワークを足場として、さまざまなグループやNGO間の協力とグローバルな市民社会を後押しし、救援・開発援助を提供しながら、アメリカの世界との関係を構築し、その関係に影響を与え続けてきたのである。

## これからの宣教

異国の地で福音のメッセージを伝えるという挑戦は、この数十年で劇的に変化した。一九世紀と二〇世紀の大半を通して、宣教師はフルタイムの教会の使者であった。また、現地社会にしっかりと根を下ろすことによって宗教活動をおこなうことを期待され、そのために宗教と言語について事前に十分な訓練を受けることが前提となっていた。当時は、受け入れ社会の言語、慣習、伝統に精通し、現地住民に宗教のメッセージを効果的に伝えることを求められていたのである。今日、このような伝統的な宣教奉仕がより柔軟でくだけたものに取って代わられつつある。この新しいポストモダンなパラダイムの特徴は、従来よりも組織化されておらず、広範な参加を募り、派遣期間も短いうえに、奉仕内容も特定されている点にある。これらのプロジェクトは、たいていの場合、志願者自身やその所属教会が発起人となり、資金もそのいずれかが負担するか寄付で賄う。また、短期宣教を強調し、現地教会の宗教活動の強化、医療支援、建築工事、教育および職業訓練といった支援活動に焦点を当てている。

この今日的なアプローチをもっともよく表しているのが、教会、教派、専門の宗教機関が主催する短期宣教（short-term mission：ＳＴＭ）旅行だろう。二週間以内の日程が中心のこれらの宣教旅行では、若者や大人たちが人道、医療、教育やそれに関連する奉仕活動に従事しながら、アメリカ内外からやってきたさまざまな生活水準の信徒たちと懇親を深める。ほとんどの福音派教会が海外に多くのグループを派遣して人道的・宗教的な奉仕活動をおこなっていることからも、このような短期宣教旅行の重要性が高まっていることは明らかだ。たとえば、カリフォルニア州ミッションビエホにある大規模なメガ・チャーチ、サドルバック教会は、短期宣教旅行で一〇〇〇人以上の会員をルワンダに送ってきた。この教会はルワンダの貧困者救済を非常に重視していて、同教会のリック・ウォレン牧師も自ら頻繁に同国に赴く一方、ルワンダのポール・カガメ大統領もサドルバック教会を訪れて会衆に講演したことがある。宗教学者ロバート・ウスノウによると、海外への短期宣教旅行に参加する成人は毎年一六〇万人にのぼるという(57)。しかし、ほとんどの短期宣教旅行は高校生の年齢の若者たちが参加している。行き先はアメリカ国内が多いが、海外もかなりの部分を占めている。私が教えている大学では、新入生の大半が少なくとも一度は短期宣教旅行に参加した経験があり、なかには三回または四回という者さえいる。どのくらいの若者がこうした旅行に関わっているのか集計することはできないが、一部の宗教関係の識者によると、毎年二〇〇万人に及ぶのではないかと見られている(58)。

初期世代の宣教師たちはアメリカの外交政策に強い影響力を発揮した。新しい形の宣教もまた、世界におけるアメリカの役割に何らかの貢献をしているのだろうか？　短期宣教旅行や特化された宣教プロジェクトなどの宣教活動は、アメリカそのものが世界の諸問題に積極的に関わることを促進しているのか？　新しい形態の宣教奉仕活動の影響について断定するのは早計だが、予備的な判断を下すことはできる。

まず、新形式の宣教奉仕は現地での滞在期間が短いため、参加者は外国語を学んだり外国の文化や社会に関する知識を身につけたりすることにあまり関心がない。それゆえに、外国社会の専門知識が養われることがない。つまり、現在の宣教活動者に、従来の宣教師のように外国の知識をもたらすことはできないだろう。さらに、現代の宣教組織の分権的でカジュアルな性質を考えると、このような宗教活動がグローバルな市民社会を強化するとも思えない。グローバルな市民社会には、国境を越えた民間の活動を組織化することが必須だからだ。よって、組織が十分に発達したローマ・カトリック教会であればともかく、アメリカの福音派を結びつける脆弱な組織ではグローバルな市民社会を構築できる可能性は低い。単純に、福音派には多国間のNGOの構築に役立つ組織的基盤がまったくないのである。アメリカの福音派が宗教的な協力を強化するために定期的に国際会議を主催してきたことは事実だが、二〇一〇年にケープタウンで開催された第三回ローザンヌ国際会議のような集まりが市民社会の基盤となる組織を設立するとは考えにくい。

その一方、現代のアメリカの宣教活動は、宣教活動をはじめた時期から続いている三つのプラスの影響を維持することにより、アメリカそのものが世界の諸問題に積極的に関わることにも貢献することができる。その三つの影響とは、世界への関心の促進、貧困社会に対する救援・開発援助、ひとつの道徳社会という世界観の強化である。これらの影響が今なお保たれている理由は、グローバル化の進行——伝統的な長期間の宣教奉仕からカジュアルな短期間の宣教プロジェクトに移行した原因でもある——によるところが大きい。海外旅行のコストと障壁が低くなったため、宣教プロジェクトは数も範囲も劇的に膨張し、国境を越えた興味と関心が一段と促進された。そんなアメリカの宣教事業は、今も昔もときおり——特にアメリカが厄介な国際問題や犠牲の大きい戦争に直面するときに——生じる孤立主義的な思想への重要な対抗手段である。同様に、現代の宣教活動は人道援助の必要性を認識させることにも一役買っている。宣教師は、政治活動やロビー活動ではなく、人道的活動の模範を示すことによってアメリカの意思決定に影響を与え続けているというわけだ。人間一人ひとりが持つ無限の価値を伝えることによって、もっと具体的に言えば、食料、開発援助、医療、教育を提供することによって、影響力を発揮しているのである。後述するように、アメリカ政府が海外の人道的支援の需要に応えるという使命をますます宗教団体に依存するようになったのは、福音派が人道支援を施し、貧困社会の経済発展の必須条件を育てるうえであげた絶大な成果によるところが大きい。

最後に、現代の宣教は、世界はひとつの道徳社会である、という確信を期せずして広めている。伝統的な宣教事業と同じように、現在の宣教もまた、世界は道徳的な意味で領土の境界が曖昧なひとつの地球社会である、という考えを意図的に広めようとしているわけではない。ひとつにまとまった道徳社会という概念はむしろ、神は世界を創造し、民族や国籍や社会階級にかかわらずすべての人間を愛している、というキリスト教信仰の副産物なのである。よって、世界の内在的な総合価値と統一性、という概念のルーツは宗教にあると言える。世界の道徳的統一性を祝福しているのは政治的理想主義者も同じであるが、キリスト教徒の世界の団結への呼びかけが宗教的な主張に基づいているのに対し、政治的理想主義者たちは世界平和と国民国家の繁栄を促進するために権力の集中を求めている。

アメリカ人宣教師たちはキリストによる贖罪という福音を宣べ伝えるだけでなく、アメリカの世界の諸問題への関わりにも影響を与えてきた。直接的には、人々の需要に応え、教育を重視し、人間の尊厳を育む価値観と実践の模範を示すことによって、間接的には、より平和的で安定した民主的な世界を築く基盤となる考え方や価値観を促進することによって——。また、合理的な道徳社会としての世界という概念を育み、あらゆる人間の生まれながらの価値と平等を肯定してきた。確かに宣教団体の世俗的取り組みは正式なアメリカの外交政策の一環ではない。それでも、アメリカの外国社会への貢献は、宣教師たちのパイオニア的な活動なしに実現することはなかっただろう。

# 第4章

# 福音派の政治倫理

福音派に政界での指針となる基本原則や教義はあるのだろうか？　公共問題において彼らの理論を構築し、行動の手引きとなるものは何だろうか？　すでに述べた通り、福音主義は核となる信条に基づいた宗教的志向であるが、その宗教的、社会的、政治的な選好は広範に及んでいる。また、信徒たちの宗教的な結びつきが弱く、組織も脆弱なため、思想や行動の指針となる正式な政治神学が存在しない。ローマ・カトリック教会が社会や政治に関する一連の教えをしっかりと確立し、公共政策を表明できる確固たる組織構造を築いているのに対し、福音主義者は独力で何とかやっていくしかないというわけだ。したがって、これまでの政治分析と政治活動は、ローマ・カトリック教徒はもちろん、メインライン・プロテスタントと比べても、限定的で説得力に欠けるものだった。

政治倫理が存在する範囲では、福音派の最大の特徴は政治活動よりもスピリチュアルな成長を、政策よりも個人の道徳性を優先することである。さらに、政策の立案や制定よりも個人の道徳的責任を重視する傾向がある。一九七〇年代に国内政治への影響力を増したのも、彼らから見てキリスト教の基本的な規範に反する政策が増えてきたことに対する直接的な反応であった。一九七〇年代末の福音派組織「モラル・マジョリティ」と一九八〇年代の「キリスト教連合」の台頭は、政府が個人の生活に過度に介入し、政策によって伝統的価値観が揺らいでいる、という確信からはじまったのである。

本章では、そんな福音派の社会倫理および政治倫理を概観する。

## 福音派の政治思想と社会思想を構成するもの

新福音主義が生まれたきっかけが、原理主義者の社会からの離脱は度を超している、という一部の伝統主義的プロテスタント指導者たちの判断にあったことはすでに述べた。神学的な正当性を強調してリベラル派の進歩的な人間中心主義を批判することは正しいが、文化や社会に背を向ける姿勢は福音の求めることに反している――彼らはそう考えたのである。このように福音派が社会に開かれた存在になることを初めて訴えた重要な著作が、新福音主義運動初期の代表的人物カール・F・H・ヘンリーが一九四七年に発表した『現代原理主義者の良心のとがめ』（原題The Uneasy Conscience of Modern Fundamentalism、邦訳未刊行）である。この本でヘンリーは、福音が社会、文化、政治にどのような影響を与えるか十分に検証されていないことに、福音派の心は「とがめている」と述べた。原理主義者たちは、文化と積極的に関わるよりも、教義上の議論にエネルギーを浪費していた。ヘンリーにとって特に厄介だったのは、彼らが異端的な終末論的思想の影響を放置していたことだ。それどころか、内なる宗教的関心にばかり焦点を当て、現代世界のスピリチュアルなニーズと物質的なニーズを顧みようとはしなかった。「福音と世界全体とのつながりほど重要なものはない。そのつながりを弱めるとわれわれの王国が見なすものは、それが何であれ、キリスト教の本質的な特質そのものを破壊する」とヘンリーは書いている(1)。

『現代原理主義者の良心のとがめ』が福音派の思想に与えたインパクトは計り知れない。テキサス大学オースティン校の政治学教授J・ブッジゼゥスキーによると、ヘンリーの主張は「福音派の社会的エートスそのもの」となったが、内容のある社会および政治神学を作り出すプロジェクトはまだ道半ばであるという(2)。それでも、これまでの歩みを振り返ると、数々の重要な展開と取り組みが見て取れる。以下でそれを紹介しよう。

## シカゴ宣言

シカゴ宣言は、福音派が社会的・経済的正義にもっと関心を持つ必要があることを説いた短い声明である。一九七三年一一月に少数の穏健派と進歩的福音派〔福音左派とも呼ばれる〕が署名したこの宣言は、深刻な社会不安を抱える時代において福音派に市民活動への積極的な関わりを求める重要な呼びかけであった(3)。

採択者に名を連ねていたのはカール・F・H・ヘンリーやデンバー神学校校長バーノン・グラウンズら確固たる地位のリーダーだったが、このマニフェストは福音派の若い進歩的な思想家や活動家の関心と信条に大きく影響を受けたものだった。すなわち、福音派の大多数を占める保守派の姿勢が反映されていなかったため、当初はインパクトもなく、ほとんど注目されなかった。

シカゴ宣言は、「神の民は神のものである」という主張ではじまり、福音派信徒が不当に苦しんでいる者たちを無視してきたことを認めている。そして、「貧困に喘ぎ、虐げられている人々の社会的・経済的権利」を守ることによって罪を悔い改め、福音の要求に応えるよう呼びかけている。ほかに、国内の不正義の問題を強調するだけでなく、世界の貧困や国家間の経済的不平等にも言及している。以下にその一部を抜粋しよう。「神と一〇億の飢えた隣人たちを前に、現在の生活水準について価値観を再考し、世界の資源のより公正な獲得と分配を促進しなければならない」。さらに、隣人たちを故国や外国で不当に苦しめている戦争と暴力という国家の病理の元凶である過度な愛国主義と経済・軍事力への依存に注意を促している。

当時の福音派の社会倫理と政治倫理に目に見えるインパクトはほとんど与えなかったが、シカゴ宣言は福音派の公共問題への関心の高まりを端的に示しており、注目に値する。

## ローザンヌ誓約

一九七四年、スイスのローザンヌでおこなわれた世界伝道会議である文書が承認された。その宣言には、福音主義の核となる信条と使命が記されている。このローザンヌ誓約が重要な意味を持っているのは、シカゴ宣言のように教会と国家の関係、福音主義、当時の社会経済的正義への福音派のアプローチが示されているからである。西洋諸国の福音派指導者たちによって起草されたが、世界一五〇カ国の教会指導者二三〇〇人に採択された国際的な宣言でもある。

内容の大半はスピリチュアルな問題が占めており、教会の福音伝道の使命が強調されている。同時に、あらゆる社会における宗教の自由の必要性を含め、社会問題および経済問題においてキリストの贖罪を実行するよう信徒に呼びかけている。また、人間の幸福をおざなりにしてきたこと、福音伝道と社会的責任を互いに相容れないものと見なしてきたことを悔い改め、その両方に積極的に関わるよう訴えている。この誓約では、スピリチュアルなものと世俗的なものの関係を以下のように説明している。「人がキリストを受け入れるとき、その人は再生して神の国に入れられるのであり、この不義の世界の只中で、ただ神の義の何たるかを示すだけでなく、それを押し広めていかなければならない。われわれが主張する救いは、われわれの個人的責任と社会的責任の全領域において、われわれ自身を変革していくものである。おこないのない信仰は死んだものである」。そして最後に、人間は神のかたちに創られたのだから、一人ひとりが本来尊厳性を有するものである、と思い起こさせている。キリスト教徒は、すべての人間の基本的な価値を守る義務があるのだと。

この誓約の先進的な側面のひとつとして、宗教の自由の優先性を強調していることがあげられる。第一三項で、「神の御心に適った、そして、国連の『世界人権宣言』に打ち出されているような思想と良心の自由、宗教的諸活動の自由を保障する」ことを国家の為政者たちに呼びかけている。このテーマは、一九九〇年代末になってついに福音派の心をとらえ、一九九八年に米議会で国際宗教自由法（ＩＲＦＡ）が成立するのだが、当初はソ連共産主義の無神論と共産政権による信徒の迫害を繰り返し非難する以外に、福音派が宗教の自由を提起することは稀だった。このことからも、国際的な宗教の自由を求めるローザンヌ誓約の訴えが、いかに時代に先駆けていたかがよくわかる。

### 平和、自由、安全保障の研究（Peace, Freedom and Security Studies）プログラム

一九八六年、全国福音派協会（ＮＡＥ）は外部アドバイザーたちの助けを借りて、「平和、自由、安全保障の研究（Peace, Freedom and Security Studies：ＰＦＳＳ）プログラム」を創設した。国家の安全保障問題へのより充実したアプローチを築こうとするこの取り組みは、政策議論の課題を軍事問題だけではなく、国家安全保障、国際的な人権、世界平和という複数の目標を達成するものにまで拡大することを目指していた(4)。ＰＦＳＳプログラムがはじまった当時、アメリカの宗教エリートたちはどうしたら平和を促進できるか、もっと具体的に言えば、どうしたらソ連との核戦争の脅威を緩和することができるかという国民的な議論に深く関わっていた。メインライン・プロテスタント教会は、核兵器と世界秩序の考え方について多くの宣言や枠組みを公表し、米国カトリック司教協議会は一九八三年に「平和の挑戦」という題名の司教教書を発表して大きな影響を与えた(5)。そんなローマ・カトリック教会やメインライン・プロテスタントを横目に、福音派は核兵器の制限について黙したままで、これといった貢献をしていなかった。そこで平和と自由と安全保障問題を道徳的に分析する枠組みを作るために立ち上げられたのがこのプログラムだったのである。

ＰＦＳＳプログラムの目的は、ＮＡＥのビリー・メルビン事務局長のことばを借りれば、「宗教の自由を支援し、自由な社会の安全を促進するとともに、暴力によらない国際紛争の解決を促す福音派指導部のスキル向上」であった(6)。メインライン・プロテスタント教会がほぼ軍縮だけに的を絞った深みに欠ける平和維持イニシアチブを展開していたのとは対照的に、

NAEのプログラムは「核による破壊と全体主義」というふたつの脅威に同時に立ち向かおうとしていた(7)。

このNAEのプログラムは、一般的に確かな情報に基づいた、信頼できるものと受け止められている。ニューヨーク市に拠点を置くカーネギー国際関係倫理協会が後援したPFSSに関する一日限りのシンポジウムには、アメリカ政府、大学、外交政策シンクタンク、アドボカシー・グループ、宗教系NGOの主だった代表者らが顔をそろえた。キリスト教思想家の間では、この枠組みでは正義が強調されていないという批判の声も聞かれるが、国際関係学の第一人者ジョセフ・ナイ・ジュニアは素晴らしいガイドラインだと賞賛している(8)。また、当時ほかの教会が発表した平和維持と軍縮に関する文書とは異なり、PFSSは核戦略、軍事戦術、人権の推進に関する具体的な政策を提言しようとはせず、むしろ人権と世界秩序と国家の安全保障の相関性を明らかにしようとするものだった。

## 健全な国を目指して(For the Health of the Nation)

福音派の政治倫理と社会倫理に関するもっとも重要な包括的取り組みは、「健全な国を目指して――市民の責任に対する福音派の呼びかけ」(For the Health of the Nation: An Evangelical Call to Civic Responsibility:FHN)だろう(9)。二〇〇一年にNAEの依頼を受けて福音派の学者グループが起草したこの文書は、二〇〇四年に正式にNAEに採択され、九〇人を超える指導者が署名した。FHNは、信徒数が増加したアメリカの福音派は公共問題に影響を及ぼす歴史的な好機を迎えている、という認識から生まれたものである。実際、この声明は次のように宣言している。「われわれは、歴史上もっとも強力な国家の有権者の四分の一を占めている。全世界の幸福に貢献できるように、神がアメリカの福音派にこれほど素晴らしい政策形成の機会を与えてくださったことはない」(10)

ＦＨＮは主にアメリカ内外の問題への信徒の意識と関心を高めることを目的としていたが、それによって福音派の政治関与を強めるだけでなく、アメリカが内外で直面する複雑な問題について、より十分な知識に基づいた高度な解釈ができるようにすることも目指していた。したがって、社会問題および政治問題における考え方と行動の指針となるふたつの要素が記されている。

**1　政治関与の基盤と方法と目標。**

**2　神を中心とした政治に役立つ聖書の原則。**

前半では、政治活動や社会的活動は教会の贖罪という使命の中心である、という意識が高まっているにもかかわらず、アメリカの福音派はまだ「市民活動に積極的に関わることに態度を決めかねている」と注意を喚起している。同時に、贖罪には政治領域も含めあらゆる創造物が関係している(11)のだから政治への積極的な関与は必要なことである、として「公正な統治は、創造におけるわれわれの使命の一部である」(12)と言明している。また重要なことに、キリスト教徒の市民活動を追求するときの個人と組織の両方の役割も強調されている。さらに、スピリチュアルな変容をキリスト教徒の政治関与の必須条件としつつ、魂の救済だけで正義を確実に実践することはできないと主張し、「社会変革を持続させるためには、個人の回心と組織の刷新・改革が必要である」と力説している(13)。そして最後に、キリスト教徒が第一に忠誠を誓うべきは神と神の王国であり、世俗の権威ではないと念を押している。つまり、信徒は政治団体または共同体よりも普遍教会という「キリストの体(the body of Christ)」〔キリストをかしらとする信者の集まり、教会を指す〕に対する忠誠を優先しなければならない、ということだ。これは、自国に愛着を持つことと外国の人々を積極的に愛することのバランスをとる、ということでもある。

後半では、政治活動の指針となる七つの基本方針が明らかにされている。これらの規範――宗教の自由、家族生活の優先と子供の保護、命の尊厳、貧しい者たちへの思いやり、人権の保護、紛争の平和的解決と暴力の抑制、環境保護(14)――はどれも国際社会における平和と正義の追求と潜在的に関連しているが、なかでも宗教の自由、貧しい者たちへの思いやり、紛争の平和的解決、環境保護は国際政治と外交政策に適用できる。しかし、この声明の簡潔な文章では、これらの規範がどのように国際関係に影響を与えるべきかについてほとんど分析されていない。

FHNは、アメリカの福音派が社会と政治に積極的に関わる包括的な枠組みを初めて示した重要な文書である。NAEは冷戦時代を通してアメリカ内外の広範な政治問題について多くの政策を表明したが、その活動の基盤にできるような、福音派が自他ともに認めるまとまった政治倫理が存在しないため、どれも「キリスト教徒に深く根づいた公共生活のビジョン」というよりは「選好」を反映したものだった。二〇〇四年に公表されたこの文書は、気候変動、大虐殺、人道的介入、核の拡散などの具体的な世界の問題に対処する政治倫理の枠組みとはならないが、聖書の観点から社会思想と政治思想を構築する重要なリソースであることは間違いない。

## ケープタウン決意表明

二〇一〇年一〇月、南アフリカのケープタウンで第三回ローザンヌ世界伝道会議が開催された。この会議の中核となる文書「ケープタウン決意表明」(Cape Town Commitment：CTC)は、愛というテーマで構成されている。冒頭では、神の愛をもっとも重要と考えることから教会の使命がはじまる、と宣言されている。「神の民の宣教の業は、神と神が愛するすべてのものに対する私たちの愛から流れ出る。世界の宣教とは、私たちに向かって、また私たちを通して、神の愛が流れ出ることである」。宗教的信条は心の中で賛同することによってたやすく表明できるが、真の信仰では価値観を積極的に表現することが求められる。キリスト教徒にとって、キリストへの忠実な献身は、正しく秩序だったさまざまなキリスト教徒の愛の形――神への愛、隣人への愛、キリストが死をもって救った世界への愛――に忠実でいることを求める。CTCの中心的起草者である聖書学者クリストファー・ライトは、世界における神の使命を果たすうえでいちばんの困難は、迫害でもほかの宗教でもなく、神の民の不服従だと述べている(15)。それゆえ、会議の指導者たちは、神が愛する者たちを自分は完全に愛していなかった、ということを受け入れるよう参加者たちに迫った。教会の刷新にまず必要なのは、悔い改めだったというわけだ。

この会議は、世界の福音主義に起きている重要な変化を示していた。なかでももっとも際立っていたのが、グローバル・サウスにおけるキリスト教の急速な拡大と、真の信仰には信条と行動、すなわちスピリチュアルな生活と世俗的な生活の両方において忠実であることが求められる、という認識の高まりである。したがって、世界の福音主義の多様性を確実に表すことが会議の大きな目標となった(16)。

歴史家のフィリップ・ジェンキンスによれば、グローバル・サウスにおける信徒の著しい増加がキリスト教の人口統計を大きく変えつつあるという(17)。全世界の英国国教会系教会(アングリカン・コミュニオン)の主教たちが集う一九九八年のランベス会議では、そんなグローバル・サウスの教会指導者たちの影響力の高まりが劇的な形で証明された。同性愛者の聖職叙任を認めようとするグローバル・ノースのリベラル派司教たちの試みを、グローバル・サウスの教会指導者たちが阻止したのである。激しい議論の末、ヨーロッパと北アメリカのリベラル派教会指導者の反対を押し切って、同性愛はキリスト教の奉仕と相容れない、という宣言が発表された。

もっと最近の例では、ピュー研究所が二〇一〇年に世界の福音派を対象に実施した調査で、グローバル・ノースからグローバル・サウスへ影響力が移行したことが実証された。ケープタウンでの会議の参加者の意見に基づいたこの調査によると、世界の福音派指導者の四四パーセントが、アメリカとヨーロッパが世界のキリスト教徒に対して影響力を持ちすぎていると考えており、回答者の六八パーセントがアフリカ、アジア、ラテンアメリカの福音派指導者たちの影響力が小さすぎると考えていた。さらに、グローバル・サウスの指導者の五八パーセントが自国での自分たちの影響力が強まりつつあると考えており、その一方でグローバル・ノースの福音派指導者の実に六六パーセントが、自分たちの社会的影響力が弱まっていると感じていた(18)。

ふたつ目の特筆すべき変化は、福音の共有という教会の使命の中で、社会的、経済的な活動を通じて信仰を表明することが中心的な位置を占めている、という認識の強化である。ある会議参加者によれば、「福音伝道が奉仕に優先する、という福音主義の議論は終わったようだ。このふたつ――伝道と奉仕――が本質的に信仰において関連している、ということを演者たちは次々述べた」(19)。当然のことながら、前述の二〇一〇年のピュー研究所の調査も、宗教的信条と社会的実践の両方を統合したキリスト教が広範に支持されていることを裏づけている。実質的にすべての回答者が、日常的にキリストの教えに従うこと（九七パーセント）とほかの人々をキリストへと導くこと（九四パーセント）が福音派のキリスト教信仰に欠かせないと答え、四分の三近く（七三パーセント）が貧窮者を助けることも真のキリスト教信仰に重要だと考えている。

会議終了後、ケープタウンでおこなわれた議論と協議に基づいて「ケープタウン決意表明（ＣＴＣ）」の第二部が作成された。「行動への呼びかけ（Call to Action）」というタイトルのこの文書では、CTCで展開されたアイディアに基づいて具体的な目標を定めている。ここでは、多元的な世界における福音伝道、平和の促進、謙遜や誠実や質素に特徴づけられる、より忠実なキリスト教信仰を表明する活動の展開と奨励といったテーマに焦点が当てられている。その中で注目に値する勧告をいくつか、以下にあげよう。

・神聖な領域と世俗的な領域という誤った二分法に反対する。
・職場を奉仕の真の領域と見なす。
・貧しい者たちに配慮する政策イニシアチブ（たとえば、国連のミレニアム開発目標〔極度の貧困と飢餓の撲滅など、二〇一五年までに達成すべき八つの目標を掲げている〕の支持。
・すべての人々の宗教の自由を尊重することを政府に要求する。
・奴隷制と人身売買に反対する。
・民族としてのアイデンティティを認める。ただし、その独自性が、「十字架を背負ったキリストがもたらした新しい人間性という、私たちの救済されたアイデンティティ」に従属していること。
・忠実な信徒であることを損なう消費主義と物質主義を拒絶する(20)。

以上で紹介したさまざまな宣言やイニシアチブから、福音派の宗教的志向と価値観が変化しつつあることがうかがえる。同時に、今なお変わることのない多くの基本的価値観――キリストの贖罪を通じた救済という神からの贈り物、救済を個人的に受け入れる必要性、信仰の手引きとしての聖書の権威、福音伝道の優先性――も浮き彫りになってくる。

福音派の宣言を概観することによって、彼らの政治神学に関するさまざまな一般論――あくまでも予備的だが――が見えてきた。第一に、福音はスピリチュアルな生活と世俗的な生活の両方に影響を与えるという認識が高まっているにもかかわらず、福音派では依然として福音伝道に重点が置かれている。第二に、教会は社会問題と政治問題に当然関心を持つべきである、という認識がますます強まっている。第三に、聖書は政治活動の直接的な指針とは一般に見なされていないにもかかわらず、聖書を政治的な考えと行動を構築する枠組みだと信じている。第四に、集団行動の論理よりも個人的な信条と行動が果たす役割を強調する。第五に、福音派はグローバリストであり、世界を国際的な責任と多国間の視点が必要なひとまとまりの人間社会と見なしている。

## 福音派の政治倫理の特徴

包括的な政治神学を発展させてこなかったにもかかわらず、福音派は政治分析と政治活動の指針となる社会および教会生活へのアプローチを確立している。ここで重要なのは、この発展途上にあるアプローチが、教区民たちに広く行き渡っている信条に基づいたものではなく、福音派の思想家たちの文書と神学的な見解と視点の上に成り立っている、ということだ。その運動がきわめて多元的であることを考えると、福音派の政治倫理について世論調査をすれば、以下に示す基本方針の遵守度にばらつきがあることは間違いないだろう。それでも、福音派の公共問題へのアプローチの特徴として、以下の五つをあげることができる。

## 1 スピリチュアルな領域を最優先する

スピリチュアルな成長を第一に考える。これは、道徳生活の基盤は救済、つまり贖罪であるという福音派の信条に直結している。この考え方に従って、福音派の人々は、個人がまず神と、次にほかの個人と正しい関係にある場合に限り安定した人間社会が実現すると考える傾向にある。よって、スピリチュアルな成長は健全な政治の必須条件なのである。カール・F・H・ヘンリーは、社会変革の中心に福音を据えることについて、こう述べている。「そもそも福音派の使命は、神の恩寵によって個人を刷新するために福音を説くことである。そうすることによって、神の贖罪が個人と社会の問題を解決する最良の方法として認識されることができるのだ」(21)

この考え方によると、道徳的な人間は正義の実現を可能にする。そして、その人間の道徳性を育むのが、個人の回心——キリストの贖罪を心の中に個人的に受け入れること——なのである。公正な社会を促進するためには国家の構造と健全な政策も重要だが、福音派はスピリチュアルな贖罪が人道的で公正な政治の基盤だと信じている。それどころか、個人の道徳的変容がなければ真の政治発展と社会改革はできないのである。

この規範に潜む危険のひとつは、対象とする問題にスピリチュアルな意味を与えすぎて、その結果、複雑な政治問題や社会問題の解決策としてあまりに安易な宗教的スローガンを提供してしまうことである。たとえば、福音派の説教師の中には、国際平和をもっとも促進するのは個人のスピリチュアルな救済である、と声高に主張した者たちもいた。しかし、スピリチュアルな領域を第一に考えるからといって、世俗的な問題を無視してよいというわけではない。シンプルな聖書的スローガンで問題に対処する限り、福音派の政治神学に沿った政策を展開させることはほぼ不可能だろう。したがって、福音を宣べ伝え、教えることを優先しながら、世俗的な問題に直接向き合うこと——それが福音派教会の課題である。

## 2 キリスト教徒の二重国籍

福音派の政治倫理の特徴は「二重国籍」である。キリスト教徒はふたつの社会——実際に住んでいる物理的な場所と、信徒たちの世界的なコミュニティから成る天の国、つまり神の教会——に属している。二重国籍の本来の意味は、五世紀に聖アウグスティヌスが書いた傑作『神の国』（全五冊。服部英次郎、藤本雄三訳／岩波書店）に示されている。アウグスティヌスによると、このふたつの異なる社会ないし国は、ふたつの世界観または生き方から確立された。世俗の領域である「地上の国」は自己愛を指針とし、権力と権限によって秩序が維持されている。一方、スピリチュアルな領域である「神の国」は、神の愛によって導かれる。地上の国では、政府の権力によって罪と人間の欲深さを抑制する。対照的に、キリスト教信者の自発的なコミュニティで構成される神の国では、正義と平和は神の愛の副産物なので、強制的な権限は必要ない。

キリスト教徒は、国家に対する世俗的な責任と神の国に対するスピリチュアルな責任、というふたつの責任を果たすよう求められている。政府の統治者が聖書に反する命令を下した場合は、自らの道徳心に従い、世俗の命令を無視しなければならない。聖書の観点では、政府の権力は常に神の権威に従属しなければならないからだ。正当な政府の権限に従うよう促しつつも、統治者の要求が神の命令と矛盾するときは従うべきではない、ということが明言されている。「神の国」のスピリチュアルな訓戒と道徳的義務を遂行しながら「地上の国」に住まう。これは、終わることのない挑戦である。国家に対する世俗的な責務と、スピリチュアルな権威に対する責任――この緊張関係を解消する方法に、社会からの離脱と隠遁がある。その最たるものが修道院生活だ。このような世俗の問題からの敬虔な離脱は、古くから原理主義者と福音派の一部の心をとらえてきた。しかし、イエスは弟子たちに、世界の一員になるのではなく、世界の中にいるように命じている（「ヨハネによる福音書」一七章一五～一六節）。信徒たちは、神への究極の忠誠を維持しながら、世俗の国で働き、キリストに仕えるように定められているのである。

## 3 人間の絶対的な尊厳

福音派の政治倫理の三番目の特徴は、人間の至上性である。人間は神の似姿なのだから、尊厳と尊敬を得るに値する。一人ひとりが持つ社会的能力、経済的能力、政治的能力、知的能力はさまざまかもしれないが、人間は神のかたちを帯びた者として基本的に平等なのである。キリスト教の観点からすれば、人間の尊厳と栄光は、理性または道徳性に基づいたものではなく、神のすべてを包み込む無限の愛（愛餐）の上に成り立っている。その神の愛が絶対的かつ包括的であるため、年齢、人種、性別、国籍にかかわらず、あらゆる人々に尊厳性はあまねく行き渡っているというわけだ。使徒パウロは、この事実を次のように力強く表現している。「そこではもはや、ユダヤ人もギリシア人もなく、奴隷も自由な身分の者もなく、男も女もありません。あなたがたはみな、キリスト・イエスにおいてひとつだからです」（「ガラテヤの信徒への手紙」三章二八節）

崇高な尊厳を持つ個人という概念が重要なのは、人間の理性、社交性、創造性、道徳的自律性という主張の基盤となるからだ。より正確に言うと、人間の唯一性という概念は、人間の自由の必要性を含め、侵すことのできない人権という主張の基盤である。責任ある行動は、人間が自分の考えと行動に責任を持つことではじめて可能になるため、自由は真の人間性に欠かせない。自由がなければ責任ある行動はとれない。つまり、真の愛情表現も、共通善の追求も、創造性に富んだ仕事も正義も実現できないということだ。

## 4 個人の責任の優先

福音派の政治倫理の四つ目の特徴は、個人の重要な役割である。罪は個人が背負っているものなので、罪から救われるにはキリストを救世主として、そして神として個人的に受け入れるほかに道はない。救済の仲介者として教会の役割を強調するローマ・カトリック教会とは異なり、プロテスタントは救済を神から人間一人ひとりへの贈り物と見なしている。この贈り物は、いかなる人間の手も介さず、個人が信仰を通してのみ受け取ることができる。

このように個人のスピリチュアリティが強調されていることを考えると、福音派が公正で人道的な政治コミュニティを築く際に一人ひとりの道徳性と徳を大いに重要視していることも納得がいく。だからといって社会的および政治的な組織を軽んじているわけではなく、むしろ公正な政策と組織は、個人の道徳的行動を通してしか実現しないということだ。

これが、福音派が個人の責任を重視する理由である。また、個人が完全に責任を負うときこそ、その責任が最大となり、もっとも責任ある行動がとれることから、分権的な組織を好み、集権的なトップダウンの政府のイニシアチブに懐疑的な視線を向ける傾向がある。福音派が分権化を支持するのは、そのほうが効果的あるいは効率的だからではなく、それが彼らの人間観——個人は神と他人と自分自身に対して道徳的に説明責任がある——と一致するからにほかならない。

ここで強調しておきたいのは、この個人の主体性の重視は、政治的自由主義に根ざした個人主義という極端な概念とは別物である、ということだ。現代の自由主義が「孤立した、原子的な個人〔別個の独立した個体からなる個人〕という個人観を奨励しているという点で、この見解はキリスト教徒の世界観とは合致しない。キリスト教徒の人間観は、人間は自立しているからではなく、神の像を持っているから、そして神の子供たちだから無限の価値がある、と認めることからはじまるのだ。人間一人ひとりが自分の罪とキリストの必要性を認めたときに最高善が実現し、そこからスピリチュアルな改革プロセスがはじまる。新しい政治はその末に可能になるのである。

## 5 小さな国家の必要性

福音派の政治倫理の最後の特徴は、小さな国家願望である。政治的権限を制限する必要性は、元を正せば聖書のふたつの基本原則に由来する。

ひとつ目の原則は、人間は神のかたちをとって創られたため、尊厳と尊敬の対象となる資格を有することである。これは、政府は人権を蹂躙《じゅうりん》してはならないことを意味している。とりわけ、国民に過度な要求をしたり、人間の良心の自由を制限したりしてはならない。国家の基本的な務めは、公権力を行使して共通善に役立ち、市民の基本的な権利を促進し保護することなのである。

ふたつ目の原則は、神は主権者であるため、世俗的な権威は最終的により高い権威である神に対して説明責任を負うことである。これは、国家は無制限に、どんなことでも要求をすることはできないということだ。世俗的な権力は神の審判に従うため、国家の権威の範囲は道徳律によって厳しく制限されているからである。だからといって、世俗的な問題に対して最終権限を行使できないというわけではなく、政府の勢力範囲は制約されなければならないということを意味している。この「強いけれども小さな政府」は、聖書の信仰に一致するだけでなく、活気に満ちた市民社会の役割を重視する現代民主主義の実践にも一致する。教会、職能団体、労働組合、アドボカシー・ネットワーク、その他のNGOといった中間団体で構成される市民社会が重要なのは、それによって協力と信頼関係（社会的資本）が育まれ、結果的に共同社会の連帯が促進されるからである。国家の有効性を決めるのは活気ある社会の基盤となる価値観、習慣、NGOだが、その国家自体の制度もまた同じくらい重要な要因なのである。

福音派が国家の権力は制限されなければならないと考えるのは、人間が罪深い生き物だと信じているからでもある。確かに一六世紀と一七世紀に立憲的な伝統がはじまった原因は、ヨーロッパの君主たちの権力濫用にあった。その伝統が後にジョン・ロックとジャン・ジャック・ルソーの社会契約論へと発展し、一八世紀のデヴィッド・ヒューム、ジェレミー・ベンサム、ジェームズ・ミルのような思想家の著作によって政治思想に昇華したのである。

国家の影響範囲を定めるひとつの方法は、国家を神の権威に対して直接説明責任を負う複数の制度のひとつと見なすことである。アブラハム・カイパーは、有名なストーン講義〔カイパーが一八九八年にプリンストン大学でおこなった講義〕で、神は地球全体の主権者だが、世俗的領域における神の権威は、家族、教会、経済活動、政治、仕事などの固有の区別された制度を通して表される、と述べた。彼によると、神は人間の幸せに対して直接働きかけるよう、それぞれの領域に責任を委ねているという。教会と家族は宗教生活と家庭生活に対して責任を負い、国家は政治に対して責任を負う、というように(22)。教会は宗教の領域における責任を強く主張することによって、国家の侵害を防ぐことができる。裏を返せば、人間の自由を促進し宗教の自由を守ることに注力する国家は、公衆道徳の刷新を推進できるより強い宗教コミュニティから恩恵を受けることになる。

教会がキリストの統治を宣べ伝えるにあたって自らの義務を果たそうとするならば、国家からの独立性を保たなければならない。派閥政治とは関わらないように注意するということだ。さもなければ、アレクシ・ド・トクヴィルがその昔述べたように、「教会が国家の世俗的な権力を共有すれば、国家が引き起こす敵意の一部を受けることになる」(23)。政治指導者、政党、または国家の緊密な政治的提携は教会の自主性に疑問を投げかけ、公共生活における判断力を損なうことになる。なによりも重要なことに、基本となるスピリチュアルな使命を疎かにすれば、世俗的な問題に対して聖書および道徳の原則を特定し適用することができなくなってしまう。

福音派の政治倫理の要素はこれだけではない。しかし、以上の五つの原則は現代の福音派の政治神学の重要な特徴を示している(24)。言うまでもなく、これらの規範の適用方法は多岐にわたり、対象となる問題をどう定義するかによって大きく違ってくるだろう。それでも、世界の重要な問題に取り組むにあたって、政治思想を明確にし、導く一助となるはずだ。

## 福音派の政治倫理はどこへ向かうのか？

本来、福音派は保守的な宗教的伝統である。理性よりも啓示を、教会の教えよりも聖書の権威を重視してきたことから、神学的伝統も保守的と言える。さらに、核となる道徳的価値観、個人の責任、小さな政府、政府の役割への懐疑を強調していることから、政治的伝統も保守的である。そんな福音派が一九七〇年代と一九八〇年代に政治への関与を強めた理由が、保守的な政治的主張の支持にあったことは、しごくもっともだろう。一九八〇年代初めのジェリー・フォルウェルの指揮による「モラル・マジョリティ」の台頭、続くパット・ロバートソン率いる「キリスト教連合」の設立によって、福音派は共和党と強力な絆を築き上げた。この密な連携は、とりわけ一九八〇年と一九八四年のロナルド・レーガンの大統領戦、二〇〇〇年と二〇〇四年のジョージ・W・ブッシュの大統領戦での揺るぎない支持を見れば明らかである。

このような党と宗教の親密さの原因は、イデオロギー的なものだけではない。両者とも社会的価値観と道徳原則が一致していたからでもある。なかでも福音派と共和党の多くの政治家たちを強く結びつけたのが、公立学校での祈り、人工中絶の反対、同性婚の反対である。しかし、教会の預言的かつ超越的な役割が損なわれることを危惧し、福音派と共和党の密接なつながりを強く問題視するキリスト教徒もいた。そこでここ数年、一部の福音派指導者たちは教会が取り組む社会問題の幅を広げようと努めてきた。

スピリチュアルな生活においても、世俗的な生活においても、常に個人の責任を優先する

――そんな福音派は、これからも個人の信条と行動が果たす役割を強調し、政府を中心とする政治と社会へのアプローチに懐疑的な眼を向け続けるだろう。公共問題の多くが社会全体を基盤に取り組むことしかできないのは事実である。しかし、貧困、宗教迫害、人権侵害、気候変動といった問題が国の内外の政策議論を支配している限り、福音派は個人的で小規模な取り組みを好むはずだ。となると、たとえ環境を守るために二酸化炭素排出を削減する必要がある、と確信するに至っても、大規模な多国間の気候変動イニシアチブを熱烈に支持するとは思えない。その代わりに、自宅や職場で省エネを促進する個人的なイニシアチブを支持する可能性のほうがはるかに高い。同じように、世界の飢餓と貧困の問題にも、小規模金融や小規模事業といった分権的なイニシアチブにこだわり、政府間の大規模な資金供与や融資に抵抗を示すだろう。

ジョージ・W・ブッシュ政権の元高官マイケル・ガーソンとピーター・ウーナーにとって、宗教右派の重大な欠点は神学的な問題――支持者たちの多くが、アメリカという国の性質と宿命を聖書のイスラエルと同一視していること――だった。アメリカ大陸が古くから「新しいイスラエル」と見なされていることを認めつつ、ガーソンとウーナーは賢明にも、その伝統には神学的にも歴史的にも確たる根拠はない、と述べている(25)。さらに言えば、アメリカはキリスト教の国として見出されたのではなく、あらゆる信仰を受け入れる国として見出された。国教制度の廃止についても、キリスト教が政治権力によって堕落し腐敗するのを防いできたのだから、キリスト教によい結果をもたらしてきたという。このふたりに輪をかけて宗教右派の政治活動に批判的な眼を向けているのが、宗教学教授のチャールズ・マーシュである。彼は、福音派の政治化された信仰が福音を歪めてしまったと主張する。

アメリカの福音派は、われわれがかつて個人の魂の救済、聖書研究、キリスト教徒の聖性の修養、礼拝に捧げたのと同じ情熱で政治的課題に取り組もうと心に決めた。そしてそれを遂行したというわけだが、それと引き換えに、あらゆる国のあらゆる教会の義務である、すべての国民に注がれる神の愛を宣べ伝えるという使命を貶めることになってしまった。十字架に磔にされ復活したキリストへの献身を危うくし、第一の戒め「私のほか何者をも神としてはならぬ」という偉大な真実から遠のいてしまうことになったのである。(26)

イースタン神学校の教授で「社会貢献のための福音主義連盟(Evangelicals for Social Action)」の創設者ロナルド・サイダーや、福音派左派の機関誌「ソーシャナーズ」の編集長ジム・ウォリスのように政治的にリベラルな福音派は、宗教右派の問題点を政治的アドボカシーではなく、不公平な政策の支持にあると考えていた。アメリカ内外で正義を推進するよりも、戦争を奨励し、経済的不平等を促進して、貧しい人々を思いやらなかった、というのである。二〇〇四年の選挙中、ウォリスは彼の支持者たちと「神は共和党員ではない」ことを知らしめる広告を出し、その下に小さな文字で「民主党員でもない」ことを指摘した。そして二〇〇八年の大統領選では、バラク・オバマの選挙運動の顧問を務めた。

このような福音派の政治への積極的な関与は、宗教の政治化への懸念を深めた。その結果、政治からの事実上の撤退を求めた信徒グループもいる。牧師で「モラル・マジョリティ」の顧問を務めたエド・ドッドソン師と、通信社のコラムニストで「モラル・マジョリティ」の元首席報道官のカル・トーマスは、度を越した政治関与はアメリカの道徳性と公正を促進しないばかりか、信徒の優先順位をも歪めてしまうと主張した。政争に明け暮れることによって、キリスト教徒はより重要な教会のスピリチュアルな使命を疎かにしてしまうと(27)。

福音派内で続いている政治への関与の度合いと方法をめぐる議論は、一向に終わる気配がない。信徒たちにとって厄介なのは、福音の地の塩と世の光〔新約聖書の山上の垂訓のひとつ。イエスはこの垂訓で、人々にとって必要な存在になり、模範を示すように、と信徒たちに説いている〕を、福音のメッセージを損なうことなく公共問題の領域にどのようにもたらすか、という点にある。ヨハネが自身の福音で述べたように、信徒たちは世界の「一員になる」のではなく、世界の「中にいる」ことを求められている。これは常にたやすいことではない。いちばん簡単な方法は、信仰のコミュニティと国家の世俗的な責任を厳格に区別するか、信仰と社会的・政治的活動を完全に一致させるかのいずれかである。前者のアプローチは原理主義者がとったもので、正統派の多くのプロテスタントたちに拒絶され、一九四〇年代の新福音主義の出現につながった。後者のアプローチは、宗教と世俗の権威が融合した中世のカトリック教会によって実践された。キリスト教徒の課題——どのように世界の一員にならずに世界にいるか?——は歴史を通して変わっていないというわけだ。したがって、福音派の課題はキリストの贖罪の重要性を宣べ伝えつつ、明確な文化的、社会的、経済的、政治的な行為にそのメッセージを表すことである。

思考と行動を構築する発展した政治思想は確立してこなかったが、福音派は原始的な政治神学を全体で構成する一連の原則を考案している。これらの基本的な規範を現在の政治分析に適用するのであれば、優れた社会科学者の慎重で洞察力に富んだ分析で裏づける必要がある。しっかりとした聖書と神学の知識だけではまだ足りない。政治神学というものは、政治的、経済的、社会的な分析能力にも基づいていなければならないのである。よって、福音派が移民改革のような問題に取り組もうとするならば、国際連合が基盤としているウェストファリア体制〔主権国家体制〕という国際秩序の法的・政治的な性質を理解しなければならない。確固たる政治神学には、神学と政治の両方の能力が必要なのである。

識者の中には、福音派の政治倫理が発展していないのは神学が完成されていないからだという者もいる。しかし、それよりも重大な欠点は世界の社会問題を扱う能力が欠如していることだろう。世界的な問題を含めた社会や政治の関心事に、その問題に関する十分な知識を持たずに取り組む傾向によって彼らの限界が露呈している。この欠点に眼を向けさせたのが、故ポール・ヘンリー下院議員である。彼は、福音派キリスト教は往々にして反知性的な視点で問題を追求する、と述べた。

福音派の社会倫理と政治倫理は明確に考え抜かれ、体系的に述べられていない。具体的な社会問題や政治問題を、あたかもなんとなく「スピリチュアルな」ものにすぎないかのように矮小化する道徳的実践の寄せ集めである……困難な社会問題や政治問題にありきたりな道徳だけを処方する限り、福音派は実のところ、自分たちの信仰と周囲の社会政治的な世界を直接関連づけることを避けているのである。(28)

ヘンリーは、福音派が政治に積極的に関わるための有効で洗練されたアプローチを策定することを訴えた。あれから二〇年近く経った今も、彼の要求はまだ一部しかかなえられていない。

第5章

# 福音派とアメリカの対イスラエル外交政策

アメリカの福音派が関心を持つ多くの国際問題の中で、ユダヤ人の幸福とイスラエルの安全保障ほど重要なものはほとんどない。福音派がこのユダヤ人国家の問題に精力的に取り組んでいることは、世論調査でも繰り返し示されている。二〇〇三年にピュー研究所がおこなった調査では、白人福音派の五五パーセントがイスラエルに共感を示している。これに対し、メインライン・プロテスタントは三四パーセント、ローマ・カトリック教徒は三九パーセントであった。驚くべきことに、世論調査では、ユダヤ人以外で福音派ほどイスラエルに親近感を持つグループはほかに見当たらない。

なぜ福音派はユダヤ人とイスラエルに深く傾倒しているのだろう？　この強力な支持はいつ、どのようにして生まれたのか？　彼らがこの問題に政治的に関与する唯一の、とまではいかなくとも主な原因は、宗教的信条にあるのだろうか？　もしそうであれば、イスラエルに対してこれほど強い共感を抱かせる信条とはいったい何なのか？　また、中東の緊張の中心が同じ土地をめぐるふたつの民族――ユダヤ人とパレスチナ人〔ユダヤ人の再入植前からパレスチナ地方に住んでいた、主にアラブ人〕――の争いにあることを考えると、ユダヤ人の利益をパレスチナ人の利益よりも優先する聖書上の根拠はあるのだろうか？　宗教的信条からイスラエル支持を正当だというのなら、その支持はイスラエル政府が公正で平和的かつ人道的に行動することを条件におこなわれるべきなのではないだろうか？

福音派が中東を気にかけるもっとも根本的な理由は、パレスチナがユダヤ教とキリスト教の発祥地である聖地だからだろう。ユダヤ教はこの地――アブラハムとその子孫が神との約束を信頼し神の律法に従うことを学んだ場所――で生まれ、発展した。さらに、神がこの土地で選民を導き、支え、守り、裁いたという特別な背景がある。一方、キリスト教にとって聖地は二重の意味で重要である。キリスト教発祥の地であるだけでなく、イエスが生まれ、死を迎え、復活を遂げた場所でもあるのだから。メンフィス神学校の学長ティモシー・ウェーバーは次のように書いている。「福音派は、その聖書観により、イスラエルに彼ら独自の関心を持っている。何といっても、イスラエルは聖地であり、神の大きなみわざがなされた土地である。ある意味では、キリスト教徒は、約束の地はイスラエル人のものであるのと同じくらい、自分たちのものでもある、と考えている」（1）。そのような事情から、エルサレムを訪れるアメリカ人の福音派と原理主義者は後を絶たず、聖地巡礼ツアーはイスラエルの重要な外貨獲得手段となっている。

　宗教的信条もまた、福音派のイスラエル支持の重要な要素である。基本的に、彼らは聖書を引き合いに出して、イスラエルを支持する正当性を次のように主張している。まず、福音派は聖書に書かれたユダヤ人国家に関する教えと約束を信じている。次に、イエスの再臨にまつわる聖書の預言的教えを重視している。前者において、神は人間を罪から救うためにある民族――ユダヤ人――を使った。贖罪を実現するためにユダヤ人を神の選民にしただけでなく、彼らにエジプトのナイル川からイラクのユーフラテス川に及ぶカナンの地も与えたのである〔定説では、聖書にある「エジプトの川」はナイル川とは異なるとされる〕。この神学的見解によると、神はアブラハムとふたつの契約を交わした。ひとつ目は、アブラハムの子孫（ユダヤ民族）によって世界を祝福すること（「創世記」

一二章一～三節）。ふたつ目は、アブラハムの子孫にカナンを「永久の所有地」として与えることである（「創世記」一七章八節）。福音派の多くは、これらの約束は絶対的かつ永久的なもので、ゆえに今も有効だと信じている。さらに、聖書はユダヤ人を気にかける者に神の祝福が与えられると教えている。「創世記」一二章三節を見ると、神とアブラハムの約束として次のように記されている。「あなたを祝福する人をわたしは祝福し、あなたを呪う者をわたしは呪う。地上の氏族はすべてあなたによって祝福に入る」

そして福音派の中には、終末論〔キリスト教の「終末」に関係する事柄、特に復活、地獄、永遠の命などの概念を扱うキリスト教神学の一分野〕に基づいてイスラエルを支持する者もいる。キリスト再臨がいつどのように実現するかはわからないが、神が救済をやり遂げる方法を示唆する多くの手がかりが聖書に示されている、と信じている者たちだ。その聖書の預言的な教えによれば、ユダヤ人は〝終末のとき〟に重要な役割を果たすことになっている。キリストがこの世に再び現れるとき、彼らはイスラエルの地に帰還し、イスラエル北部の平原でおこなわれるハルマゲドン（最終戦争）という一大決戦で悪の軍勢と対峙する、というのである。そして、（反キリストが率いる）悪の軍勢が敗退するとキリストが再臨するというわけだ。特定の預言者たちと彼らの預言そのものを支持する福音派がユダヤ人の政治目標に強く共感するのは、このような聖書の教えに起因している。さらに、キリスト再来には離散したユダヤ人たちによるイスラエルの完全な再建が必須条件であることも加わって、ユダヤ人の利益に強く共鳴し、イスラエル国家の安全と繁栄を政治的に支持し続けているのである。

これらのスピリチュアルかつ聖書的な主張が合わさって、福音派がユダヤ人とイスラエルを支援する強力な宗教的理由となった。新約聖書学者ゲイリー・バーグは、広く受け入れられているこの見解――福音派とイスラエルに関する世間一般の通念でもある――を、次のように説明している。

福音派の大半は、イスラエルを精力的に支持することだけが中東紛争への適切な対応だと本能的に信じている。その姿勢は歴史とはほとんど関係がなく、政治ともあまり関連性がない。教会の信者席に座っている一般信徒は、イスラエルを助けることが神の意志だと信じて疑わないのである。ユダヤ人は神の民で、神が彼らに約束した土地へ帰るのだ、と。(2)

このような宗教的信条は確かに重要な役割を果たしているが、福音派がイスラエルを支持する理由はそれだけではない。ほかの要素、とりわけリベラルな政治的理想も無視できない要因だ。アメリカの福音派はアメリカの一般国民と同じように、イスラエルが民主主義国家であり、人権に強い関心を示し、同じ道徳的理想を共有しているという理由から、イスラエルを支持しているのである。社会科学的な言い方をすれば、宗教的信条は福音派のイスラエル支持の必要条件かもしれないが、十分条件ではないというわけだ。

## 聖書とイスラエル

福音派のイスラエル支持の性質と奥深さを理解するには、聖書を理解することからはじめなければならない。何といっても、福音派の宗教的な信条と行動の根本的な指針は聖書なのである。「聖書のみ」〔聖書のみを信仰と生活の唯一の規範とすること。信仰義認、万人祭司と並ぶ宗教改革におけるプロテスタントの三大原理のひとつ〕の原理が生まれて以来ずっと、プロテスタンティズムは聖書を真理を示す唯一十分な源と見なしてきた(3)。また、聖書を読むことを奨励する一方で、聖書について国家の公的教会として認められている教会と異なる解釈をしてもよい、という考えも育んできた。さまざまな教義的・神学的信条が存在するのはその結果である。

聖書の理解はたやすいことではない。キリスト教の門外漢でも簡単にわかる箇所もあれば、まったくお手上げの箇所もある。福音という良い知らせと旧約聖書の関係や、神とユダヤ人の契約の有効性といった重大な神学的問題と向き合うとなると、さらに難解になる。カナンの地がアブラハムとその子孫に与えられたという事実は、現代のほかの主権国家にとってごく自然な政治主張とは異なり、ユダヤ人のイスラエル領有権が神の要求に基づいていることを意味するのだろうか？　さらに、神のユダヤ人との契約は、どのように解釈すべきなのか——取り消し不能もしくは拘束力があるものなのか、それともキリストの下で交わされた新しい契約に取って代わられるものなのか？　そして最後に、信者を現在および将来の政治・経済情勢と課題にそなえさせるために聖書の預言が果たすべき役割があるとすれば、それはどのようなものなのだろうか？　とりわけ、預言の示す智恵はイスラエルとユダヤ人国家に関する考え方にどのように影響を及ぼすべきなのか？

遠い昔から、特に前述のような難解で複雑な問題に取り組むときに、聖書が実にさまざまに解釈されてきたことを考えると、福音派がそれらの問いに統一見解を出すことなどできそうにない。あまつさえ、神の贖罪計画におけるユダヤ人の位置づけ、神のアブラハムとその子孫との約束の有効性、キリストの再臨において聖書の預言が果たす役割をめぐっては、今も大きく意見が分かれたままだ。中東問題に対する福音派の多様な見解をもっとよく理解するには、ユダヤ人とその国民国家に関する聖書解釈を構築する主な神学的視点を概観するとよい。

近年の福音派のイスラエルとユダヤ人に関する考え方は、さまざまな神学の影響を受けている。その中でももっとも影響の大きい三つの神学的アプローチが、置換神学、契約神学、前千年王国説のディスペンセーション主義〔天啓的史観とも言う〕である。最初のふたつは聖書を神の贖罪に関するひとつのまとまったストーリーと見なし、三つ目は、聖書にはふたつの異なる贖罪計画――ユダヤ人のための計画と異教徒〔非ユダヤ人、キリスト教徒のこと〕のための計画――が示されているとしている。置換神学と契約神学では、聖書はアブラハムとその子孫からはじまり、キリストの仕事によって完結する首尾一貫したストーリーである。この完成された物語では、旧約聖書の律法は疎かにされておらず、むしろイエスの死と復活によって履行される。その結果として、ユダヤ教は事実上キリストの十字架上の贖罪の倫理的基盤となっている。これとは対照的に、ディスペンセーション主義では、聖書はふたつの契約を示していると解釈する。旧約聖書にあるユダヤ人との法的な契約と、新約聖書にあるイエスを信じるすべての人々との恵みの契約である。この二契約アプローチは、聖書に書かれた啓示の一貫性と統一性に疑問を投げかけるだけでなく、救済にユダヤ人と異教徒を対象にしたふたつの計画があることを正当化する傾向があるため、信じる人は少数派である。

## 置換神学

歴史的に、キリスト教徒の間でもっとも広く受け入れられたイスラエル観は、「福音という良い知らせが旧約聖書の律法に入れ替わった」とする置換神学（または優越的置換主義）という考え方である。このアプローチによると、待望の救世主キリストが現れたとき、神はユダヤ人とその土地をことさら気にかけることをやめた。そして新しい契約の下で、イスラエルは「新しい」イスラエル、つまりイエスを救世主であり神であると信じるすべての人間から成るキリストの教会に置き換えられた。これによって、イスラエルの地はキリスト教において重要な役割を果たさなくなり、宗教学教授のジェラルド・マクダーモットが述べるように「この二〇〇〇年のほとんどの期間、キリスト教徒の大半はあの土地に神学的重要性はないと考えてきた」のである(4)。優越的置換主義者は、イスラエルは古代、キリストが出現する法的および道徳的状況を確立するうえで重要な役割を担っていたが、イエスの到来と同時にユダヤ人とその土地は神の計画における決定的な役割を終えたと考える。なかには、その理由をユダヤ人がキリストを拒絶したためだ、と主張する者さえいる。このいわゆる懲罰的優越的置換主義の支持者が聖アウグスティヌスで、彼はユダヤ人の約束の地の所有権はイエスを十字架にかけたときに失われたと考えていた(5)。

置換神学は、多くの理由から信徒たちに広く支持されてきた。まず、この神学がキリストの十字架上の苦しみ、償いの死、すべての人々のために自らの復活を通してキリストが完結させた聖なる任務を強調していること。次に、ひとつの契約、ひとつの贖罪計画、キリストのみに基づいた救済を伝えており、神の贖罪計画の統一性と単一性が強調されていること。救済は信じる者すべてに与えられ、キリストにとっては信徒はみな同じであるため、人間、特にユダヤ人と異邦人の違いや対立は重要ではなくなる。最後に、置換神学は、旧約聖書で神がイスラエルに与えたさまざまな約束はキリストの教会においてすでに成就された、または今成就されているところだとしている。

この神学は、二〇世紀に入ってからキリスト教徒の間で影響力が衰えた。一部の批評家は、「聖書は神の贖罪を統一的かつ完全に説明するものだ」という考えから、置換神学には旧約聖書の教えが十分に組み込まれていない、と異を唱えている。また、神の贖罪計画におけるユダヤ人の特別な位置づけが無視されているばかりでなく、キリスト教の起源がユダヤ教であることが十分に説明されていないという。最後にもっとも重要なことに、現在は多くの聖書学者が旧約聖書、特に「ローマの信徒への手紙」を、アブラハムの契約の有効性を今も裏づけるものと解釈している。

## 契約神学

福音派のイスラエル観に影響を与えているふたつ目のアプローチは、契約（または改革）神学である。この考え方では、ふたつの聖書を神の至高の贖罪計画の、一貫性のある合理的な啓示と見なす。ジャン・カルヴァンとその信奉者は、キリストの仕事を十分に理解するためには、神がどのようにアブラハムとその子孫に自らを明かしたか、彼らとの契約が神の愛と義と正義をどのように表しているかを理解することが重要だと信じていた。カルヴァンら宗教改革者はヘブライ語聖書をことさら重視しただけでなく、ダビデの詩編を定期的に礼拝に用いることも奨励した。最初の契約と新しい契約の両方を有効と見なしているこの契約神学では、ユダヤ人は神の選ばれた民であり、神とユダヤ人の約束は、たとえ教会によって救済の歴史が成就しつつあっても、損なわれずに残っていると固く信じられている。律法と恵み、イスラエルの最初の契約と教会の新しい契約は、神の贖罪計画に欠かせない要素として機能しているというわけだ。この考え方を擁護するフラー神学大学の学長リチャード・マウは、パウロは（「ローマの信徒への手紙」一一章で）ユダヤ人が最終的に神の木に接ぎ木される「自然に生えた枝」であると示唆している、と主張している(6)。しかし、結局のところ聖書ではユダヤ人と異邦人の相対的な位置づけと役割は確定されていない。パウロが律法と恵みについての分析の最後に、神のやり方の神秘性を肯定しているためだ。「ああ、神の富と知恵と知識のなんと深いことか。誰が、神の定めを究め尽くし、神の道を理解し尽くせよう」（「ローマの信徒への手紙」一一章三三節）

旧約聖書よりも新約聖書を優先する置換神学とは違い、契約神学は最初の律法の契約と新しい恵みの契約を、神の救済計画の異なってはいるが依存し合う要素と見なしている。さらに、置換神学が旧約聖書の律法および預言的な教えと、新約聖書で詳述されているイエス・キリストの一生とその目撃談を一致させるために生まれたのに対し、契約神学は聖書全体を神の人間への啓示と見なそうとする姿勢から生じた。よって、旧約聖書と新約聖書の相互関係を強調している契約的視点は、イスラエルとユダヤ人に関する問題に取り組むときにぴったりの聖書的な解決策と言えよう。

## ディスペンセーション主義

福音派のイスラエル観に影響を与えている三つ目の伝統は、「前千年王国説のディスペンセーション主義」（一般に「ディスペンセーション主義」と呼ばれる）である。この考え方では、〝終末のとき〟、特にキリスト再臨にまつわる出来事を解釈するために、聖書の預言を文字通り解釈している。また、キリスト再臨が千年王国——キリストの地上における千年間の治世——到来に先駆けて起こることを基本前提としている(7)。

このディスペンセーション主義運動は、一九世紀半ばに神学者ジョン・ダービーによってイギリスで生まれ、一九〇〇年代末にアメリカで急速に広まった(8)。二〇世紀半ばまでは、拡大を続けつつも、その視点は主に聖書に置かれたままだった。しかし、中東での政治的な出来事、とりわけ一九四八年のイスラエル建国と、一九六七年のアラブ・イスラエル戦争（六日間戦争）でのエルサレム奪還が、「聖書の預言が成就した」と解釈されると、状況が一変した。ここ数十年、ディスペンセーション主義は特定の教派に属していない福音派や原理主義者の教会で教えられ、ジェリー・フォルウェル、パット・ロバートソン、ジョン・ヘイギーのような牧師によって世に広まるとともに、ムーディー聖書学院、バイオラ大学〔ロサンゼルス近郊の福音派系の私立総合大学〕、ダラス神学校などの教育機関でも学ばれている。しかし、このアプローチを普及させた最大の功労者は、何といっても牧師のティム・ラヘイとライターのジェリー・ジェンキンズだろう。このふたりの共著である終末論をテーマにした小説『レフトビハインド』シリーズ（上野五男訳、いのちのことば社フォレストブックス）は六〇〇〇万部以上のベストセラーとなった。

学者の中には、福音派とイスラエルの間の親近感はディスペンセーション主義の影響だと強く主張する者もいる。たとえばティモシー・ウェーバーは、福音派がイスラエルを支持するのは、ディスペンセーション主義の広範な影響のせいだと述べ(9)、このような解釈学を基に複雑な政治問題に取り組むことははたして適切なことだろうか、というもっともな疑問を提起している。「福音派が複雑な中東問題のすべてに自分たちの狭義な預言的観点を無理やり適用しようとすれば、あそこで実際に起きていることについて冷静かつ倫理的に考えることができなくなってしまう恐れがある」(10)。しかし、ウェーバーはディスペンセーション主義者の数と影響を過大評価している。この神学は一部の福音派の間では人気があるが、ほかのふたつのアプローチに比べれば影響力ははるかに小さい。派内の旗艦月刊誌「クリスチャニティ・トゥデイ」の推定によると、福音派のディスペンセーション主義者はわずかに約一〇パーセントしかいない(11)。福音派に占める割合が低く、公共問題への影響も比較的小さいことを考えると、メディアから過大な注目を浴びていると言えよう。

世界中の数百万人の福音派を代表する組織、エルサレム国際キリスト教徒使節団（ICEJ：International Christian Embassy in Jerusalem）の指導者マルコム・ヘディングの場合、彼がイスラエルを支持する理由は預言的な計画や〝終末のとき〟のシナリオではなく、神のアブラハムとの約束を信じているからだという。全国福音派協会（NAE）の元会長テッド・ハガードも、ヘディングと同じ考えである。「私はシオニズム支持のキリスト教徒だ。けれども、終末論を支持しているからシオニズムを支持しているわけではない」(12)。福音派指導者たちに広範にわたってインタビューをおこなったスティーブン・スペクターも、親イスラエル感情を正当化する理由として終末論を支持する者が少数派であることに気づいたという。「インタビューした著名な福音派指導者の中で、イスラエルを擁護する理由として終末論をあげた者はひとりもいなかった」(13)。さらに、調査を通じて、「特に〝終末のとき〟について、神学的観点にとらわれた凝り固まった政治観が見られるかと予想していた。しかし、実際には、意外なことに福音派は現実主義で柔軟性があり、彼らのことばにもさまざまな意味があるということがわかった」という(14)。

福音派が国際問題を考えるにあたって聖書解釈学はきわめて重要である。聖書を外交政策問題の直接的な指針と見なしていれば、中東和平プロセスのような世界的問題は実に単純な方法で定義されるだろう。一方、聖書を国際関係のマニュアルではなく、解決困難な国家間の問題に巧みに思慮深く適用すべき基本原則と見なすなら、問題を多元的に解釈し、複数の戦略を考案して取り組むことになるだろう。福音派の圧倒的多数は、後者のアプローチに共感している。

## クリスチャン・シオニズムとイスラエルの建国および維持

シオニズムとは、ユダヤ人を父祖の地へ帰還させる運動である。小さなユダヤ人コミュニティならパレスチナに常に存在していたが、大多数のユダヤ人はほかの場所に住み、何度となく追放の憂き目にあってきた。紀元前六世紀にバビロニア人によってイスラエルを追放されたのを皮切りに、一三二年から一三五年に今度はローマ帝国によってユダヤ〔パレスチナ南部の古代ローマ領〕から追われた。シオニズムとは、多くのシナゴーグ〔ユダヤ教の集会所〕が建っていたエルサレムの「神殿の丘」、シオン山へ帰りたいという彼らの切望なのである。

一九世紀半ば以前のシオニズムは基本的に宗教的な切望であり、特定の政治的計画を持っていなかった。しかし、啓蒙思想に由来する世俗的な理想がヨーロッパ中に広まるにつれて、ユダヤ人は自分たちの宗教と近代化の要求に折り合いをつけなければならなくなった。これによって運動はますます世俗化し、政治シオニズム〔パレスチナ移住を通じたユダヤ人問題の政治的解決を目指すシオニズム〕となる(15)。イギリスとアメリカでは、この政治シオニズムを支持する著名人が一九世紀末までに次第に増えていく。そして一九一七年、イギリス政府がバルフォア宣言によってパレスチナにユダヤ人の自治居住地を建設することに賛意を示し、世界で初めて政府としてシオニストの政治的な夢を支持することを正式に表明した(16)。この宣言がとりわけ重要な意味を持っていたのは、第一次世界大戦後にパレスチナを委任統治していたイギリス政府の監督の下で、パレスチナに移住するユダヤ人が次第に増えていったからである。そして一九四八年にイギリスによる委任統治が終わると、イスラエルは直ちに国家樹立宣言をおこなった。

一方、クリスチャン・シオニズムは、ユダヤ人は先祖からの故郷に帰還できるべきだ、というキリスト教の信条である。この運動は、一六世紀と一七世紀にプロテスタントがヘブライ語聖書と神の贖罪計画におけるユダヤ人の位置づけに関心を深めたころに生まれた。一七世紀には、とりわけピューリタンがユダヤ人のイスラエル帰還を訴えはじめた。クリスチャン・シオニストの中には終末論に基づいた考え方の者もいるが、主たる動機は神が選民であるユダヤ人に約束の地を与えたのだ、という信念であった(17)。

クリスチャン・シオニストの中心的信条は、以下の通りである。

1 神がユダヤ人と交わした約束は取り消すことができず永遠である。
2 約束の地は、ユダヤ人に属する。
3 神がユダヤ人に配慮しているのだから、キリスト教徒もそのようにすべきである。
4 キリスト教徒はユダヤ人の故国再建を支持すべきである。

イギリス人の英国教会神父スティーブン・サイザー曰く、クリスチャン・シオニズムの基本的な主張のひとつは、「ユダヤ人は教会と交わされた約束とは関係なく、今も神の選民であり、パレスチナにおける神との特別な関係、ステイタス、永遠の目的を享受している」というものだ(18)。

クリスチャン・シオニストは、アメリカがイスラエル建国を政治的に支持するにあたって大いに活躍した。シオニストの要求は、一七世紀と一八世紀にプロテスタントの信徒たちによって主張されはじめていたが、イギリスとアメリカでこの運動がはっきりと形をとるようになったのは一九世紀半ばになってからだった。たとえば、「土地なき民に民なき土地を」というスローガンを掲げてイギリス国内で静かに、しかし効果的にシオニズムを宣伝したシャフツベリ伯爵は、一九三八年にエルサレムにパレスチナ初の外交施設であるイギリス領事館を設立することに尽力した(19)。アメリカでは、メソジスト派の説教師であり作家でもあるウィリアム・ブラックストーンがパレスチナにユダヤ人国家を建設することを促す国際会議の招集を求めて、四〇〇人以上の政治、市民、ビジネス、宗教の指導者の署名を集め、ベンジャミン・ハリソン大統領に請願書を出した。ウォルター・ラッセル・ミードによると、ユダヤ人国家建設へのこのような大衆の支持は一九世紀末までにますます強まっていったという。アメリカのユダヤ系コミュニティが大きくも強くもなかったこの時代に、アメリカにおけるキリスト教系の各指導者たちは、すでに聖書の地にユダヤ人国家を建設する外交努力を支持する態度を明確にしていたのである(20)。

アメリカの非ユダヤ系シオニズムは、国民にユダヤ人支援を奨励し、ユダヤ人のパレスチナへの帰還、もっと正確に言えば独立したユダヤ人国家の建設を促進するうえで、重要な役割を果たしてきた。一九四八年のイスラエル建国が、ユダヤ人たちの不屈の勇気ある働きなしに実現しなかったことは間違いない。しかし、国際社会、特にアメリカの支持がなければ、シオニストの夢の実現はもっと先のことになるか、完全な失敗に終わっていただろう。

## アメリカ人とイスラエル

イスラエル建国においてアメリカ政府が果たした役割は非常に大きい。イギリス政府がパレスチナの委任統治を終了させると発表したとき、アメリカは世界最大の民主主義国家としての影響力を駆使して、パレスチナ分割――一九四七年一一月二九日に国連総会で採択された計画――を支持した。シオニストの思想はユダヤ人の自治居住地建設という大義に影響を与えたが、新しい国家のもっとも重要な推進力となったのは宗教ではなく正義の実現という道徳的な要求だった。歴史家ポール・マークレーは、パレスチナ分割をめぐる国連の議論は正義の実現という主張で満たされていたと述べた。「シオニストの大義を〝正しい〟とする認識の背景には、さまざまな権利の剥奪と迫害とともにあったユダヤ人の二〇〇〇年に及ぶディアスポラ〔二世紀にユダヤ人がローマ帝国によってパレスチナを追われ、世界に離散したこと〕という長い歴史があった。さらに、すぐ後ろにはホロコースト、前方にはヨーロッパをさまよう故国を失った数十万人のユダヤ人、という現実が横たわってい

た」(21)

しかしアメリカ国内では、分割をめぐって政府関係者、とりわけ国務省と国防総省の間で激しい議論が戦わされていた。分割に強く反対していたジョージ・マーシャル国務長官は、トルーマン大統領を「イスラエル国家承認策をとるなら、次の選挙ではあなたを支持しない」と脅しさえした。しかし、新国家についての賛否を比較検討したのち、大統領はイスラエルを正式に承認することを決定した。こうして、一九四八年五月一四日、ユダヤ機関が国家樹立宣言をしてからわずか数分後に、ホワイトハウスはこのイスラエルの事実上の政権を承認したのである。その直前、マーシャル国務長官は大統領への脅迫を撤回し、イスラエルの承認に反対であることを公の場では口にしないことを受け入れた。

バプテスト派のトルーマン大統領は、神の計画においてユダヤ人と聖地エルサレムが特別な役割を担っていると信じていた。また、彼らが離散した民として二〇〇〇年以上にわたって耐えてきた大きな苦しみを思い、ユダヤ人の故国を追い求める心情に深い共感も抱いていた。ホロコーストの直後とあれば、なおさらである。このトルーマンの想いは、当時のアメリカ国民の大半の政治的意見を反映したものであった。こうしてイスラエル支持を誓った一九四八年以来、アメリカの政権は代々このユダヤ人国家との親密な政治的絆を公式・非公式に主張し続けてきた。

イスラエルの独立宣言直後におこなわれたギャラップ社〔アメリカ最大の調査会社〕の調査では、ユダヤ人を支持するアメリカ人が、アラブ人を支持するアメリカ人の約三倍に達することが判明した。

その後も毎回、アメリカ人がパレスチナ人よりもイスラエル人のほうをはるかに支持していることが示されている。一九九三年九月にピュー研究所が実施した調査では、回答者の四五パーセントがイスラエルに同情すると答えており、パレスチナ人に同情していたのは二一パーセントしかいなかった。二〇〇六年五月の調査ではイスラエル支持とパレスチナ支持は、それぞれ四八パーセントと一三パーセントという結果だった。同様に、二〇一〇年二月のギャラップ社の調査では、イスラエル支持は過去最高に近い六三パーセントを記録し、パレスチナ支持はわずか一五パーセントにとどまった(22)。

アメリカ人とイスラエル人、そしてアメリカ政府とイスラエル政府の変わらぬ強い絆の理由は何なのだろうか？　もっとも説得力のある答えは、イスラエル人とアメリカ人が同じ価値観と安全保障上の問題を共有していることである。しかし、中東専門家や宗教・政治評論家は、ほかに多くの理由を示している。近年大きな注目を浴びているのは、いわゆるイスラエル・ロビーという一連の利益団体がアメリカの対イスラエル政策を意のままに操っている、というものだ。また、クリスチャン・シオニストの役割と預言的キリスト教の影響という宗教的な理由も取りざたされている。以下でそれぞれについて検討してみよう。

## 共通の価値観

すでに述べた通り、アメリカ人はイスラエルに対して一貫して圧倒的な支持を示してきた。彼らがパレスチナ人よりもイスラエル人に共感する主な理由は、同じ宗教的価値観、人道的・

政治的目標、戦略上の利益に根ざしたイスラエル人との深い絆である。第一に、この友情のルーツはユダヤ教とキリスト教に共通の宗教的な要素にある。キリスト教の起源はユダヤ教である。ヘブライ語聖書は人類への神の啓示に欠かせない要素と見なされている。カトリックの哲学者マイケル・ノヴァックの主張によれば、アメリカの建国は自然法、理性、個人の権利を強調する啓蒙主義の原則と、イスラエルの神への信仰のふたつに基づいているという(23)。学者や専門家は常にアメリカ社会におけるジョン・ロックと個人の権利の役割を強調する一方で、宗教の役割を過小評価している。アメリカ建国には、ユダヤ人の形而上学がきわめて重要な役割を果たしているのだ。建国の父たちの思想に特に影響を与えたのは、聖書にある正義と道徳心、律法と個人の尊厳、そして神との契約の優位性、慈愛と思いやりの役割、弱者と貧者に配慮する必要性、などの概念である。このようなユダヤ教とキリスト教の伝統がアメリカ社会で担ってきた役割を考慮すると、アメリカ人がヘブライ語聖書の信仰と構造、そしてそれを信じる人々に親近感を持ち続けていることは驚くにあたらない。

共有する価値観というテーゼのふたつ目の要素は、両国に共通する政治目標である。イスラエルは強固な立憲制の伝統を持つ民主主義国家である〔イスラエルの基本法はイスラエルの立法府を通っており、最高裁判所もそれが憲法だと認めている〕。ということは、イスラエル政府の正当性は合意の上に成り立っている。この国が非民主主義的な近隣諸国に囲まれていることを考えれば、通常選挙を実施し、立憲的伝統に従って人権を保護しているという事実はことさら重要である。そう考えると、小さな政府と人権擁護を実現する民主主義制度と立憲政治を共有しているイスラエルにアメリカ人が同情するのは、とりたてて意外なことではない。

このことは、運命論的シオニストと熱烈なディスペンセーション主義者でさえ指摘している。運命論的シオニストのパット・ロバートソンの例をあげると、彼は「福音派がイスラエルを支援するのは、イスラエルが民主主義国家で、個人の自由を尊重し、法の支配がおこなわれているからだ」と述べている(24)。同じく、NAEの元指導者テッド・ハガードも自らのイスラエル支持の理由として、終末論ではなく地政学的現実、とりわけイスラエルが民主主義国家でアメリカの同盟国であるという事実を主張している(25)。

最後に、アメリカがイスラエルに共感するのは、多くの安全保障上の問題を共有しているからである。イスラエル建国当初から、アメリカはイスラエルが周辺アラブ諸国の脅威から身を守り、安全を確保できるように軍事援助をおこなってきた。一九七九年にキャンプ・デービッド合意を受けてエジプトとイスラエルが和平関係を回復すると、両国を中東の拠点国とするためにこの援助を飛躍的に増大させる。そして、イスラム教テロリストが二〇一一年九月一一日にニューヨークのワールド・トレード・センターと国防総省を攻撃した後は、ますます多くの戦略的利益を共有するようになった。イスラム過激派からの絶え間ないテロの脅威が、アメリカの諜報機関とイスラエルの安全保障機関の協力をいっそう密なものにしたのである。さらに、どちらの国もイランの核兵器追求に反対し続けているため、これも両国の軍事協力を強化する一因となっている。

つまるところ、アメリカがイスラエルを断固として支持するのは、宗教的価値観、民主主義の伝統、戦略的利益を共有しているためなのである。元国務長官のマデレーン・オルブライトもこの結論に同意するひとりである。彼女は、アメリカの頑ななイスラエル支持のもっとも説得力のある説明として、アメリカとイスラエルが人権と民主主義という同じコミットメントを共有しているからだ、と述べている。「イスラエルの社会に自分たちが共感し称賛する性質を見出しているために、アメリカ人はイデオロギー的な観点からイスラエルを支援しているのです」(26)

## ロビー活動

アメリカ政府がイスラエルを強く支持することへの別の説明が書かれているのが、ジョン・ミアシャイマーとスティーヴン・ウォルトによる著書『イスラエル・ロビーとアメリカの外交政策』(副島隆彦訳、講談社)である。ふたりは、アメリカの対イスラエル外交政策は親イスラエル団体から成る広範な連合体――いわゆるイスラエル・ロビー――に牛耳られていて、この連合体がアメリカの中東における根本的な利益を蝕んでいる、と述べている。イスラエル・ロビーが構成員の特定の利益を増やそうとしている点は、ほかの利益団体と同じである。しかし、ロビー団体が一般に望ましい目標を推進するためにほかの団体と競争するのに対し、イスラエル・ロビーはその並外れた実行力と広範な影響力を武器に議論を抑え込むだけでなく、アメリカの外交政策の優先順位をも歪めているという。

この本は、著者たちのイスラエル・ロビーに関する疑わしい学識、重要な用語の不明確な概念化、不十分な実証的データのせいで多方面から批判を浴びてきた(27)。しかし、ここで問題なのは、彼らの分析はたったひとつの要因しか考慮しておらず、きわめて単純かつ還元主義的〔複雑な物事を、その中の一要素だけを理解すれば全体を理解できるはずだと想定する考え方〕だということだ。この著書は、ひとつの連合体によるロビー活動というたったひとつの事情がアメリカの対イスラエル政策を説明している、と主張している。ジョージ・H・W・ブッシュ大統領とビル・クリントン大統領の下で中東問題の交渉責任者を務めたデニス・ロスは、このあまりにも単純すぎる主張に、次のように異議を唱えている。「私がアメリカの中東和平プロセスで交渉を率いたとき、〝ロビー〟がそうしてほしいと望んだから、という理由で何らかの措置を講じたことなど一度もなかった。〝ロビー〟が反対したからといってしり込みしたこともない。共和党の大統領も民主党の大統領も一貫してイスラエルとアメリカの特別な関係を信じていたが、それは外交政策において価値観が重要だからにほかならない」(28)。単一要因による分析に同じく異議を唱えているのが、「ブルームバーグ」のコラムニスト、ジェフリー・ゴールドバーグである。「四〇年間にわたる世論調査によれば、アメリカはアラブとの対立において一貫してイスラエルを支持してきた。それはなぜか？　もっともらしい理由はたくさんある。イスラエルもアメリカもヨーロッパの宗教的不寛容から逃れてきた人々によって建国されたし、どちらも共通の宗教的伝統に基づいている。それに、イスラエルは民主主義のない地域にありながら民主主義が栄えている国である。アメリカのパイオニアが自立していたように、イスラエルも自立している。さらに、イスラエルの敵は、たいていの場合、アメリカの敵でもあるようだ」(29)。多元的社会のアメリカでは、政府の意思決定には必ずさまざまなグループや組織の相対する主張が反映される。よって、ひとつのロビーが政策を決定づけるという主張に説得力はない。

## クリスチャン・シオニストの役割

イスラエルとアメリカの強い絆を説明する三つ目の要素は、クリスチャン・シオニズムである。前述の通り、クリスチャン・シオニストは、聖地にユダヤ人の故国を復興させることは宗教的にも歴史的にも絶対に必要なことだと信じている。宗教的には、ユダヤに帰還することは神の律法と一致する。さらに、故国の復興は、とりわけパレスチナ追放からホロコーストに至るまでユダヤ人が辿った長い苦難を考えれば、人道的規範にも適っている。クリスチャン・シオニストは自分たちが強くイスラエルを支持する理由として、いくつかの根拠をあげている。たとえば、イスラエルを支持することは神の意志である。また、イスラエルの安全保障を支援することは、イスラエル国家の民主主義と幸福を維持することにも一致する。さらに、アメリカ社会はユダヤ教とキリスト教の価値観に基づいている。

クリスチャン・シオニストはイスラエルとその政策を積極的に支持する傾向があるが、その支持の根拠は宗教にある。よって、ユダヤ人は神の選民であり、カナンの土地の所有権を持っているということには同意するが、ユダヤ人に与えられた祝福と優先性がそのままイスラエル国家の支持につながるわけではない、と考えている。キリスト教徒は聖書の契約を尊重するよう求められているが、だからといってイスラエル政府を支持しなければならないのではなく、むしろユダヤ人を尊重し、支持しなければならないのだ。たとえば、エルサレム国際キリスト教徒使節団（ＩＣＥＪ）の指導者マルコム・ヘディングは、ＩＣＥＪの使命は純粋に宗教的なものだと強調している。「私たちは宗教的なシオニストだ。政治的なシオニストではない」(30)。

このように、主にスピリチュアルな目的で活動していると主張しているにもかかわらず、ＩＣＥＪはキリスト教徒とユダヤ人の親密な絆を深め、イスラエル問題について世論を動員するうえできわめて重要な働きをしてきた(31)。「クリスチャン・フレンズ・オブ・イスラエル（ＣＦＩ）」、「イスラエル共同体のキリスト教徒友の会（ＣＦＩＣ）」、「オリーブ・ツリー・ミニストリーズ」、「ブリッジ・フォー・ピース」、「ボイシズ・ユナイテッド・フォー・イスラエル」のようなほかの準宗教団体は、イスラエルを支持するだけでなくユダヤ人も支援している。これらの組織には、ＩＣＥＪとＣＦＩ(32)のようにスピリチュアルな問題に焦点を当てているところもあれば、「キリスト教徒とユダヤ教徒の国際交流（ＩＦＣＪ）」(33)や「ハヨベル（Ha Yovel）」(34)のように資金援助と人道援助に重点を置いているところもある。

クリスチャン・シオニストの中でもっとも大きな影響力を発揮しているのが福音派の牧師たちだ。バプテスト派の牧師でありモラル・マジョリティとリバティー大学〔米バージニア州にある福音派キリスト教の大学〕の創設者でもある故ジェリー・フォルウェル師は、指導的聖職者という地位を使ってイスラエル支持のために世論に影響を及ぼした。同じく、キリスト教放送ネットワーク（ＣＢＮ）を立ち上げ、その中心となるニュース番組「七〇〇クラブ」のホストを務めるパット・ロバートソンも、自らの地位を活かしてイスラエルとアメリカの親イスラエル政策への支持を集めた。しかし、イスラエルの安全保障と物質的利益を促進するためにもっとも積極的に活動した福音派指導者といえば、間違いなくジョン・ヘイギー牧師だろう。彼のテレビ伝道番組の視聴者はアメリカ内外で数百万に達する。二〇〇六年以来、ヘイギーの伝道活動を通して実に六〇〇〇万ドル以上の資金がイスラエルに流れている。

先ほど述べたイスラエル・ロビーの仮説と同じように、アメリカ人はシオニストの信条によってイスラエルを支持している、という見解は現実をあまりにも単純化しているし、外交政策における宗教の役割を実際以上に重要に見せている。第一に、福音派そのものと同じように、クリスチャン・シオニストもまたまとまった存在ではなく、歴史的なプロテスタントの信条を共有しているが、それらの信条を多様に解釈し、多角的に適用するさまざまな信徒たちから成る集団である。

第二に、クリスチャン・シオニストは議会とホワイトハウスに効果的なロビー活動を継続しておこなうための有効な組織を持っていない。この運動のグループや教会は、ヘイギー師がワシントンDCで毎年開催する「クリスチャンズ・ユナイテッド・フォー・イスラエル・サミット」のような会議やミーティングを開いたり、聖地への短期旅行を宣伝したりすることで、時と場合に応じてイスラエルとの連帯を促進している。しかし、こうした散発的なイニシアチブが「大イスラエル」〔約束の地の別称〕実現のための効果的な政治活動に変わることはそう簡単ではない。

第三に、アメリカ人は一九四八年のイスラエル建国のほぼ直後にイスラエルとの強い絆を確立した。これは、福音派（クリスチャン・シオニストを含む）が積極的に政治に関わるようになるずっと前のことである。冷戦終結まで国際問題のアドボカシーに関心を持たなかった福音派が、アメリカとイスラエルの親密な絆を促進するうえで果たした役割は、よく言っても限定的なものである。

最後に、クリスチャン・シオニストによるイスラエル支持率は、アメリカの一般国民と大して変わらない。一般的なアメリカ人のイスラエルとユダヤ人への支持率は、宗教的なシオニストの支持率よりほんのわずかに低いだけである。

## 預言的キリスト教の影響

アメリカのイスラエル支持の四つ目の理由は、これまでに述べた理由よりも説得力は劣るが、ディスペンセーション主義のテーゼである。前述の通り、福音派のイスラエル支持は、聖書の預言――より正確に言うと、〝終末のとき〟を描いたベストセラー小説『レフトビハインド』シリーズによって社会に広まったディスペンセーション主義者の考え方――に基づいている、というのが世間一般の通念である。世俗的なメディアから見れば、このような預言的な文学作品は、福音派が洗練された世界観を欠いていて宗教を政治目的のために不正利用している、という世間の確信をさらに強めるものである。

たとえば、著名な作家ジョアン・ディディオンは、『レフトビハインド』シリーズの一冊『ハルマゲドン』のレビュー記事を装って、アメリカ社会に原理主義者の世界観を押しつけようと躍起になっているディスペンセーション主義者の陰謀団にブッシュ政権が率いられているかのように書いた。「ミスター・ブッシュと神」というこの記事は、あまりにも単純な信仰に影響された大統領が、原理主義者の宗教的見地に基づいて決定を下していると示唆している。

中東の宗教について多くの本を執筆した著名な作家カレン・アームストロングも、ブッシュ大統領の意思決定は、いわゆる〝原理主義キリスト教徒〟の見解に基づいていると述べた。この主張の根拠には触れていないが、ブッシュの宗教的信条が何であれ、「キリスト教右派のイデオロギーは彼にとって馴染みがあり相性もよいのである」と述べて、ブッシュとディスペンセーション主義的な世界観をつないで見せた。

皮肉なことに、ディディオンもアームストロングも、ブッシュ大統領が微妙な違いを考慮した政治判断を妨げるキリスト教原理主義者の思想に導かれていると示唆したが、彼ら自身もまた還元主義者の単純化された受け入れがたい仮説に屈してしまっている。それは、大統領は福音派の信徒としてディスペンセーション主義者の主張に影響されている、という仮説である。もっと慎重に調べていれば、このトピックに関するスティーブン・スペクターの研究でわかったことが明らかになったことだろう。それは、福音派の信仰が私的で個人主義的なものであり、「彼らの信条を精細に検討するためには、彼らの信仰が政策を決定し、それに従う方法を理解する必要がある」ということだ。スペクターは、次のように述べている。「それはブッシュにも適用すべきことだ。それから、クリスチャン・シオニストたちと彼らが中東政策に対して駆使した影響に対しても」(35)

確かに預言文学、とりわけジェリー・ジェンキンズとティム・ラヘイの預言小説は人気を博したが、ディスペンセーション主義の影響はひどく誇張されている。先に述べた通り、福音派の中でディスペンセーション主義者が占める割合はごくわずかである。さらに、福音派は聖書の預言を真剣に受け止めているものの、それは信仰の中心ではない。あまつさえ、彼らのいちばんの宗教的関心は終末のシナリオにはなく、生活のあらゆる面においてキリストに忠実に仕えるという現在の課題にあるのだ。キリストの再臨にそなえることは重要だと考えてはいるが、最後の審判がどのようなものでいつ下されるのか、またはキリストが戻る前にどのような出来事が起こるのか、といった終末論的な事柄についてあれこれ思い悩む福音派はほとんどいない。確かに、福音派最大の親イスラエル利益団体である「イスラエルのためのキリスト教徒連合会（CUFI）」を創設した牧師ジョン・ヘイギーは、聖書の預言と〝終末のとき〟を強調する。しかし、ほとんどの福音派牧師は、そのような問題について深く考えていない。

要するに、アメリカ人がイスラエルを支持し続ける主な理由は、イスラエルの道徳的価値観、宗教制度、立憲主義的伝統、民主主義の実践、人道的規範にある。親イスラエル・ロビー活動がアメリカの対イスラエル外交政策に影響を与えていることは間違いないし、クリスチャン・シオニズムと預言的キリスト教も、アメリカ政府の強力なイスラエル支持において明らかに無視できない役割を果たしている。しかし、アメリカの支持は、利益団体の政治活動や宗教だけが理由ではない。共有する価値観と制度に根ざした深い道徳的な絆に焦点を置いた説明が、唯一の妥当な答えと言えよう。

## 福音派のイスラエルへのアプローチ

福音派にはさまざまな聖書解釈や神学的アプローチが存在するため、中東政策について意見を統一することは、不可能とは言わないまでも困難である。よって、イスラエル支持を正当化するために聖書を引き合いに出す信徒もいるかもしれないが、大半はアメリカの対イスラエル政策や中東和平プロセスに向けた行動について具体的なアドバイスを控えるだろう。

福音派の教会がこれまでこの問題に関する声明をほとんど発表していないことからも、このことは明らかだ。たとえば、NAEは国内および国際問題について数えきれないほど多くの決議を出しているが、中東和平問題については一九七〇年と一九七八年のふたつしか採択していない。一九七〇年の宣言は、イスラエルとアラブ諸国の両方に主権国家として存在する権利があることを認め〔この年に停戦となった第三次中東戦争で、イスラエルはアラブ諸国と戦ってヨルダン川西岸地区、エジプトのガザ地区などを占領している〕、ユダヤ人とアラブ人の難民の保護と社会復帰の遅れに懸念を表明するとともに、NAEの所属教会に中東の平和を祈るよう呼びかけるものだった。中東和平交渉を見越して出された一九七八年の決議もまた、平和のための祈りと、領土の正当性と国家の政治的独立、難民の支援、平和と安全を確保するために国境修正を促す政府の行動を支持するよう教会に訴えている。このNAEの決議には、以下のようなくだりもある。「われわれは、神の贈り物と召命を取り消すことはできず、神はイスラエルを拒絶したりアラブ人を見捨てたりしておらず、いつの日か約束を成就なさると信じている」。中東和平の課題にそれ以上踏み込んでいないのは、明らかにこの問題について派内にさまざまな意見が混在しているためであり、もっと重要なことには、イスラエルとユダヤ人の神学的な意味について合意に達することができなかったからである。

南部バプテスト連盟（ＳＢＣ）も、やはり中東に関する方針発表を控えてきた。ＳＢＣの教会はユダヤ人とイスラエルを強く支持する傾向があるのだが、ＳＢＣ自体はこれまでずっと中東政治について声明を発表することに消極的であった。この団体のイスラエルに関するもっとも重要な声明は、二〇〇二年の年次総会で採択された二ページの決議だろう。この決議では、神学的な観点と政治的な観点の両方からこの問題に触れ、イスラエルと周辺諸国の和平促進についていくつかのコメントが述べられている。そして、キリスト教徒にイスラエルの平和のために祈るよう呼びかけ、神の特別な目的とユダヤ人への配慮に同意し、ユダヤ人とイスラエルの地の歴史的な結びつきを肯定するとともに、イスラエルが主権国家として存在する権利を主張している。また、テロと政治戦略としての報復を非難し、イスラエルはよそから来た者や外国人の待遇について責任を負うべきだと述べるほか、パレスチナ人には政府の改革とテロの拒絶を、アメリカと諸外国には中東の平和実現に力を貸すよう訴えた。そして二〇〇八年、イスラエル建国六〇周年を祝ってもうひとつの声明を発表した。その中で、彼の国の過去六〇年間の軌跡を称えたのち、高まる反ユダヤ主義を捨てるよう世界の指導者たちに呼びかけるとともに、「主がお生まれになり、中東の民主主義の砦である」イスラエルのために祈ることを約束したのである。

しかし、個々の福音派の指導者と牧師は、現代の政治問題に対する明確な聖書の助言が存在しなくてもアメリカの対イスラエル外交政策について方針表明や宣言をおこなってきた。たとえば、指導者の中には、神がユダヤ人に聖地全体を与えたと信じ、イスラエルが占領地から撤退することに強く反対している者たちもいる。彼らは、二〇〇八年のイスラエル政府のガザ撤退を神の意志に反する行為と考えた。テレビ伝道師パット・ロバートソンは、イスラエルのアリエル・シャロン首相を襲った脳卒中を、パレスチナ自治政府にガザを返還したことに神が下された罰だ、と見なしさえした。

一九九〇年代以来、福音派の中には、少数ながらある異なるアプローチを試みる者が増えてきている。ユダヤ人とパレスチナ人の競合する相容れない主張を調停するには、正義に基づいた政治的和解しかない、と考える者たちだ。彼らは、両者の正当な利益が認められ、イスラエル政府がパレスチナ人に対して公正で差別的でない政策を追求しなければ聖地の平和は促進されない、と主張している。ほとんどの福音派が初めにイスラエルとユダヤ人の都合ありきの考え方をする中で、これらの中道で進歩主義的な福音派は、パレスチナ人、特にパレスチナ人キリスト教徒の正当な要求に焦点を当てることによってクリスチャン・シオニストの従来の主張に反論している。そして、神とユダヤ人の約束は有効だと神学的に認めながら、クリスチャン・シオニストとは反対に、これらの契約は永久的で取り消し不能ではあるが、ユダヤ人たちが神に忠実でいることが条件となっている、とも強調している。

アンマンにあるヨルダン福音派神学校の元教授マーク・ハーランは、この契約と忠誠への二重のコミットメントについて次のように述べている。

土地、子孫、アブラハムの子孫への祝福の約束は、神との取り消すことのできない契約である。しかし、これらの祝福を受けるには、イスラエルが代々神に忠実に従うことが条件づけられている。「モーセの契約」（明らかに条件が含まれている）の目的は、アブラハムと約束した祝福に参加するためには信仰への服従が必要である、ということをイスラエルにはっきりと示すことだったのである。(36)

ホィートン・カレッジのゲイリー・バーグ教授もまた、神とアブラハムの子孫の契約に条件がついていることを強調し、土地の最終的な所有者は神自身だと述べている。

イスラエル国家は永遠の贈り物として土地の所有を約束されているが、この約束には条件がある。それは、契約とその条項にイスラエルが忠実であることだ。この土地は、神とも関係がある。この土地は神がお住みになっていて、神とつながっているがために聖いのである。よって、イスラエルはこの土地に住むことを約束されていても、契約に忠実でないがために追放される可能性がある。(37)

一九八六年、多くの学者と教会指導者が中東に関する非シオニストの視点を推進するために「中東理解のための福音派」（Evangelicals for Middle East Understanding：ＥＭＥＵ）を創設した。この団体の目的は、アラブのキリスト教徒のニーズと問題を浮き彫りにし、アメリカのキリスト教徒と中東のキリスト教徒の交流を促進することである。そのために、多くの協議や会議をおこない、中東ツアーを企画して中東和平プロセスに対する非イスラエル人の考え方への理解を深めようと努めてきた。ユダヤ人とパレスチナ人が追求する政治的自決の長期的な解決策は、調停で信頼を醸成し相互和解を果たすことによって聖地にふたつの国家を存続させる以外にない。福音派のイスラエルへの絶大な支持を考えると、EMEUはパレスチナ人の正当な政治的主張と、ユダヤ人と非ユダヤ人、イスラエル人と非イスラエル人に当局が公平な法の原則を適用する必要があることを強調する、という重要な役割を果たしている。

このようなEMEUの視点は、メインライン・プロテスタント教会の視点とかなりの部分で似通っている。一九四八年にイスラエルが独立したとき、メインライン・プロテスタント教会はこの新しい国家に同情的だった。ところがいくらも経たないうちに、その忠誠はイスラエルからパレスチナ人へと移行した。そして一九六七年の六日間戦争のころまでにメインライン・プロテスタントがイスラエル批判をますますエスカレートさせた一方で、福音派はイスラエル軍によるエルサレム奪回を重要な転換点と見なし、イスラエルとの連携を強化した。この連携はそれから四〇年以上にわたって、ほぼ変わることなく続いている。福音派のイスラエル支援の推進とは対照的に、長老派教会、メソジスト派、ルター派（アメリカ福音ルーテル教会）などのメインライン教派は反シオニスト色をいっそう強めてきた。

福音派内に生まれた中道的な視点は、福音派指導者がジョージ・W・ブッシュ大統領に宛てた二通の公開書簡からも明らかである。六〇人以上の指導者の署名とともに二〇〇二年七月に送られた最初の書簡は、福音派がパレスチナの国家樹立に反対しているという世間の見解に反論するために作成された。「アメリカの福音派コミュニティは、現在のイスラエルの政策を全面的かつ強力に支持する一枚岩の連合体ではない」と述べた後、「一部の信徒がイスラエル政府のあらゆる政策と活動を無条件で支持し、聖書のことばを歪曲した。アメリカの福音派のかなり多くが、そのようなやり方を拒絶している」と力説している。そして、イスラエル人とパレスチナ人双方の正当な利益を支持する公平なリーダーシップを大統領に求めた。しかし、SBCの「倫理と宗教の自由委員会」（実質的には同組織が政府内に設けているロビー・オフィス）の責任者リチャード・ランドは、この書簡に多くの懸念を表明した。彼は、この手紙がパレスチナ自治政府による反ユダヤ主義プロパガンダに触れていないことを批判し、さらに重要なことに、「イスラエルとパレスチナ自治政府が道徳的に同等であると決めてかかっているような節があり、それは危険なナンセンスだ」と述べている(38)。

三四人の福音派指導者が署名した二〇〇七年の二通目の手紙では、二国家共存の解決策を支持することが強調されている。

この手紙を書いたのは、重大な誤解を正すためである。アメリカの福音派の全員が二国家共存とヨルダン河西岸の大部分を含む新しいパレスチナ国家の樹立に反対している——そんな話がアメリカの政策立案者の一部を含む人々の間に広まっているが、これはまったくの作り話である。この手紙に署名した私たちは、イスラエル人とパレスチナ人双方の正義を支持する全米の多数の福音派を代表している。大統領とその陣営が、私たちの支持を励みとして、パレスチナとイスラエルとの交渉を自信を持って率直に進めてくれることを願ってやまない。

バランスのとれた公正な対アラブ＝イスラエル紛争政策を目指して多くのイニシアチブに着手している福音派だが、その大多数はいまだに親イスラエル路線を崩していない。イスラエルという国の正当性の有無についてパレスチナ人の意見すらも割れているという現状で、しかもその一部の過激派がテロに走っているうちは、福音派のイスラエル支持が衰えることはないだろう。

二〇〇二年の世論調査の結果、福音派が複数の理由からイスラエルを支持していることが明らかになり、ロバートソン、ヘイギー、ハガードの多元的な説明が正しいことが裏づけられた。この調査によると、神学的な理由からイスラエルを支持している福音派は三五パーセントで、二四パーセントが民主主義を、一九パーセントがアメリカの対テロ同盟国であることを理由にあげている(39)。

結論として、福音派の強力なイスラエル支持は、彼らのもっとも際立った外交政策観のひとつである。支持の理由はディスペンセーション主義に基づいた神学的主張にあるとされているが、これは根拠のない噂である。さらに、聖書に書かれた預言は確かに多くの信徒の考えに影響を与えているが、それが福音派がイスラエルを支持する唯一の理由ではなく、いちばんの理由でもない。宗教が福音派の親イスラエル路線においてきわめて重要な役割を果たしていることは間違いないが、政治的理想、人道的価値観、安全保障上の配慮といったそのほかの要素もまた、この親密な絆に貢献しているのである。

# 第6章
# 福音派と世界の貧困

福音派は人々のニーズに応えることを聖書に書かれた義務と見なしているが、世界に蔓延する貧困に対する考えと活動の指針となる教理文書や宣言をほとんど作成していない。メインライン・プロテスタントやローマ・カトリック教会が貧困に関する道徳理論の手引きとなる宣言や教理文書を多数発表してきたのに対し、福音派が世界の貧困の性質と原因を明らかにしたり、人間の苦悩を軽減し長期的な経済発展を促進できるような制度や政策を特定したりするために作成したものはごくわずかだ。

それでも、彼らは人間の尊厳を高めるうえできわめて重要な役割を果たしてきた。たとえば、教育の推進、診療所の建設、食料と医薬品の配布、農業指導、市民生活に欠かせない行動の模範を示すことなど、その多岐にわたる活動だ。世界の人々の需要に応えることは福音主義の社会および政治倫理の際立った特徴である。そこで本章では、国際的人道主義におけるアメリカの福音派の重要な役割について説明したい。

## 問題の本質——貧困か不平等か

貧困はどのような概念としてとらえられるべきなのだろうか？　経済学的概念なのか、精神的概念なのか、それとも社会学的な概念なのか？　二〇一〇年五月、福音派のあるグループがイリノイ州ウィートンで二日間にわたって世界の貧困について協議をし、「政府、世界の貧困、世界における神に与えられた使命——福音派宣言（Government, Global Poverty and God's

Mission in the World: An Evangelical Declaration)」という声明を発表した。この声明では、貧困を以下のように定義している。

貧困は、人間の罪の悲惨な一面である。さまざまな条件と原因によりもたらされ、あらゆる種類の現実――飢餓、病気、性的搾取、教育の欠如、早すぎる死――となって、人々の尊厳を奪い取り、人生を破壊する。あとに残るものは、窮乏と絶望だ。貧困は、人間同士の関係、そして神と人間の正しい関係を損なう。貧困は有害であり、貧しい者たちへの暴力である。体系的な不当行為であり、神に対する侮辱である。(1)

このような貧困の幅広い包括的な定義は、道徳的懸念を高めるには役立つかもしれないが、もっと焦点を絞って考えたほうがより効果的な方法――飢えや栄養失調や病気に苦しみ、住む家もない者たちの生活水準を上げる具体的な公共政策の策定に役立つアプローチ――が生まれるだろう。経済的観点から見ると、貧困は絶対的貧困〔最低限の生活を営むだけの食料や生活物資が手に入らない状態〕か相対的剝奪〔現実の生活水準が、主観的な期待水準より劣る状態〕のいずれかとして取り組まれることが多い。前者では、貧困を特定の社会的・経済的な生活水準を達成できない状態と見る。それとは対照的に、後者では貧困を経済資源の不均衡分配と見なす。貧困を他者の生活状態と関連づけて定義すれば、ひとつのコミュニティ、ひとつの社会、または世界全体で経済的資源を再分配することによってそれに取り組むことができる。公平を追求しようとすると、再分配は必然である。

これに対して、前者のように貧困を絶対的な条件で定義する場合、つまり基本的な人間のニーズを満たすために欠かせないサービスを提供できていない状態とすると、生活水準の向上が最大の道徳的問題になる。この場合、貧困対策のために再分配に注目する必要はない。不公平が存続していても、あるいは拡大しているときでさえ、貧しい人々の生活はよくすることができるのだから、経済ピラミッドの最底辺にいる人々の生活水準を改善できるかどうかが鍵となる。この観点から貧困問題に取り組んだのが、世界銀行総裁時代のロバート・マクナマラである。一九六〇年代末、彼は非識字、栄養失調、病気に特徴づけられた生活状態を表すために、「絶対的貧困」ということばを作り出した(2)。そんな彼の考える現代社会の課題とは、アジア、アフリカ、ラテンアメリカの多くの国を蝕むこの状態を一掃することであった。

二〇〇〇年、国連総会は極度の貧困を撲滅しようと「ミレニアム開発目標」(ＭＤＧｓ)を採択した。この一連の目標には、栄養失調と飢餓の根絶、幼児死亡率の減少、普通教育の改善、学校での男女不平等の廃絶などがあげられている。ＭＤＧｓを推進する国連ミレニアム・キャンペーンによると、現代の人間の苦悩は次のような状況に示されている。

・飢餓と予防できる病気によって、年間一〇〇〇万人以上の子供たちが死んでいる。
・一〇億人を超える人々が、一日一ドル未満で暮らしている。
・六億人の子供たちが絶対的貧困の中で暮らしている。
・アフリカの最貧諸国における一人あたりの国民所得は、過去二〇年間で四分の一減少している。
・八億人が慢性的な飢餓に苦しんでいる。
・年間一一〇〇万人近い子供たちが、五歳前に死んでいる（3）。

すべての人間は神のかたちをとって創られ、それゆえ尊厳の対象となる資格を有すると信じているキリスト教徒は、絶対的貧困を神の意志に反するものととらえている。しかし、世間でも似たようなものだが、福音派内部では貧困の本質と原因、貧困撲滅のための戦略のいずれにおいても意見の一致を見ていない。実際のところ、世界の貧困はしばしば実に単純で道徳的な視点から分析され、あまつさえ、それらの分析も誤った情報と根拠のない考えに基づいていることが往々にしてある。以下に宗教団体の世界の貧困観に多く見られるふたつの誤った通念をあげよう。

ひとつ目は、「金持ちはより裕福になり、貧乏人はより貧しくなる」という格言でしばしば表現されるように、第三世界の貧困は富める国の経済発展の直接的な結果である、というものだ。この見解によると、経済生活は静的なものである。富の合計はあらかじめ決まっていて、どこかの収入が増えると、必ずほかのどこかの収入が下がる。これを裏づける実証的なデータはないものの、冷戦時代はこの考え方が広く受け入れられていて、いわゆる南北問題と形容された。この通念の擁護者によると、発展途上国の貧困は、強大な先進国が課す不公平なルールと慣行によるところが大きい。多国籍企業は、貧困諸国に投資しても、労働者に正当な報酬を与えてこなかったのだから。あまつさえ、正当な対価を払うことなく、貧困国の天然資源を搾取してきた。

強国が過去何世紀にもわたって経済搾取をおこなってきたことは事実である。しかし、現代の経済発展は必ずしも搾取的ではない。現代の富の創造理論によれば、国家の堅実な経済発展は社会のすべての人々に利益をもたらすことができる。経済学者は、富の創造をすべての関係者が得をするポジティブ・サム・プロセスと呼び、ひとつの国が利益を得ると別の国が失わなければならないゼロサム・プロセスと区別している。貧困はゼロサム・プロセスの産物であるという通念に反論する何よりの証拠は、世界経済の不公平が取りざたされているにもかかわらず、過去三〇年で多くの貧困国が著しい経済発展を遂げていることである。それどころか、低所得国と中所得国は、裕福な国よりも総合的に速いペースで伸びてきた。もっとも人口の多い中国とインドは、二一世紀に入って以来年間七パーセントから九パーセントという記録的な経済成長を達成している。このような近年の展開は、発展段階にかかわらず、国家が雇用創造に有利な政策を採用すると、市民の大半の生活状況が改善されることを示している。

ふたつ目の誤った通念は、近代国際経済への参画が世界の貧困を拡大した、というものだ。この主張は、近代の経済成長は国内および国家間の経済不平等を助長するので不当である、という考えに少なからず基づいている。しかし、近代の経済成長を振り返っても、この主張を裏づける事実は見当たらない。それどころか、もっとも貧しい発展途上国であるアジア、アフリカ、ラテンアメリカの全般的な生活の質は、過去半世紀で劇的に向上した。たとえば、五〇年前は毎年ほぼ二〇〇〇万人の子供たちが五歳未満で死んでいたが、二〇一〇年までに七六〇万人になり、六〇パーセントも減少している。栄養と医療の改善により世界中で寿命が延びるにつれて、生活の質も向上したのである。国連開発計画によると、発展途上国の平均寿命は一九六〇年の四六歳から、一九八七年には六二歳まで延びたという(4)。

貧困の減少を測定する最適な方法は、人間開発指数（ＨＤＩ）の向上に注目することだろう。ＨＤＩは、平均寿命、教育（就学率と成人の識字率）、購買力に基づいた一人あたりのＧＤＰを基に算出される国連の指標である(5)。たとえば、マリとネパールのＨＤＩの年間平均成長率は、それぞれ二・二八パーセントと二・〇八パーセントであった。この年間平均成長率を国の発展段階別に分けて見ると、人間開発最高位国が〇・四八パーセント、人間開発中位国は一・三一パーセントである。重大なことに、人間開発低位国の平均成長率は最高位国より高い一・一九パーセントであった(6)。貧乏人はますます貧しくなっていないというわけだ。それどころか、ＨＤＩのデータに基づいた低所得国と中所得国の物理的な生活の質は、高所得国よりも向上している。

このように発展途上国の生活状態が上向き、極度の貧困状態の中で生活している人々の割合がこの三〇年で著しく減っているにもかかわらず、その絶対数がそれほど変わっていないのは、貧困諸国の人口増加率が先進国の倍近いことに起因している。その結果、世界人口七〇億人のうち、一〇億人近くが今も飢餓、権利の剝奪、極貧に喘いでいるというわけだ。

経済的不平等は確かに問題かもしれないが、現代世界の経済体制の主な道徳的課題は格差ではない。むしろ、いかに貧困を減らすか、いかに屈辱的で非人道的な状況にいる人々の生活を向上させるか、である。五〇億人以上がグローバル化と経済成長の恩恵を享受している一方で、まだまだ多くの人々が絶対的貧困に苦しんでいる。『最底辺の一〇億人――最も貧しい国々のために本当になすべきことは何か?――』(中谷和男訳、日経BP社)という魅力的な本を著した経済学者のポール・コリアーによると、およそ一〇億人が「底辺に閉じ込められたまま」生きているという(7)。貧しさのせいではない。経済発展を妨げる「罠」から脱出できないからだ。コリアー曰く、最貧国の成長を妨げる四つの大きな障害は、内戦などの現在進行中の紛争、劣悪な隣国に囲まれた内陸国という立地条件、経済優先事項を歪める豊富な天然資源、悪い統治である。

貧困の原因は、近代化が生み出す不平等ではない。貧しい人々が現代の世界経済に統合されることによって得られるはずの利益を享受していないことなのである。

貧困に対する経済成長の効果をもっとも強力に示しているのは、貧しい中国人たちの劇的な減少だろう。いくつかの試算によると、この三〇年間に中国が達成した九パーセント近い年間経済成長率によって、六億人以上が貧困から抜け出すことができたという(8)。この発展が、現代世界屈指の人道的な偉業であることは間違いない。近年のインドの急成長もまた、何千万という人々を貧困から救い出した。

要するに、国際社会のいちばんの経済的課題は、最底辺にいる人々を引き上げることなのである。福音派が世界の貧困削減に参与するなら、経済成長、特にコリアーのことばを借りれば

「最底辺から抜け出せない」低所得国の経済成長を促進しなければならない、ということだ。

## その他の貧困削減へのアプローチ

この半世紀、世界の貧困者の割合は劇的に減少したが、絶対貧困に苦しむ人々の総数はそれほど変わっていない。前述の通り、およそ一〇億人が今も極貧の中で暮らしている。このような貧困社会のニーズに高所得国はどのように対応すべきなのだろうか？　貧困削減イニシアチブが指針にすべき視点と原則は何だろうか？

公共政策に関わる活動家や官僚たちは、極貧に喘ぐ者たちの生活状態を改善すべくさまざまなイニシアチブを採用してきたが、この五〇年間はふたつのアプローチが主流となっている。私が「社会主義テーゼ」と呼ぶひとつ目のモデルでは、主に分配の問題として貧困に取り組む。このアプローチは社会主義に根ざしており、経済および社会活動に厳しい規制を課すことを奨励する。社会のすべてのメンバーのニーズを満たすことをもっとも重要な経済的課題と見なし、物品とサービスの生産と分配に政府が介入することによってこの課題をもっともうまく達成できると考えている。私がふたつ目のモデルとしているのはいわゆる「自由経済テーゼ」であり、これは資本主義のイデオロギーに基づいている。ここでは、経済活動の主な役割は、雇用を創出して所得を生み出し、それによって生活状態を改善することである。

ソ連崩壊から二〇年以上が経った今、先進国の大半は社会主義の管制経済から資本主義のより自由な私企業制度へと移行した。ブラジル、チリ、中国、インド、インドネシアのような新興国を筆頭に、多くの発展途上国が不平等をもたらす経済体制の改革やより多くの対外援助を求めるよりも、市場に適した政策を採用することにした結果、目覚ましい経済成長を遂げた。実際、一九九〇年から二〇〇五年の間、世界の人間開発低位国と中位国は、高位国よりも速いペースで成長している。

グローバル経済にこのような特筆すべき変化が起きているにもかかわらず、アメリカの教会と宗教団体は社会主義テーゼに固執し続けてきた。自由経済がもたらす不平等よりも、平等主義と社会主義のほうが聖書の正義と一致すると信じているためである。

しかし、社会主義テーゼは世界の貧困問題の長期的な解決策にはならない。その理由はふたつある。ひとつは、多くの貧困諸国の人口が（主に栄養状態、衛生状態、医療の改善によって）毎年二パーセントから三パーセント増加しているためで、経済成長が人口増加率を上回らなければ彼ら全員の生活状態を改善することはできない。貧しい人々にパンと魚を与えるだけでは十分ではない。効果的な解決策はただひとつ、魚の採り方を教えることなのである。歴史家フィリップ・ジェンキンスは、ホワイトハウスの元政策立案責任者ピーター・ウェーナーと社会学者アーサー・ブルックスが富と正義を研究した短い論文の前書きにこう書いた。「一部の福音派の活動家が結論づけたように、聖書が国家の介入と社会主義政策を支持していると裏づけるものは何もない」と。「貧しい者たちを助ける、もっと厳密に言えば、それ以上助けを必要としなくてもすむように自給自足させる最善策として自由経済資本主義のほうが優れてい

ることは疑いようがない。これは歴史を見れば明らかだ」(9)

ふたつ目の欠陥は、主に物質的または金銭的な視点から貧困に取り組んでいるという点である。確かに、貧困は生活水準を維持する資源の不足によってもたらされる。しかし、経済学者のアマルティア・センも述べたように、貧困は物質的な欠乏よりはるかに根深い問題なのである。センは著書で、人間の繁栄を損なうのは低所得や資源不足ではなく、人間の能力開発を妨げる障壁である、と書いている(10)。

ホワイトハウスの「信仰に基づく近隣パートナーシップ室（White House Office of Faith-Based and Neighborhood Partnerships）」の副室長ドン・エバレーが述べたように、政府の対外援助プログラムは、貧困の原因は限定的な財源にある、と見なして第三世界の貧困問題に取り組んできた(11)。その結果として、政府では貧困諸国への金銭供与が重視される傾向がある。このように財源不足という視点で貧困に取り組むことは、援助供与国の寛大さを手っ取り早く示す方法として魅力的だ。しかし、貧困が単なる資金不足ではなく人間の不十分な能力の証でもあるならば、貧困削減には金銭の授受以上のものが必要となる。

キリスト教団体による世界の貧困に関する研究や宣言を見ると、皮肉なことに、どれも物質的な要求と必要性を重視するあまり、スピリチュアルかつ道徳的な実践、とりわけ仕事の創出の重要性が軽視されている。聖書の重要なテーマのひとつは、創造の委任である。回勅『働くことについて』（沢田和夫訳、カトリック中央協議会）で、教皇ヨハネ・パウロ二世は創造の委任に関心を向けるよう雄弁に呼びかけている。「人間が神の姿である理由の一端は、地を従わせよと創造主から受けた委任にあります。この委任を実行に移すことで、人間は、宇宙の創造主ご自身の活動を反映する者となります」(12)。人間が社会で自分を表現し、自らの潜在能力を伸ばし認識することができるために、仕事は重要である。さらに重大なことに、仕事のおかげで人間は神の創造のプロセスに参与できるのである。カトリックの思想家とビジネスリーダーらがその著書の中で述べているように、「創造はまだ終わっていない……人間は神が残した手がかりに従い、発見と発明をすることによって、共同創造主になるのである」(13)。

世界の貧困にどのように取り組むかにかかわらず、われわれが経済に参加することは権利であり、道徳的責任でもある。神学的に言えば、この責任は、神から委ねられた贈り物と才能のスチュワード〔被造物の保全を任された世話係〕になるように、という聖書の命令から生じている。神の共同創造主と呼ばれるわれわれには、神の創造プロセスを継続する責任があるのである。

## 世界の貧困に対する福音派の思想

すでに述べたように、福音派は世界の貧困の分析や、貧困軽減の手段としての雇用創出プロセスに、プロテスタントの諸派やカトリックのようには特筆すべき貢献をしてこなかった。その実践主義を奉じる行動志向的な性質から、これまで世界中で展開してきた重要な教育的、栄養的、医学的、人道的なイニシアチブも、具体的な慈善活動を通じて実施してきた。一方、福音派に属する個々の思想家と活動家は、世界の貧困の性質、原因、影響に関する重要な信条や視点を総合的に明らかにする記事や本を執筆することや、そのような会議を開催することに努めてきた。

アメリカの福音派が聖書的観点から世界の貧困を語った最初の注目すべき本は、一九七八年に出版されたロナルド・サイダーの『飢えの時代と富むキリスト者』（御立英史訳、聖文舎）である。神学者であるサイダーは、分配の問題として貧困にアプローチし、物質主義、富への固執、極端な経済的不平等、そして貧しい人々への配慮を優先する必要性を強調した。サイダーの考えによれば、「富める者が正義を軽んじたり妨害したりするのは、正義が貧しい者と富を分かち合うことを求めるからである」。しかし、神は貧者の味方だと主張しつつ、偏愛はしないとも主張している。「貧しい人々への優先的選択」(14)というローマ・カトリックの教えに反して、サイダーは神はすべての人間を平等に心にかけていると考えた。つまり、神は強い者と同じくらい弱い者を気遣っているのだから、「聖書の神は公正な神であり、先入観にとらわれないがゆえに貧しい者の味方なのである」と主張している(15)。

サイダーは貧困に苦しむ者たちの絶対的ニーズに注意を向けるようにも呼びかけたが、彼の主な関心は富の不均衡配分にあった。なかでも特に関心を持っていたのが、永続する搾取と抑圧を増長する不公平な経済と社会主義である。

貧困の大部分は公平さを欠く慣習と制度から派生した。そこで、サイダーは、はなはだしい不平等を許す不公平な経済制度に注意を向けるよう促した。怠惰と無精から貧しい者もいるが、聖書が「貧しい人」というときは、厄災や抑圧によって経済的に貧窮している人を指すことがもっとも多い。サイダーは「出エジプト記」を引き合いに出して、イスラエルの民の解放は奴隷制と抑圧状態という不当行為への適切な対応だったと述べた。そして、アメリカは貧しい社会の窮状と人々の苦悩に対する責任の一端を担っている、と結論づけた。「富む国に住むすべての人は、構造的悪に組み込まれている。国際貿易パターンは不公平だ。少数の金持ちが、地球の非再生資源の大半を貪っている。食料消費のパターンは、いまだに継続している過去および現在の不公正と抜きがたく結びついたままだ。そして、貧困諸国での投資利益率は不当に高い。先進国に住むすべての人が、この構造的悪に関与している」(16)

サイダーの著書は四〇万部以上売れて、何度か重版された。二〇〇五年に出版された第五版は、初版からかなり加筆修正されている(17)。しかし、貧困を相関的または分配的視点から考えているところは変わっていない。「今日の富は、完全に聖書と矛盾する方法で分割されている」(18)

次に世界の貧困を分析した福音派の思想家は、哲学者ニコラス・ウォルターストーフである(19)。彼の著書は一九八一年にアムステルダム自由大学でおこなった講義を基に書かれており、国際経済関係と世界の貧困には一章しか割かれていないものの、極度の貧困に苦しむ人々への配慮について神学的主張を展開しているという点で重要である。サイダーと同じく、ウォルターストーフも貧困は神への侮辱だと述べている。人間は神のかたちを帯びているのだから、尊厳と尊敬を与えられなければならない。ジョン・カルヴァンとアブラハム・カイパーの教えに従って、キリスト教徒は困窮している者に配慮するだけでなく、社会的および経済的正義を促進する構造と政策を作ろうと努めるべきなのである。

ウォルターストーフの貧困削減の呼びかけには道徳的にも聖書的にも引きつけられるが、彼の人間の苦しみの原因についての社会科学的分析は説得力に欠ける。それは、彼の分析が、この本が書かれた当時さまざまな議論を引き起こした従属理論〔資本主義世界経済は中枢と周辺から成り立っており、周辺諸国は中枢諸国に従属し、さまざまな資源の搾取を受けているという理論〕という視点に基づいていて、この視点がのちに信用性を失ったからである。この理論の本質は、貧困は世界の資本主義の直接の副産物である、というものだ。このアプローチによると、国際経済の秩序は、裕福で力のある国（中枢またはメトロポリス）と貧しい弱小国（周辺または衛星）の間で分かれていて、中枢国と周辺国の間の経済相互作用の利益は中枢国または中心国のものになると決定づけられている。よってこの国際的な経済体制は、とりわけ国家間の不平等と第三世界の貧困の一因となっているというわけだ。ウォルターストーフは、この構造的パラダイムを示して、現代の国際的な経済秩序は「欲望と権力への渇望から中枢が周辺を支配している」と主張している。

サイダーとウォルターストーフの貧困の説明を取り上げたのは、それらが一九八〇年代のアメリカの教会指導者たちに共通していた感情と視点を反映しているからである。多くの福音派思想家と同じように、彼らの世界の貧困への主要なアプローチも、不公平な経済制度は世界資本主義のせいであり、貧困を克服するには所得の活発な再分配と世界経済の劇的な再構築が欠かせない、という考えに基づいていた。経済学者のブライアン・グリフィスと歴史家ハーバート・シュロスバーグなど、この説明に異議を唱えた福音派もいるにはいたが[20]、アメリカの宗教エリートたちの一般的なアプローチは、サイダーやウォルターストーフの分析と同じだった(21)。

貧しい人々に配慮するもっとも効果的な方法は経済資源の再分配である、と多くの福音派を含むキリスト教徒が信じる根拠は何だろうか？ ひとつには、社会主義者の理想がいまだに威光を保っているからだろう(22)。社会主義では、すべての社会の人間の需要を満たすことを重視しているため、その目標は、一見したところ、個人の主体性を重視する資本主義よりも人間の尊厳に対応しているように見える。神学者クラーク・ピノックは社会主義の魅力について以下のように説明している。

> 一部のキリスト教徒がマルクス主義に魅かれる理由は、ユートピア神話の類を思い起こせば説明できる。すべての悪からの救済――悪が浄化された世界――という概念は、人類の長い歴史における壮大な夢である。キリスト教は解決策を与えているが、神ではなく自分たちの予定に従った変化を望む者たちは、エデンの門をこじ開けようと急ぐあまり、熟慮のうえに下されたきわめて重要な判断すら無視してしまう。この点で、社会主義は資本主義に対して明らかに優位である。社会主義は現代のもっとも強力な神話のひとつであり、それがどこにも実現されていないという事実が、ますますその神話の魅力を強めている。(23)

ピノックの考えによれば、宗教エリートはイデオロギーにとらわれるあまり、富の創造の問題に効果的に対処しなかった。彼らは何の疑いもなくユートピア的な社会主義を——そのような戦略が貧困削減に役立ちそうにないと示唆する証拠があるときですら——分析の枠組みとして受け入れてしまったのである。

公共政策研究の第一人者ローレンス・ミードは、宗教的思想に根ざした別の説明をしている。再分配の重視は、聖書の預言者の教えに依存しすぎた結果だという。預言者の主張は聖書の教えの一部だが、それだけでは貧しい人々にどう配慮するかについて十分に説明していない。彼らにとって必要なのは、聖書の伝統——聖書のイエスの教えと同じくらい旧約聖書の古代イスラエルからの教えを考慮に入れた伝統——をより完全に理解することである。ミードによれば、イエスは単なる資源の移転ではなく、関係を取り戻すことを強調している(24)。政策決定者が主に預言者の教えに頼る場合、結果として配分的正義を過度に強調し、社会的関係とコミュニティを無視することになるのだ。

旧約聖書と同じように、新約聖書でも貧しい者を助けることが優先事項とされているが、助けるという行為は単に貧しい者を支援したり解放したりするのではなく、主として彼らをコミュニティに復帰させることである。コミュニティは互いへの善行を期待することによって成り立っている。貧困は、社会が貧しい人々を無視して起こる破綻とされているが、貧困者もまた他者を遠ざけるようにしているという意味で社会規範を侵しているのである。

律法はコミュニティを再建するためにあるが、そこではより多くの手を差し伸べるだけでなく、援助を受ける側がよりよい行いをすることも期待されている。貧困者を助けるという行為によって彼らとの関わりを復活させることはできない。貧困の解決策は再分配ではなく、貧しい者たちと与え与えられる関係を再構築することなのである(25)。

それでは、キリスト教徒はどのように貧困に対応すべきなのだろうか？ ミードの答えはこうだ。われわれは、社会的正義を行使するために貧困者を助けるのではなく、神が人間に困っている人に手を差し伸べるよう命じたから助けるのである。貧困者の需要に応えるためにすべきことは、より公平で公正な経済秩序の回復ではない。神の命令に従った思いやりある行動なのである(26)。

一九八七年、福音派の指導者、学者、緊急支援・開発協力活動の従事者たちが、世界の貧困への次なるアプローチを策定するためにスイスのヴィラール〔レマン湖地方の山岳リゾート〕に集まった。数日にわたる対話と議論ののち、「緊急支援・開発協力活動に関するヴィラール声明」を発表した。この宣言は、第三世界の貧困に関する常識に異見を唱え、キリスト教人間学〔神の被造物としての人間の起源や本質などに関する教義〕と、責任ある道徳的主体者としての人間をより深く理解し視点を示すよう派内の思想家に促すものだった。

それから三年後の一九九〇年一月、約一〇〇〇人の福音派指導者がイギリスのオックスフォードに集まり、キリスト教と経済に関する画期的な会議を開催した。この会議に先駆けて、学者と神学者たちが地域会議でさまざまなトピックとテーマについて予備研究をおこなっていたおかげで、「キリスト教と経済に関するオックスフォード宣言」という合意文書を発表することができた。この声明は、比較的簡潔ではあるが、キリスト教と経済生活に関する四つのテーマを取り上げている。それが、創造とスチュワードシップ〔被造物の保全を任された世話係であること〕、仕事と余暇、貧困と正義、自由と政治制度である(27)。

オックスフォード宣言では、世界の貧困問題について経済成長と再分配を組み合わせた最善策が示唆されている。

貧困とは、あらゆる富の生産に対する制約と、あらゆる富の所得の不公平な配分の両方によってもたらされ、そして維持される。それなのに、われわれは往々にして貧困の原因を単純化してしまっていた。つまり、ほかの諸々の原因があったかもしれないのに、それらを無視し、あるひとつの原因にとらわれていたのかもしれない。よって、富の創造を促進する条件と、富の配分を決定する条件をそれぞれ分析し説明する必要がある。(28)

この宣言には、世界の貧困に対処するための政策への見識はほとんど示されていないが、宗教エリートの間で主流だった社会主義的視点から、社会主義と資本主義の両方の原則に基づいた、よりバランスのとれた視点への転換が見て取れる。さらに、経済発展と世界のニーズへの対応を促進するという使命について、より包括的な説明がなされている。

もっとも重要なのは、オックスフォード宣言が人間の能力と天然資源を効果的に利用するスチュワードシップの重要な役割を強調していることである。「生産は、生活を維持し、それを愉しいものにするために必要なだけでなく、人間がほかの人々に役立つように自分の創造性を発揮する機会も与えてくれる」(29)

それまで世界の貧困観は、人間の尊厳、家族、寛容、消費、使命、スチュワードシップといった聖書的思想よりも、世俗的な社会主義思想に基づいたものになっていた。一九八〇年代末に別の視点を提供する控えめなイニシアチブが実施されたが、貧困に関する宗教論争の性質が決定的に変わったのは、一九八〇年代に自由経済制度を導入して中国経済が繁栄し、一九九一年にソ連が崩壊してからのことだった。このふたつの出来事をきっかけに、経済成長と貧困削減の取り組みの主流は自由経済制度へと一気に傾いたのである。

## 福音派の人道主義

福音派は、絶対的貧困に苦しむ人々をどのように助けてきたのだろうか? 地元で実行する小規模なイニシアチブを好む彼らは、経済促進において中央政府が果たす役割にはおしなべて懐疑的だ。その結果、災害救援には賛同するが大規模な経済発展プロジェクトに力を注ぐ公的援助は信用しない、というように、対外援助への支持にはばらつきがある。その代わり、零細組織、とりわけ宗教団体との提携プロジェクトや女性と子供に権限を与えるプロジェクトに力を入れてきた。一九九五年、ＮＡＥ指導部はこのような考え方を反映したアメリカの対外援助に賛同するという、ある決議を可決している。それは、貧困諸国への経済援助が、浪費と腐敗を断ち切り、「困っている人の生活を変えられることが実証されている」プログラムを奨励するものであれば継続を求める、というものだった(30)。さらに、貧困社会のニーズに応えるために民間ボランティア団体（ＰＶＯ）を引き続き利用することも訴えている。

福音派宣教師は人道的取り組みの最前線にいたが、そのプロジェクトは第二次世界大戦が終わるまでは比較的小規模なものであった。戦後の福音派の人道主義を先導したのは極東の従軍記者ボブ・ピアスで、彼は一九五三年に戦争孤児のニーズに応えるために「ワールド・ビジョン」を創設した。その後、この組織は危機に瀕している海外の子供たちを救うことから、緊急支援・開発協力まで活動の幅を拡大する。一九六〇年代と一九七〇年代を通して、福音派のさまざまな教派と団体が多くの人道組織――「アドベンティスト・デベロップメント・アンド・リリーフ・エージェンシー」、「クリスチャン・リフォームド・ワールド・リリーフ・コミッティー」、「フード・フォー・ハングリー」、「オポチュニティー・インターナショナル」、「サマリタンズ・パース」、「ワールド・リリーフ」など――を設立した。そして一九七八年、これらの組織の指導者が、成功を収めた活動について情報を広める統括組織「アソシエーション・オブ・エヴァンジェリカル・リリーフ・アンド・デベロップメント・オーガニゼーションズ（ＡＥＲＤＯ）」を創設する。近年「アコード」と改称されたこの団体は、定期的にミーティングを開催して福音派の人道組織の発展とプロ意識の向上に貢献してきた。現在は、七五の緊急支援・開発協力活動団体と機関が加盟している(31)。

人道的PVOに関する誰よりも徹底したデータを収集してきたレイチェル・マックリアリーによると、戦後の救援組織のもっとも注目すべき変化は、福音派NGOの著しい成長だという。一九四六年に人道的PVO全体のわずか一六パーセントにすぎなかった福音派の組織は、二〇〇五年までにほぼ半数を占める四九パーセントまで拡大した。これは、カトリックの八パーセントとメインライン・プロテスタントの七パーセントに比べると、きわめて高い数字である(32)。

福音派の人道主義は、「ワールド・ビジョン」の成長ぶりにもっともよく表れている。正式名称「ワールド・ビジョン・インターナショナル(WVI)」は二〇一一年までに世界でいちばん規模の大きい宗教系の救援・開発協力活動団体になった。その年間予算は二五億ドルにのぼり、世界一〇〇カ国近くで四万人の職員が働いている(33)。世界規模の資金調達および運営は拡大の一途を辿っているが、そのサポート・ネットワークの基盤は今もアメリカに置かれている。二〇一〇年にアメリカ国内から寄せられた寄付は一〇億ドルをゆうに超える(34)。

福音派の人道主義のパイオニア的役割を果たしたもうひとつの団体が、「オポチュニティー・インターナショナル(OI)」である。小口の短期貸付で小規模企業を育てるこの組織は、第三世界の貧困削減には雇用創出が欠かせない、と考えるふたりの元事業経営者によって一九七一年に創設された。貧困国に小口の中小企業向け融資が重要であることを見抜いた最初の非営利団体のひとつであり、零細企業への貸付で成功を収めたことからほかの非宗教系および宗教系PVOのモデルとなってきた。ビジネス・トレーニングと道徳的責任を重視しているため、ローン返済率は九五パーセントという驚異的な高さを誇っている。二〇一〇年は二四カ国で一五〇万ドルの融資をおこない、平均融資額は一三八ドルである(35)。

また、福音派PVOの人道的活動の大部分を占めているのが災害救援である。二〇〇四年一二月にインド洋を襲った津波では、インドネシア、タイ、スリランカに破壊的な被害が及び、二三万人の死者または行方不明者を出したほか、何十万という人々が水も食料も住む場所も失った。このとき、多くのキリスト教慈善団体が数万人の被災者に援助の手を差し伸べ、アメリカからは議会の支援額をはるかに上回る推定一六億ドル以上の民間緊急支援が被災地に送られた(36)。同様に、二〇一〇年一月にハイチを直撃した地震で、首都ポルトープランスの大半が破壊され、推定二〇万人が死亡したときも、宗教系PVOが活躍した。このときも福音派のNGOが即座に動き、疲弊した国の被災者たちに多大な経済的・物質的支援をおこなっている。教会と国家が憲法上分離されていることから、教会が実施する国内の社会・経済プログラムへの政府の援助は限定されるが、宗教系NGOに対する政府の補助金にはほとんど制約がないという。上記にあげた団体は特定の人道サービスを提供してきたばかりでなく、「アメリカと世界の絆」を作り上げるのを助けてきたと言える(37)。

冷戦時代の政府開発援助が政府間の融資と資金供与を重視していたのに対し、冷戦後のアメリカ政府の対外援助はPVOと草の根団体を通す割合が増えてきた。たとえば、「米大統領エイズ救済緊急計画（PEPFAR：President's Emergency Plan for AIDS Relief）」に割り当てられた資金のおよそ二〇パーセントは、宗教系PVOを通じて分配された。同様に、教育・医療援助、零細企業、その他の関連イニシアチブもアメリカと現地のNGOを介しておこなわれてきた。ドン・エバレーが述べたように、アメリカ政府は人道的な外交政策目標の推進を、ますます市民団体に委ねるようになっている(38)。

第二次世界大戦後、アメリカ政府は非宗教系および宗教系の人道的PVOにも助成金を与えはじめたが、これに対する福音派PVOの対応はさまざまだった。人道サービスを遂行するために政府の補助金を歓迎する団体もあれば、自らの独立性が損なわれることを恐れて反対する団体もあった。戦後初期(一九五五~一九六七年)、補助金はPVOの総収入の平均三三パーセントを占めていたが、それ以降(一九六八~二〇〇五年)は平均して年間予算のわずか一一パーセントに激減している(39)。表6-1は、福音派の主要PVOの年間予算と、アメリカ政府から提供される予算の割合を示している。

最後になるが、福音派のPVOの仕事をしばしば補完する短期宣教活動の貢献も無視できない。毎年何十万人という教会のボランティアが人道奉仕のために私費で貧しい土地へ赴いている。これらのグループは、恵まれないコミュニティに金融資源を移転するだけでなく、医療ケアの提供、子供の性的虐待からの保護、孤児の支援、診療所や公衆衛生施設の設立、救護施設、学校、住宅の建設など数えきれないほど多くの方法で人々のニーズを満たす手助けをしている。

貧困という世界的問題に取り組むうえで福音派が重点を置いてきたのは、人道主義という、人間の苦しみを軽減する奉仕と資源の提供である。絶対的貧困は人間の尊厳への侮辱である、

## 〔表6-1〕2010年度宗教系PVOの予算

| 団体名 | 2010年度予算（百万ドル） | アメリカ政府からの補助金が予算に占める割合（%） |
|---|---|---|
| アドベンティスト・デベロップメント・アンド・リリーフ・エージェンシー* Adventist Development and Relief Agency | 62.9 | 53.5 |
| カトリック・リリーフ・サービシズ　Catholic Relief Services | 918.9 | 34.0 |
| クリスチャン・リフォームド・ワールド・リリーフ・コミッティー Christian Reformed World Relief Committee | 39.4 | 7.6 |
| チャーチ・ワールド・サービス　Church World Service | 83.0 | 42.8 |
| コンパッション・インターナショナル Compassion International | 507.2 | 0 |
| フィード・ザ・チルドレン　Feed the Children | 901.8 | 0 |
| フード・フォー・ザ・ハングリー**　Food for the Hungry | 98.9 | 37.0 |
| ルーテラン・ワールド・リリーフ　Lutheran World Relief | 40.9 | 5.9 |
| マップ・インターナショナル　Map International | 209.6 | 0 |
| オポチュニティー・インターナショナル Opportunity International | 32.8 | 5.0 |
| サマリタンズ・パース　Samaritan's Purse | 244.1 | 0 |
| ワールド・リリーフ　World Relief | 67.9 | 48.2 |
| ワールド・ビジョン　World Vision | 1041.0 | 28.0 |

*　2009年のデータ
** USAID補助金は含まれていない。
出典：2011年10月にジョシュア・ステッドムが各組織のウェブサイトから収集したデータ

と考える福音派の思想家は、教会は困っている人たち、とりわけ赤貧の中で苦しんでいる人たちを思いやる責任があると主張してきた。人間のニーズを充足するひとつの方法は、短期救援によって病気、飢餓にさらされ、住む家のない人たちを助けることである。福音派の組織は二〇世紀を通して、とりわけ一九六〇年代からずっと、この務めを果たすうえで重要な役割を担ってきた。体系的な雇用創出よりも救援イニシアチブを好むのは、人々のニーズに速やかに、かつ直接的に対処したいという願望の表れである。食料や医療用品の配布、井戸や学校、診療所の設置は短期間で遂行できるが、雇用創出は時間がかかり、効果のほども明確ではない。当然の成り行きとして、少額融資イニシアチブを除いて、差し迫った人間のニーズに対応することに焦点を当ててきた。

しかし、世界の貧困削減を目指しているなら、長期的な経済発展につながる状況を作り出すことにもっと注意を向ける必要があるだろう。仕事、サービス、人間の尊厳に働きかける道徳的習慣と価値観を育てようとすれば、雇用創出の重要な一助となることができる。ただ、福音派が重視するのは個人のスピリチュアリティと責任なのだから、信頼、尊厳、勤勉につながる道徳的・文化的価値観を築くことにより重きを置くべきかもしれない。

世界の貧困に関する福音派の戦略の中心にあるものは、人々のスピリチュアルなニーズと世俗的なニーズの両方に取り組まなければならない、という信条だ。福音派にしてみれば、布教活動と奉仕は、単に教会の全般的な使命の中の異なる要素でしかない。問題は、信徒たちがしばしば宗教的な宣言と愛するという務めのどちらかを優先したがるということだ。しかし、どちらも真のキリスト教の信徒でいるために必要なことなのである。キリスト教伝道についての著名な研究者アンドリュー・ウォールズは、このふたつのバランスをとる必要性について、次のように記している。

キリスト教の伝道と奉仕は、同一に扱うことも分けることもできない。このふたつを同じに扱えば、つまり教会の伝道とコミュニティへの奉仕を同一視すれば、私たちはキリスト中心ではなく問題解決を中心とする教会を作ってしまうかもしれない……キリスト教の使命を問題解決に限定すれば、解決策が常に見つかるという保証がないためフラストレーションと失望に襲われるだろう。また、それは私たちの使命にも誠実ではない。キリストが成し遂げた贖罪は罪に関するものである……私たちが問題解決に専念し、キリストによる赦しについての知らせを隠すことは、世界への奉仕ではなく、世界への裏切りである。しかし、私たちが腰を下ろして「福音さえ説いていれば、ほかのすべてはうまくいく」と言えば、自分を騙すことになる。すべてうまくいきなどしないのだから。(40)

キリストの罪の赦しを宣べ伝えることと人間のニーズに配慮することは、どちらも真の信仰に欠かせない。二〇世紀初頭には、多くのアメリカの伝統主義的プロテスタントが過度な敬虔主義に走った。しかし、第二次世界大戦後の〝新〟福音派の出現によって、福音派は伝道と奉仕、説教と思いやりのバランスがとれた、真の信仰を取り戻すことができたのだから。

第7章

# 福音派の外交政策アドボカシー

一九四〇年代に原理主義者の分離主義に異を唱えて〝新〟福音派が生まれたとき、その指導者であるカール・F・H・ヘンリーとハロルド・オケンガらは、文化とより積極的に関わるだけでなく、贖罪をより総合的に表現すること——魂の救済というスピリチュアルな使命だけでなく、文化的価値観と社会構造の改革にも力を入れること——を呼びかけはじめた。それにもかかわらず、一九五〇年代と一九六〇年代のほとんどの間、福音派は集団的な政治活動を積極的におこなおうとはしなかった。

そんな福音派を最初に行動へと駆り立てたのは、公立学校での祈りと人工妊娠中絶というふたつの問題だった。そして、一九八〇年代末にソ連などの共産主義国における宗教迫害をきっかけに国際的な宗教の自由を大きな政治問題としてとらえはじめると、ようやく真剣に外交問題に取り組むようになったのである。

とはいえ、それまでまったく内向きだったというわけではない。一九五〇年代初め以降、とりわけ中国に共産主義政権が成立してキリスト教宣教師が退去させられてからは、熱烈な反共産主義者だった。そして、共産主義はキリスト教の対極にある、という考えからアメリカの封じ込め政策を強力に支持したのである。しかし、その断固とした反共産主義運動にもかかわらず、全国福音派協会（ＮＡＥ）が全米キリスト教会協議会のように外交政策アドボカシーを優先することはなかった。それが一九八〇年代になって一変したのは、福音派が世界への見識を深め、政治的な意思決定の高度な知識を養い、アメリカの外交政策が果たす重要な道徳的役割を認識するようになったからである。

福音派の国際政治のアドボカシーのかなりの部分は、基本的な宗教的信条と倫理的関心によって形作られてきた。その中核的な価値観を人間の命の尊厳、家族の優先、子供の健康、信教の自由、貧困削減に置いていることから、アメリカ政府が人身売買、宗教迫害、人道援助といった問題にもっと関心を向けるよう尽力してきたのである。しかし、識者の間では、福音派の外交政策アドボカシーは、問題そのものへの関心ではなく、むしろアメリカ例外主義という信念に起因しているという意見もある。政治学者ジェームズ・スキレンを例にとると、彼は福音派の政治アドボカシーの動機は神学的信条や聖書的信条ではなく、ある特定の公共宗教――「アメリカは選ばれた国であり、世界を照らす丘の上の町である」とするピューリタニズムに根ざしたもの――からきていると主張している(1)。福音派は平和や国際的正義のような世界的な共通善（公益）を追求するよりも、この公共宗教を取り戻そうとして行動しているのだという。

アメリカ例外主義が、とりわけ人権と民主的な統治を広めるというウィルソン主義〔第二八代アメリカ大統領ウッドロウ・ウィルソンが掲げた外交方針〕の旗の下にアメリカの外交関係に大きく影響を与えてきたことは間違いない。しかし、アメリカ例外主義とはどういう意味なのだろうか？　この主義がアメリカの外交にどのような影響を与えているのだろう？　さらに正確に言えば、この概念は福音派とどのような関わりがあるのか？

まず、アメリカ例外主義の神学に基づいた思想は、帝国主義と独善主義または国家の優越性への支持を示唆するものではない。むしろ、この概念は同じようなレベルの経済的・政治的繁栄を実現できない国に対して、アメリカが責任を負っていることを示している。南部バプテスト連盟（ＳＢＣ）の「倫理と宗教の自由委員会」の委員長リチャード・ランド師は、アメリカ例外主義という思想は他者に奉仕する義務を表しているという。「福音派の大半は、アメリカが神に特別なことを要求する権利があるとは思っていないが、神が自分たちに特別なことを要求する権利があること、多く与えられた者は多く求められること、そして自分たちは自由の友であり、自由を共有し、自由を守るために声を上げ、自由の促進に力を貸す義務と責任があることを信じている」(2)

一九八〇年代末に福音派が関心を持ちはじめたのは、ソ連を中心とする共産主義国の宗教迫害問題だった。しかし、冷戦が終わりを迎えると、その国際的な目標は世界の宗教の自由、人身売買、低所得国の債務救済、アフリカに蔓延するＨＩＶ／エイズを中心とする医療問題へと拡大した。これらのイニシアチブでは問題ごとにほかの政治団体と協力する必要があったが、福音派の広範な草の根運動なくして政策改革は実現しなかっただろう。さらに、彼らが教会合同主義〔キリスト教の超教派による結束を目指す主義〕に反対していることを考えると、驚くほど積極的にユダヤ人、世俗的な公共政策提唱者、宗教的少数派およびそのほかの集団と人権擁護のために協力した。オクラホマ大学政治学教授アレン・ハーツケが、この協調を「ありそうにない同盟」と名づけたほどである(3)。

すでに述べたように、福音派は昔も今も中央集権的な組織ではなく、草の根運動であるため、十分な情報に基づいた道徳的な視点から世界の問題を評価することが困難であり、一貫した合理的な政策戦略を考案することは不可能に近い。権威をもって諸問題に取り組む中央集権的なローマ・カトリック教会とは異なり、政治神学が十分に発展しておらず、組織構造が脆弱なのである。その一方で、その分権的な草の根的特性のおかげで地元の状況に柔軟に適応することができる。よって、福音派がひとたび動員されると、その「企業家精神に富んだ行動主義」が大きな政治的影響力となるのである。

たとえば一九九〇年代初めには、福音派教派の主要国際同盟である「世界福音同盟」が、宗教迫害への認識を高めるために祈りの日を定め、信教の自由の旗振り役となった。同様に、ジェームズ・ドブソン、パット・ロバートソン、チャールズ・コルソン・フランクリン・グラハムをはじめとする福音派の指導的人物が、宗教迫害、世界の飢餓、南スーダンの大虐殺のような問題を、組織の参加者に直接送る公開政治書簡、テレビ番組、ラジオ放送を通して取り上げると、世論に影響を与え、多くの信徒を政治活動に動員することができた。このように、メンバーを行動へと駆り立てる――聖公会のポール・マーシャル司教のことばを借りれば、道徳改革のために「歩兵」を提供する――ことによって、福音派はアメリカの外交政策に影響を与えてきたのである(4)。さらに、海外宣教活動を重視し続けてきたおかげで、グローバル・サウスの信徒たちと広範にわたって絆を築き、それを維持することができている。この関係によって、世界の人権問題について理解を深めることができただけでなく、この問題を推進する窓口も得ることができた。さらに、ハーツケが述べたように、「苦悩するグローバル・サウスの新しいキリスト教世界にもっとも共感する可能性の高いこのコミュニティは、まさに政治制

度に圧力をかけることができるソーシャル・ネットワークと意欲をそなえたコミュニティなのである」(5)

一部の有識者は、福音派の外交政策への関心は今もイスラエルの幸福と安全保障で占められている、と主張する。しかし、第五章で述べたように、その支持を宗教的または政治的に正当とする幅広い統一見解は派内に存在しない。イスラエルは外交政策アドボカシーにおける福音派の影響力の増大を説明する事例とはならないのである。となると、ほかの国際問題に眼を向ける必要がある。これからその五つの事例を紹介しよう。

## 国際的な信教の自由

宗教を信じ、実践する権利は、もっとも基本的な人権のひとつである。無神論と抑圧を理由に共産主義者のイデオロギーを繰り返し批判してきたNAEだが、より幅広い宗教の自由の問題を擁護したのは一九七二年の決議が初めてである。その三年後、再び宗教迫害に取り組み、宗教弾圧に苦しむ人々のために祈りを捧げ、経済的に援助することを求める決議を採択した。一九八〇年代に入ると、NAEが率いる福音派のグループが、ソ連で迫害と差別にさらされているペンテコステ派とその他の宗教的少数派の亡命を認めるようアメリカ政府にロビー活動をおこないはじめた。アメリカの働きかけにより、ソビエト政府が宗教的少数派の国外移住制限を緩和すると、多くのキリスト教徒がアメリカ移住を許可された。彼らの定住を進めるにあたっては、福音派の教会と支援団体が欠くことのできない働きをした(6)。

それでも、ソ連以外で迫害を受けているキリスト教徒の窮状については意識することもなく、無関心なままだった。メインライン・プロテスタントも同様で、世界の不平等、軍縮、国際平和、人種間の平等といった構造的問題に専念していた。当時の「アムネスティ・インターナショナル」や「ヒューマン・ライツ・ウォッチ」のような非宗教組織は、宗教迫害を監視することすらしていなかった。そういうわけで、およそ二億人のキリスト教徒が居住国で深刻な宗教迫害を受け、さらに四億人のほかの信徒が信教の自由を大幅に制限されていたにもかかわらず、この問題は放置されていたのである。

そんな状況が変化したのは、一九九〇年代半ばにユダヤ人の人権派弁護士マイケル・ホロウィッツが仲間の信徒たちの苦しみをこれ以上無視しないよう福音派指導者たちを説得しはじめてからである(7)。一九九六年、ホロウィッツと政治および市民の自由に関心を持つNGO「フリーダム・ハウス」の〝宗教の自由〟問題担当責任者ニナ・シェアが会議を開き、福音派指導者と他の政策活動家に対してキリスト教徒への世界的な迫害を明らかにした。その年、NAEは「世界的な宗教迫害に関する良心の声明」を採択し、世界中の宗教的な差別と弾圧に光を当てた(8)。この声明は、次のように力強く宣言している。「宗教の自由は、強国によって与えられたり否定されたりする特権ではなく、神から与えられた権利である。この国の共和制を活気づける根本的な原則であり、私たちを人間として定義づけてくれるものである」。NAE指導者たちは、アメリカ政府は「世界中の悪行をやめさせることはできない」が、それでも宗教迫害を制限する政策を採用することはできる、と主張し、宗教迫害の監視とこの問題に対する説明責任を強化するよう政府に求めた。

福音派の関心を刺激した三つ目のきっかけは、ポール・マーシャルの著書“Their Blood Cries Out”である(9)。イスラム諸国（イラン、パキスタン、サウジアラビア、スーダンなど）や共産主義政権（中国や北朝鮮など）、その他の国のキリスト教徒の苦難を生々しく描いたこの本は、福音派の良心を呼び覚ました。マーシャルが述べたように、それまでアメリカの宗教および非宗教エリートはキリスト教徒が受けている迫害にまったく関心を向けず、福音派が世間の眼を宗教迫害に向かせた後でさえ、メインライン・プロテスタント教会（監督教会派を除く）と全米キリスト教会協議会（ＮＣＣ）は事態を傍観していた。

一九九七年、宗教迫害に関する法案（発起人、フランク・ウルフ下院議員とアルレン・スペクター上院議員）が提案され、圧倒的多数の賛成で下院を通過した。しかし、この法案は宗教の自由の権利を踏みにじる政権への経済制裁が盛り込まれていたため、経済界から強い反発を受けた。そこで、より負担が少なく柔軟な法案（発起人、ドン・ニッケルズ上院議員とジョセフ・リーバーマン上院議員）が上院に提案され、一九九八年一〇月九日、圧倒的支持により承認された。ふたつの法案の違いを解決する時間が残されていなかったため、福音派はより穏健なニッケルズ＝リーバーマン法案を支持することを示唆し、翌日議会は発声投票によりこの法案を承認した。当時のクリントン政権関係者はどちらの法案にも反対だったが、同月、大統領の署名により国際宗教自由法（ＩＲＦＡ）が成立した(10)。

この新しい法律はふたつの機関の設立を義務づけていた。最初に、国務省内に国際宗教自由局（ＩＲＦ）が設置された。特別大使をトップとするこの機関は、世界中で宗教の自由を促進するために主に次のことを遂行する。この目標を達成する最適方法を国務省に助言する。また、すべての国の宗教の自由の現状について毎年議会に報告書を提出する。さらに、「継続して組織的に、宗教の自由をはなはだしく侵害している」国を「特に懸念される国（ＣＰＣ）」に指定し、その国を経済制裁の検討対象国として提言する(11)。最後に、新人外交官に宗教の自由についての教育もおこなう。国際宗教自由法（ＩＲＦＡ）によって創設されたふたつ目の機関は、超党派的な独立機関である国際宗教自由委員会（ＵＳＣＩＲＦ）である。九人から成るこの委員会は専任の政府職員が配属された公的機関だが、政府組織ではない。むしろ、大統領、国務長官、議会に対して、宗教の自由に最大の脅威を与える国や問題について毎年報告書を提出する独立諮問機関である。

国際宗教自由法（ＩＲＦＡ）によりこのように重要な制度を展開しはじめたにもかかわらず、国務省は国際的な宗教の自由をほとんど促進してこなかった(12)。国際宗教自由局（ＩＲＦ）の初代局長トーマス・ファールは、宗教の自由という問題はアメリカの外交政策の重要な要素になっていない、と的確に指摘している(13)。これは、外交局も含めアメリカの文化的エリートの世俗的な世界観のせいでもある。政府当局者が重大な宗教迫害を憂慮していることは間違いないが、宗教への理解が浅いためにその自由を促進する政策イニシアチブを抑制しがちなのである。

国務省が宗教の自由を促進してこなかった第二の理由は、この理念を海外に普及させるのはたやすいことではないからである。宗教の自由は、アメリカのほかの外交政策上の利益と対立することがしばしばある。たとえば、アメリカは中国の宗教の自由を推進しようとしているが、それと同時にこの国と経済・政治面で協力関係を深めたいと望んでいる。ときにこれらのふたつの利益が衝突し、妥協せざるを得なくなるというわけだ。北朝鮮に対しても、核拡散を深く懸念する一方で、人権と宗教の自由を尊重させようとしている。このふたつの目標を調和させることは容易ではない。

第三に、国務省の国際宗教自由局（ＩＲＦ）と国際宗教自由委員会（ＵＳＣＩＲＦ）の関係がときに緊張し、それによってこの問題に対する一貫した外交政策アプローチが妨げられている。国際宗教自由局（ＩＲＦ）が穏やかな交渉で宗教の自由を促進しようとするのに対し、委員会は宗教的差別を続ける国を糾弾してきたからだ(14)。

アメリカの外交政策におけるこの問題の重要性を高めるためにやるべきことはまだ多いが、国際宗教自由法（ＩＲＦＡ）が与えた影響を過小評価すべきではない。この法律の成立に尽力した元議会職員ローラ・ブライアント・ハンフォードが述べたように、国際宗教自由法（ＩＲＦＡ）の採択はアメリカ政府の宗教の自由へのアプローチに目覚ましい変化をもたらした。法案可決から一〇年後、彼女はこの法律を次のように評価している。「国際宗教自由法（ＩＲＦＡ）の仕組みと構造のおかげで、これからも一〇年前では考えられなかったようなレベルでこの問題に取り組むことができるでしょう。その結果、数えきれないほど多くの宗教の信徒たち

が、もっと自由に信仰を享受できるようになるはずです」(15)

もちろん、世界の宗教の自由を促進しようと努めているのはアメリカ政府だけではない。宗教ネットワークやＮＧＯも重要な役割を果たしている。アメリカ国内では、宗教迫害に関する情報を広め、意思決定者にロビー活動をおこなうことによってこの理念が推進されている。たとえば福音派は、世界福音同盟の主導で「迫害下にある教会のための国際祈禱日（ＩＤＯＰ）」を後援し続けている。一九九六年にはじまった年一回のＩＤＯＰは、この種の祈禱日では世界最大規模に成長し、国内の参加教会は一〇万を超える。また、宗教団体は、宗教迫害情報を提供することによって海外でもこの運動の推進に手を貸している。現地の人々と密に連絡を取り合っている宣教師と宗教系ＮＧＯは人権侵害に関する情報にもっとも精通していることが多く、大使館の宗教迫害報告書に優れたデータを供給している。

これらの取り組みにもかかわらず、キリスト教反対者による迫害は依然としてなくならず、特にイスラム教国で盛んに起きている。たとえば、アメリカがイラクに介入しサダム・フセイン政権を転覆させた後は、キリスト教徒への迫害が激増した。二〇〇三年には一二〇万人と推定されたイラクのキリスト教徒は、イラク侵攻後三年間で大半が国外へ逃げ、二〇一一年に残っていたのは五〇万人に満たなかった。エジプトでも集団デモによってホスニ・ムバラク独裁政権が崩壊した後、コプト教徒への迫害が著しく増加した。近年では、キリスト教徒とイスラム教徒の対立が深刻なナイジェリアで、キリスト教徒が多数殺害されている。キリスト教徒迫害を監視するＮＧＯ「オープン・ドア」によると、二〇一一年にキリスト教徒をもっとも迫害した国は北朝鮮、アフガニスタン、サウジアラビア、ソマリア、イラン、モルジブ、ウズベキスタン、イエメン、イラク、パキスタンだったという(16)。進行中の宗教迫害の実証に宗教系NGOが重要な役割を果たし続けている一方で、福音派の間では近年この問題への関心が薄れつつある。NAEを例にとると、移民や核兵器などの問題に関しては多くの声明を発表しているが、キリスト教徒迫害に関する宣言はこれといって見当たらない。

アレン・ハーツケは、この問題に取り組む中で重要な教訓をひとつ学んだという。それは、法律だけでは変革をもたらすことはできない、ということだ。「変革をもたらすには、継続的な社会運動の動員が必要だろう」(17)。しかし、国際宗教自由法（IRFA）を成立させたような社会運動を維持することは難しい。よって、重要な目標を長期にわたって追求する場合は、法案を可決させ、それを実現するための制度を作ることが不可欠である。これについて、ローラ・ブライアント・ハンフォードは、次のように書いている。

パブリック・アドボカシーには、世間の注目を集め、被迫害者との連帯感を示し、自分をさらけ出そうとする意欲を生み、「善人と悪人」という力学を成立させるという利点がある……しかし、パブリック・アドボカシーだけで目標を実現するためには、提言者側と一般大衆の関心を持続させ、政策立案者の決定が強いインパクトを与える必要がある。このふたつの条件が整うことは現実では難しい。国際宗教自由法（IRFA）の提案者が意思決定と行動の法的要件を作るために懸命に闘った理由はそこにある。(18)

結局のところ、世界の宗教迫害を撲滅するには、法を遵守するだけでなく外交交渉という困難な作業も必要ということだ。実際、国際宗教自由法（ＩＲＦＡ）制定後一〇年間の重要な成果を見る限り、そのほとんどは外交によって達成されている。ハンフォードも次のように述べている。「ＣＰＣの指定、政策変更、拘束された人々の釈放、憲法条項の変更など過去一〇年間の大きな成功は、外交という根気のいる取り組みによって達成されたのである」(19)

宗教の自由問題の制度化は重要な成果であったが、この問題がこれからもアメリカ外交の重要な要素であり続けるには、継続した政治的アドボカシーが欠かせない。それでも、ここまでこぎつけるために重要な役割を果たしたことを福音派コミュニティは誇りに思ってよい。

## 人身売買への取り組み

奴隷制は一九世紀に廃止された、とほとんどの人が思っているだろう。しかし、自らの意思に反して国境を越えて売買される人々は、年々かつてない勢いで増えている。人身売買は、違法武器業界とほぼ並んで、麻薬取引に次ぐ世界第二の規模の犯罪業界である(20)。国務省の推定によると、およそ一二三〇万人の大人と子供が現代の奴隷制、つまり強制労働、性的人身売買、奴隷労働、子供兵士の強制入隊などの何らかの奴隷の境遇の下に置かれているという(21)。

その中でも福音派が特に関心を抱いてきたのが、性的人身売買問題である(22)。強制労働と、特に子供の性産業に関する確かな情報を把握することは難しいが、近年の国際労働機関（ＩＬＯ）とユニセフ（ＵＮＩＣＥＦ）の推定によると、毎年一二〇万人にのぼる子供たちが商業売春を強要されている(23)。この問題に対する福音派の関心が芽生えたのは、一八六五年に遡る。この年、イギリスのメソジスト教会の牧師キャサリンとウィリアム・ブース夫妻によってロンドンで極貧者と虐げられた人々の世話をする救世軍が創設された。当時、ロンドンで貧困者を蝕んでいた社会悪のひとつに商業的な性的人身売買があったことから、この新組織は子供と女性を救うために多くのイニシアチブに取り組んだ。被害者を保護し手助けする家を作り、売春から抜け出せるようにすることもそのひとつだった。さらに、救世軍は未成年の年齢を一三歳から一六歳に引き上げる法案の可決にも力を注いだ。

性的人身売買に対するさらに強力な外交政策を打ち立てる運動は、一九九〇年代末に、宗教の自由運動の指導者たちからはじまった。きっかけは、マイケル・ホロウィッツがこの犯罪産業の強烈な害悪と恐ろしい堕落に立ち向かうよう、福音派、人権活動家、フェミニストに働きかけたことである。この運動の初期指導者たちには、ジョン・バズビー（救世軍）、ジョー・メティマノ（ワールド・ビジョン）、リサ・トンプソン（ＮＡＥ、のちに救世軍）、マリアン・ベル（プリズン・フェローシップ）、ローラ・レデラー（人権活動家）、ジェシカ・ニューワース（イクオリティ・ナウ）がいた。しかし、彼らも福音派の広範な草の根的支援がなければ、アメリカの法律と連邦政府の政策を変革することはできなかっただろう。その支援を強力に後押ししたのが、ＮＡＥのケビン・マノイアとリチャード・サイジック、「プリズン・フェローシップ」のチャールズ・コルソン、南部バプテスト連盟（SBC）のリチャード・ランドといった指導者のロビー活動であった。それに加えて、多くの福音派組織が人身売買を政策課題とし、SBCやNAEをはじめとするいくつかの団体がこの運動を支持する決議を採択した(24)。

ここで強調したいのは、人身売買撲滅イニシアチブの最終的な成功は、人権団体やフェミニスト組織などのほかのグループとの協力の賜物だったということだ。宗教の自由運動のときのように、この問題に立ち向かうときも「ありえない同盟関係」が必要だったというわけだ(25)。そして、人身売買法案が議会をスムーズに通過したのは、宗教の自由イニシアチブを通して組織的な絆と人間関係という「足場」が築かれていたおかげであった(26)。

この人身売買撲滅キャンペーンでは、どのような成果が得られただろうか？　主な目標は、この人権問題をアメリカの外交政策リストのトップに据えることだった。そのために二〇〇〇年一〇月に議会で可決されたのが、人身売買被害者保護法である。この法律で人権侵害の防止、被害者の保護、加害者の起訴に焦点を当てることによって、人身売買問題を優先するようアメリカ政府に求めたのである。もっと正確に言えば、人身売買被害者保護法は、「人身取引監視・対処のための省庁横断タスクフォース」と国務省内の新しいオフィスを設置し、「深刻な態様の人身売買（TIP）」の状況について年次報告書の提出を義務づけ、この犯罪への最低限の取り組みを怠った国に経済制裁を科すガイドラインを設立した。さらに、国務省が毎年提出する人身売買報告書で、すべての国をこの犯罪への取り組み成果別に分類することを義務づけている(27)。

この法律はその後、二〇〇三年、二〇〇五年、二〇〇八年に追加法的措置が可決され、さらに内容が強化された。とりわけブッシュ政権が人身売買対策と被害者支援の予算を大幅に増やしたことが大きな追い風となった。しかし、この犯罪は秘密裏におこなわれ、実態がつかみにくいことから、主な加害者を特定して起訴に持ち込むことは容易ではない。児童買春は言うに及ばずだ。二〇一〇年に国務省が発表した報告書によると、人身売買の有罪判決は世界中でわずか三六一九件である。その半分以上にあたる一八五〇件がヨーロッパで宣告されたのに対し、この犯罪が横行する東アジアと太平洋地域では一七七件しかない(28)。

人間は神のかたちを帯びている、と信じる福音派は、人間の尊厳を高めることを重要な義務と考えている。しかし、この義務を現代の奴隷制問題に適用することは、依然として一筋縄ではいかない挑戦である。決して表面に出ることなく、秘密裏におこなわれるこの犯罪の性質上、被害者と加害者の情報収集は、教会や宗教NGOはもちろん、政府機関にとってもたやすいことではない。それゆえ、現代の肉体的、経済的、性的な奴隷状態を減らし撲滅するために政治活動を続けることは、とらえどころのない困難な仕事である。

## 北朝鮮の人権への取り組み

北朝鮮は世界でもっとも抑圧的で孤立した貧困国のひとつであり、人民に多大な苦痛を与えている。この国の共産主義政府は、全体主義による支配の下で市民生活の自由と政治的自由はおろか、良心と宗教という基本的な自由さえ否定している。さらに、一〇万から二〇万に及ぶ政治犯を強制収容所に収容していると推定される。人権を侵害し続ける政府から逃れようと、これまで多くの国民が脱出を試みてきた。しかし、地理的な条件から難民の数は多くない。一三〇〇キロにわたる国境を越えて中国へ逃れる以外、選択肢がないからだ。しかしその中国も、難民の大幅な増加を受けて一九九九年に受け入れを中止し、以来、国連難民高等弁務官事務所（UNHCR）による越境者の監視・評価も拒否している。それどころか、北朝鮮人を本国へ強制送還し、難民をかくまった者にも厳罰を科しはじめた。なによりも、脱北者は本国へ戻れば投獄され、隔離、拷問、最悪の場合は死が待ち受けているため、危険な旅へ踏み出そうとする人々は激減し、無事に亡命できる者もほとんどいない(29)。

北朝鮮の政治的弾圧と宗教迫害は近年にはじまったことではない。むしろ、一九四〇年代末に共産主義者たちが政権を掌握して以来、人権はずっと侵害され続けてきた。独裁政権が維持する政策と規則のせいで大勢が飢えと苦しみに耐えているばかりか、一九九〇年代半ばに発生した数年にわたる飢饉では、政府の愚策により一〇〇万人から二〇〇万人が餓死している。アメリカはほかの西洋諸国とともに人道援助をおこなったが、当局がその一部を政権維持のために流用してしまうので、もっとも必要としている人々に物資が届くとは限らなかった。

ジョージ・W・ブッシュが大統領に就任すると、アメリカ政府にとって人権はより重要な問題になった。それ以前の一九九〇年代、アメリカの対北朝鮮政策の主たる目標は、同国の核兵器追求を抑制することであった。一九九四年には北朝鮮と枠組み合意を交わし、核拡散防止型原子炉二基の供与と引き換えに、秘密の核兵器計画の一環と疑われる原子炉の運転と建設の中止を求めた。この合意には北朝鮮への重油の供与も含まれていたが、二〇〇二年にアメリカは北朝鮮がこの合意に反し密かにウラン濃縮をおこなっていると非難してこれを中断する。この決裂に加えてブッシュ大統領が北朝鮮を「悪の枢軸」と名指ししたことで、両国の敵意と不信が再燃した。しかしこれは対北朝鮮政策の焦点が安全保障問題から人道的問題へとシフトする要因にもなったのである。

福音派の草の根運動が北朝鮮の人権に関心を持ちはじめたきっかけはいくつかある。最初は中国による難民の強制送還政策(30)、次は二〇〇二年に北朝鮮の若者たちが中国・瀋陽のアメリカ領事館に入り込み、亡命を申請した事件である。彼らはアメリカ政府に拒否されると、ハンガーストライキをおこなって世界中のメディアの注目を集めた。最終的に韓国への定住が決まったが、この事件をきっかけに議会でアメリカの難民および亡命政策について議論が持ち上がった(31)。三つ目は、国務省の二〇〇一年度「国際宗教自由報告書」で初めて北朝鮮が「特に懸念される国(CPC)」に指定されたことである。この事実は、アメリカの国際宗教自由委員会(USCIRF)の報告書とあいまって、北朝鮮の宗教迫害に対する民衆の意識をいっそう高めることになった。

すでに述べた通り、NAEは二〇〇二年四月にスーダンと北朝鮮における迫害を強調した「世界的な宗教迫害に関する良心の声明」を採択し(32)、それと同時に開催された「迫害サミット」には、福音派の活動家、人権運動家、政治指導者らが集まった。その後、福音派指導者や人権活動家と協力するハドソン研究所の〝宗教の自由〟センターが「北朝鮮に関する原則声明(Statement of Principles on North Korea)」を作成し、アメリカの安全保障問題と人権重視のバランスをとることを模索した(33)。二〇〇三年一月に発表されたこの声明は、ソ連の支配下にある東ヨーロッパの人権強化に貢献した冷戦中の「ヘルシンキ・プロセス」に触発されたものだった。このプロセスは、一九七五年のヘルシンキ合意の署名とともに発動したもので、検問所のない国境、家族の再会、自由な取引といった人権の正当性を認めるとともに、ソ連の東ヨーロッパ側国境線の不可侵も盛り込まれていた。このヘルシンキ合意で認められた人権の要求が、やがて共産主義帝国を弱体化させていくことになる。「北朝鮮に関する原則声明」は、安全保障問題は人権に関する責任と結びつけて考える必要がある、という重要な洞察を提示している。「北朝鮮政府との交渉の席で、今すぐにでもその支配下にある人々の苦境についても話し合うべきだ。それによって失うものはほとんどなく、得るものは大きいはずだ」

国際宗教自由法（ＩＲＦＡ）と人身売買撲滅イニシアチブを支援した宗教＝人権連合のメンバーによる政治動員の増加を受けて、二〇〇三年末にサム・ブラウンバック上院議員が議会に北朝鮮人権法案を提出した。法的な緻密さではわずかながら劣るものの、同様の法案が下院にも提出された。この法案は全会一致で可決され、二〇〇四年一〇月にブッシュ大統領が承認した(34)。

基本的に、北朝鮮人権法の主要目的は、同国の人権の現状を改善し、それをアメリカの外交政策の基本要素にすることだった。その主な規定は、以下の通りである。

**1 国務省による、北朝鮮の人権を扱う特命全権公使の任命。**

**2 北朝鮮における人権、民主主義、法の支配、自由経済を推進する民間組織、非営利組織への資金援助。**

**3 アメリカのNGOを通した北朝鮮への人道援助。ただし、援助がもっとも困窮している人々へ届けられる場合に限る。**

**4 アメリカの北朝鮮難民受け入れ数の増加。**

**5 北朝鮮人の人身売買被害者への人道援助の増加。**

マイケル・ホロウィッツによると、この法案の成立にあたっては福音派が中心的な役割を果たしたという。「この法案を通過させる原動力となったのは、福音派の情熱だった」(35)

法律の制定と望ましい目標の達成が別物であることは言うまでもない。北朝鮮における人権向上には北朝鮮政府の抑圧的政策を変えることが不可欠なため、アメリカで法律が成立しても人権侵害の撲滅が達成困難な目標であることに変わりはない。基本的に、北朝鮮の指導者が国内改革に着手することを決断しなければ、人権と信教の自由は改善されない。とはいえ、外部からの圧力で国内改革が進む可能性もあるのだから、政権の人権侵害を強調することはこの目標達成の一助となりうる。したがって、NGOが北朝鮮の抑圧に絶えず世間の関心を向けさせていることの意義は大きい。この問題を周辺国、特に中国と韓国が無視しているとあれば、なおさらである。二〇〇五年一二月には、大勢の宗教指導者と人権活動家がソウルに集結し、ソウル・サミットが開催された。この席では、北朝鮮の人権侵害への世界の認識の向上に加え、脱北未遂者への懲罰の停止、強制収容所の解体、朝鮮戦争中に逮捕または拉致された韓国人市民と兵士八万人以上の送還といった国内改革に国際的支援を動員することなどが話し合われた。

二〇〇四年に成立した北朝鮮人権法は、アメリカ政府が北朝鮮との国際関係において人権問題を強調することを義務づけていたものの、北朝鮮が核兵器追求を続行していたために人道問題は二の次になっていた。アメリカ外交が依然として核不拡散に焦点を当てていることを認識した福音派と人権活動家は、人権を優先させるよう政府当局者に圧力をかけ続けた。そして、二〇〇五年七月、多数の福音派指導者が署名した「原則の声明」を発表し、第三の道――人道主義と安全保障問題のバランスをより効果的にとる方法――を訴えた。「北朝鮮の人権と民主主義の大義を推進するために、アメリカはさらに努力しなければならない」(36)

二〇〇六年、北朝鮮が七月に何発もの弾道ミサイル発射実験を実施し、一〇月に核実験を強行すると、人権と安全保障問題の調整はますます困難になった。その結果、アメリカ外交はほとんど安全保障問題のみに限定されるようになり、六カ国協議（ロシア、日本、韓国、中国を含む）が最優先課題となる。安全保障と人権のバランスをとることの難しさは、二〇〇八年にアメリカン・エンタープライズ研究所〔米国有数の総合シンクタンク〕でおこなわれたブッシュ政権の北朝鮮特命全権公使ジェイ・レフコウィッツの講演に如実に表れている(37)。よりバランスのとれた新しいアプローチを求めたレフコウィッツに対し、コンドリーザ・ライス国務長官が、政府は人権と核不拡散戦略を結びつけるつもりはない、と示唆して暗に彼を非難したのである[38]。

宗教および人権指導者たちの熱心な取り組みにもかかわらず、北朝鮮の宗教の自由と人権にほとんど進歩は見られていない。それでも、福音派は基本的な道徳問題に政治的に参与していることに誇りを持ってよいだろう。SBCの「倫理と宗教の自由委員会」のバレット・デューク副委員長は、福音派が北朝鮮の人権問題の分析に貢献したのは、キリスト教が人権を重視しているからだと述べた。「聖書は、神が人間の命をかけがえのないものと考えていること、そして命の尊厳について教えてくれています。ですから、抑圧と侵略から人命を守ることは、神の御心に従うことなのです」[39]

## スーダン和平プロセス

福音派がスーダン内戦に関心を持ちはじめたきっかけは、南スーダンにおける宗教迫害だった。この地域では長い間部族紛争が続いていたが、一九八三年に北部のイスラム教徒と南部のキリスト教徒／アニミスト〔精霊信仰者〕の間で激しい内戦が勃発した。事の起こりは、ハルツーム政府がイスラム法（シャリーア）を石油が豊富な南部の非イスラム教徒にも適用しはじめたことだった。南部の住民がこれに抵抗したため、熾烈な戦いの火蓋が切って落とされた。ムスリム政権は焦土作戦に訴え、いたるところで民間人が殺害され、村が焼き払われた。農作物は破壊され、多くの人々が集団強制退去させられた。さらに、慈善援助組織が難民に人道援助を提供しようとすると、きまって政府軍が食料や医療品を押収したり、配送を妨げたりするのだった。この大量虐殺作戦には、奴隷制も含まれていた。これに対し、スイスを拠点とするキリスト教ＮＧＯ「クリスチャン・ソリダリティ・インターナショナル」は奴隷買い戻し運動で立ち向かった(40)。

宗教団体や人権団体から人権侵害への非難の声が高まっていたにもかかわらず、ムスリムのハルツーム政権はスーダン人民解放軍（ＳＰＬＭ）との消耗戦をやめようとはしなかった。この大量虐殺戦の結果、二〇〇万人以上のアフリカ人が死んだが、福音派を動かしたのは大量虐殺というよりも、むしろこの戦争がイスラム法を受け入れなかった人々を迫害し殺害するためにおこなわれているという事実だった。よって、「プリズン・フェローシップ」のチャールズ・コルソン、「サマリタンズ・パース」のフランクリン・グラハム、「フォーカス・オン・ザ・ファミリー」〔一九七七年にジェームズ・ドブソンによって創設されたアメリカの福音派最大級のパラチャーチ団体のひとつ。パラチャーチとは教派横断的な宗教運動の形態を指す〕のジェームズ・ドブソンらの福音派指導者がスーダンの悲惨な現状を伝えはじめると、広範な草の根運動が起こり、この人道的危機に対応するようアメリカ政府に訴え出した。なかでも、ある小規模な非公式連合――「ミッドランド・ミニステリアル・アライアンス」という、ブッシュ大統領の故郷の町テキサス州ミッドランドにある約二〇〇の教会から成るグループ――は、南スーダンの人々の苦難を広く知らせることに成功した。

スーダンの惨状への認識が高まると、福音派、人権団体、宗教ＮＧＯの緩やかな連合体が、議会と大統領に行動を起こすよう積極的にロビー活動をはじめた。ブッシュ大統領はジョン・ダンフォース元上院議員をスーダン特使に任命し、下院と上院もこの問題を取り上げた。猛烈なロビー活動の末、二〇〇二年一〇月、議会は内戦終結に向けてハルツーム政権への圧力を強化するスーダン平和法を可決する(41)。この法律の基本的な内容は、南スーダンで数十万人を死に至らしめていた大量虐殺作戦を中止するよう、大統領がハルツーム政府に圧力をかけられるようにするものだった。具体的には、政府に支配されていない南部への資金援助、政府と反乱勢力が誠実に交渉の席につく義務、合意に達するまでのタイムテーブルの確立、スーダン政権が油田の収入を武器の購入や誠意ある交渉の不履行に使うことを防ぐ大統領の権限が規定されていた。

このようなアメリカ政府の圧力のおかげもあって、二〇〇四年末に内戦を終結させる南北包括和平合意(CPA)が調印された。この合意により、支配者側であるイスラム教徒と南部の反乱勢力(SPLM)の停戦、石油収入の分配、連立政権の樹立が定められた。南スーダンは六年の自治期間を与えられ、その間に南部の独立の是非を決定する。両者は二〇〇七年に国勢調査、二〇〇九年に選挙を実施すること、さらに二〇一一年初めに南部で住民投票をおこない、南スーダンの帰属を問うことに合意した。そして国連は、スーダンの平和維持を支援するために、一万人から成る平和維持軍「国際連合スーダン派遣団(UNMIS)」を展開した。

しかし、ふたを開けてみると、合意の実施は困難をきわめた(42)。まず、二〇〇五年半ばにSPLMの最高司令官ジョン・ガランが死亡した。次に起きたのが、スーダン西部に広がる不毛地域ダルフールでの激しい紛争である(43)。このダルフール危機によって一部の宗教団体と人権団体の関心が同地域の逼迫した人道的ニーズに移ったため、CPAの条項を満たすようハルツーム政権に圧力をかけ続けることがいっそう難しくなった。たとえば、福音派の団体が依然として南スーダンの和平プロセスに焦点を当てる一方で、メインライン・プロテスタントと黒人教会の活動の主軸はダルフールでの殺害を止めることに置かれている、というように。ダルフール紛争は二〇〇五年から二〇〇八年にかけてメディアの関心を支配したが、二〇〇九年初めにバラク・オバマ政権が誕生するころにはそれも落ち着き、スーダンの南北問題が再び注目を浴びるようになった(44)。南北境界線にある産油地域アビエイをめぐる争い(45)を中心に未解決問題はまだ山積みだが、とまれ分離独立を問う住民投票は予定通り二〇一一年一月に実施され、圧倒的多数で分離が支持されると、指導者たちは独立への準備に着手した。

こうして二〇一一年七月九日、南スーダン共和国が誕生した。この新国家は、貧困と孤立から数々の難題を抱えているが、もっとも大きな課題は今も変わらず、北部と南部、そして南部を形成するさまざまな部族間の平和の維持である。北部のスーダン共和国と南スーダン共和国の間だけでなく、新国家の部族間でも暴力は頻発している。二〇一二年一月を見ると、南スーダン東部で、ある民族集団の兵士六〇〇〇人が別の民族集団を襲撃し、二〇〇〇人が殺害された。スーダン分断後、新国家の人々が国民の幸福促進に必要な制度を平和的に協力して築くことができなければ、実に残念なことである。

## HIV／エイズの世界的流行《パンデミック》

ＨＩＶ／エイズは、現代のもっとも破壊的な疾病のひとつである(46)。その猛威が特に広がっている場所がアフリカだ。この病気は、明らかな自覚症状がないために感染者が検査を受けず、気づかぬうちにウィルスを拡散してしまうので、予防が難しい。また、主に性交渉によって感染するため、効果的な予防策は道徳的な自制の奨励なのだが、これは必然的に現地の文化的慣習に挑むことになる(47)。アメリカで初めて発見されたころ、エイズは不特定多数との性交渉、とりわけ同性愛者による性行為と関連づけられていた。そのような事情から、福音派の多くが当初はこの病気を不品行の副産物、罪深い行為に対する神の怒りの表れと見なしていた(48)。こうして一九八八年、全国福音派協会（ＮＡＥ）はこの問題の道徳的側面と感染者への思いやりの必要性を強調した決議を採択した。

エイズに関する教育は急務だが、価値観に言及しない教育ではこの問題の道徳的側面を無視することになる。したがって、道徳的要素を否定する政府または民間部門のプログラムは適切な改善策とは言えない。この病気には罪のない感染者がいる一方で、主な感染者が同性愛者と、注射針を共有する麻薬中毒者であることも事実である。不道徳な行為とエイズ・ウィルスの蔓延のつながりは自明の理だ……しかし、法律の制定や公衆衛生当局の最善の努力にも限界がある。そのような状況で、エイズ感染者に希望を与えてくれるのがキリスト教である。キリスト教は結婚前の純潔と結婚生活における貞節を求めているため、この悲劇的な病気の蔓延を抑えながら現実的に生きる方法も示してくれる。そこで、ＮＡＥはキリスト教教会に次のことを求める。神がイエス・キリストに示した希望を宣べ伝え、聖書に書かれている性道徳の実践を促すことを。[49]

しかし、一九九〇年代になって、エイズは単に同性愛者と麻薬中毒者だけでなく、異性愛者の性行為によって、あるいはエイズ・ウィルスに汚染された血液と接触しただけでも感染することが明らかになると、福音派はこの病気への偏見を取り払うべく動き出した。このような姿勢の変化は、エイズ蔓延によって破壊されたアフリカの生活を目の当たりにした人々の影響によるところが大きい。当時アフリカでは、無差別な異性関係によって拡散したＨＩＶウィルスが爆発的な増加を見せていた。サハラ以南のアフリカ諸国でエイズによってもたらされた人間の深い苦しみ、とりわけこの病気によって両親を失った孤児が数十万人にのぼることが、宣教師や緊急支援・開発協力活動に従事した者の口から伝わりはじめ、福音派の心に変化が訪れたのだ。一般信徒たちの反応は遅かったが、「サマリタンズ・パース」のフランクリン・グラハム、サドルバック教会の牧師リック・ウォレン師、「ワールド・ビジョン」の会長リチャード・スターンのような福音派指導者はこの世界的流行《パンデミック》に思いやりある対応を展開した。

二〇〇二年、福音派指導者たちはエイズの世界的流行への認識を高め、人道援助への政治的支援を集めるために、多くの会議や協議を開催しはじめた。たとえば、同年二月にはグラハムがワシントンDCで国際会議を招集し、キリスト教指導者約八〇〇人からエイズ撲滅運動への支援を集めた。このイベントに先立ち、グラハムはジェシー・ヘルムズ上院議員（ノースカロライナ州の共和党議員）と接触し、ヘルムズの地位を活かしてエイズ被害者への人道援助を促進するよう挑んでいた〔ヘルムズは、エイズへの感染は意図的に不愉快で忌まわしい行動をとった結果だと発言し、政府はエイズ関連の医療費を削減すべきだと論じていた〕。あるとき、ヘルムズはグラハムにこう言った。「フランクリン、私は今までの意見を変えなきゃいけなくなるな」。こうして彼は、この会議の演説で次のように述べて、アフリカ人感染者への政府の支援増加を支持すると宣言した。「私は間違っていた。これからの上院議員生活では、この活動（包括的エイズ撲滅イニシアチブ）の推進を助けるために全力を尽くすつもりだ」(50)

翌二〇〇三年六月、NAE、「ワールド・リリーフ」、「MAP（Medical Assistance Programs）インターナショナル」、「ワールド・ビジョン」が二日間のフォーラムを開催し、約二五〇人の牧師、宣教師、援助資金供与者が政府当局者や政治指導者たちとエイズの世界的流行について協議した。このフォーラムの結果、福音派指導者たちは世界のエイズ危機に関する良心の声明を採択した。この声明の序文から、彼らの変化が見て取れる。

> エイズは、現代社会が迎えた最大の人道的危機である。人類史上最大の人道的危機、と言ってもよいだろう。この流行の炎は国境を飛び越え、人種、文化、宗教、経済状況を問わず、触れるものすべてを破壊している……残念ながら、エイズに感染したり、その影響を受けたりした者たちの叫びはほとんど無視されてきた。教会も、この大火を先頭に立っ

て鎮めようとはしなかった。しかし、教会は和解、貞節、希望、心のこもったケアというメッセージを送ることによって、エイズの流れを一変させるうえできわめて重要な主体者となることができる。(51)

福音派のエイズ危機への関心の高まりは、もっとも影響力のある福音派の雑誌「クリスチャニティ・トゥデイ」の報道からも明らかだ。政治学者チャン・ウーン・シンによると、同誌は一九九四年から一九九九年の間にエイズを国内問題として三回、世界的な問題として三回取り上げている。それが二〇〇〇年から二〇〇八年には、アメリカ国内のエイズについて六回、世界的な流行病としては驚くべきことに五四回も記事を掲載しており、この病気への懸念が劇的に深まったことを示している(52)。毎年アフリカに伝道活動に赴いていた福音派の医師ビル・フリストは上院多数党院内総務になってほどなく、エイズ危機を議論するために宗教指導者たちと会い、福音派がエイズ問題に「積極的に取り組みはじめた」ことを力説し、「最終的な解決策は教会なしには見つけることはできない」と伝えている(53)。

二〇〇一年一月にジョージ・W・ブッシュが政権に就いたとき、すでに福音派のエイズ流行への認識と関心は高まりはじめていた。しかし、エイズ患者への道徳的懸念を史上最大の人道的イニチアチブのひとつに変えたのは、人間の苦しみを軽減したいという大統領の熱い思いにほかならなかった。ブッシュの就任時、アメリカ政府はエイズ拡大防止に約五億ドルを費やしていた。この経済支援はほかのどの国よりも多いことは確かだったが、「世界的流行《パンデミック》の規模からすればはした金だ。アフリカのエイズという厄災との対決を外交政策の柱の一本にしようと、私は決心した」(54)。大統領時代の回想録でブッシュはそう述べている。

彼が真っ先にしたことのひとつは、国連のエイズ、結核、マラリア対策への支援だった。コフィ・アナン国連事務総長がこの三大感染病撲滅のために世界基金の創設を提案すると、ブッシュはアメリカから二億ドルを寄付すると発表し、プログラムが奏功することが証明されればさらに増額すると約束した。そして翌二〇〇二年六月、HIVの母子感染予防プログラムを作ることを発表した。ウィルスに感染して生まれ、長く生きられない赤ん坊が何万といる。科学者らの研究で、HIV感染した妊婦から胎児へのウィルス感染率を劇的に低減できる新薬(ネビラピン)が発見されていたため、ブッシュ政権はこの新薬をアフリカ中で使うことができるように五億ドルの予算を求めたのである。

これらの取り組みは重要だが、病気の効果的な対策にはまだ足りない、ということをブッシュは知っていた。二〇〇二年当時、アフリカでは毎日六〇〇〇人から八〇〇〇人がエイズで死んでおり、広範にわたるコンドーム配布にもかかわらず、感染率は一向に減っていなかった。母子感染予防イニシアチブの発表当日、ブッシュ大統領は首席補佐官ジョシュア・ボルテンにこう言っている。「手はじめはこれでいいが、まだまだ不十分だ。ふりだしに戻って、もっと大がかりに考えてくれ」(55)。その後数カ月間、ホワイトハウス高官たちは、エイズの予防、治療、人道的ケアを含む包括的イニシアチブについて密かに話し合いを重ねた。その結果、五年間で一五〇億ドルを投じるプロジェクトを提案すると、顧問たちはその気が遠くなるような数字に難色を示した。しかしブッシュ大統領は、アメリカはエイズによって世界中に蔓延している苦しみを軽減する道徳的責任がある、と確信していた。回想録でも、スピーチライター兼補佐官のマイケル・ガーソンが「私たちにこれができるのにやらなかったら、まさに恥ずべきことじゃありませんか」と言ったのは、しごく適切な表現だった、と書いている[56]。

　二〇〇三年の一般教書演説で、ブッシュ大統領は新しいエイズ・イニシアチブ――「エイズ救済のための大統領緊急計画（ＰＥＰＦＡＲ）」を発表した。このプログラムの目標は、七〇〇万人の新たな感染防止、延命効果のある薬を用いた最低二〇〇万人の治療、エイズによる孤児たちの保護《ケア》であった。批評家の中には、この異例のイニシアチブは対テロ戦争から注意を逸らすためだったと示唆する声もあるが、ブッシュを駆り立てたのは、これは正しい行動だ、という信念にほかならない。発表から間もなく、大統領はこのプログラムの道徳的基盤について次のように語っている。

> 　われわれには、すべての市民にとってより思いやりのある世界を築くというチャンスがある。アメリカは、人間は一人ひとりに価値があり、重要な存在であり、全能の神によって創られたと信じている。その信念と情熱に従って行動するつもりだ……一般教書演説で述べたように、自由はアメリカが世界に与える贈り物ではなく、神が人間に与えた贈り物だ……アフリカ大陸では、自由とは恐ろしい流行病の恐怖からの解放を意味する。それがアメリカの考えだ。だから、われわれはその信念に従って行動する。人間の尊厳における

基盤となる信念は、われわれが世界でどのようにふるまっているか、そしてどのようにふるまっていくか、であるべきなのだ。(57)

二〇〇三年までに、HIVに冒されたアフリカ人は合計二〇〇〇万人近くに膨れ上がり、年間一〇〇万人以上がエイズに関連する原因で死亡していた。さらに、延命効果のある抗レトロウィルス薬(ARV)の投与を実際に受けているアフリカ人が五万人しかいなかったため、エイズによる死亡者は急増し続けた。エイズによって孤児になった子供の数は、二〇〇三年までに一四〇〇万人近くまで増えたと推定される。

PEPFARは、医療イニシアチブであると同時に、エイズ蔓延の阻止、HIV感染者の治療、家族を失った子供や大人たちの人道的ニーズへの対応を目的とした人道的イニシアチブでもあった。これらの目標推進のためにPEPFARが医療および人道援助費用として要請したのは一五〇億ドル、そのうち九〇億ドルは対象国を絞った新プログラムのためのものだった(58)。それまでのプログラムにないPEPFARの際立った特徴は、予防、治療、ケアの明確な数値目標を確立すること、予防プログラムの範囲を拡大して禁欲と貞節も重視すること、エイズ患者の治療に充てる資金を劇的に増やすことであった(59)。

国連世界基金やほかの類似のエイズ・イニシアチブの防止対策は、ほぼコンドームの使用のみに焦点を絞っている。これに対し、PEPFARが独特なのは、ウガンダではじまった禁欲(Abstain)、貞操(Be faithful)、コンドーム使用(Use Condom)を推奨するABCプログラムというアプローチを採用したことだった。禁欲と貞節を取り入れることは重要なポイントだったが、純粋に実用的な視点からこの問題に取り組みたい者たちからは、現地の状況にそぐわないと主張する声や、議論を招く内容だと反発する意見が寄せられた。しかし、道徳を期待することは、ＨＩＶの蔓延を長期的に抑制するためだけでなく、宗教右派の支持を取りつけるためにも重要なことだった。禁欲と貞操の呼びかけが組み込まれていなければ、福音派はまずこの包括的エイズ撲滅イニシアチブを支持しなかっただろう。このプログラムがエイズ患者の治療を重視している点も注目に値する。一九九〇年代初めは抗レトロウィルス薬に年間約一万二〇〇〇ドルを費やしたが、二一世紀初めまでにはジェネリック剤が使用できるようになり、薬の費用は年間わずか二九五ドルにまで減った。提案されたプログラムでは、支出の約半分をこれらの新薬の支給に充てることになっていた。

ＰＥＰＦＡＲに資金拠出する法律を制定するには、上院と下院の両方で民主党と共和党が手を結ぶ必要があった。まず、イリノイ州選出のヘンリー・ハイド共和党議員とカリフォルニア州選出のトム・ラントス民主党議員がこの法案――二〇〇三年エイズ・結核・マラリアに対する米国リーダーシップ法――を下院に提出した。ハイドが下院国際関係委員会委員長、ラントスが少数党の有力メンバー、という影響力のあるふたりの人権派議員の支持集めが奏功し、法案は三七五対四一で可決された。上院では、ビル・フリストと外交委員会委員長のディック・ルーガーがリーダーシップを大いに発揮して支持を確立した。ほかにこの法案の採択に尽力した上院議員には、ノースカロライナ州のジェシー・ヘルムズ、デラウェア州のジョー・バイデン、マサチューセッツ州のジョン・ケリーがいる。五月二七日に大統領が署名し、法律は成立した。

福音派は、このエイズ・イニシアチブにおいて先導役こそ務めなかったものの、精力的な支援をおこなった。健康政策の専門家であるホリー・バークハルター曰く、「アメリカのエイズ政策の真の転機は、保守派キリスト教徒がその大義を自分たちのものにしたときに訪れた」(60)。この流行病がもたらした広範な被害に直面して、彼らは思いやりを持って応え、この恐ろしい病気を食い止めるために大規模な行動を呼びかけた。HIVウィルスの拡大を止めるためには道徳的行動が不可欠だと信じ、治療への拠出金の増大、予防への幅広いアプローチ、孤児とその他のエイズ被害者への多大な人道援助を含む包括的なアプローチを求めたのである。

さらに、一部の福音派組織がPEPFARから資金を受け取った一方で、リック・ウォレンのサドルバック教会のように自前のエイズ・イニシアチブと、孤児と寡婦向けの人道プロジェクトを立ち上げた教会もあった。しかし、なにより重要なことは、患者に実際の医療と並行して道徳教育を施す際に、現地の福音派教会が重要な役割を担ってきたことである。二〇〇六年の「クリスチャニティ・トゥデイ」誌の社説は、エイズ対策において現地の教会が果たすことができるきわめて重要な役割について、次のように述べている。

草の根活動において、健全な教会ほど強いものはない。アフリカには「みなが感染しなくても、みなが影響を受ける」という諺がある。草の根活動の具体的な内容は、HIV検査、カウンセリング、母子感染予防、孤児の学資援助、食糧援助の提供、日和見感染症の治療、そして特に重要なのが、悲しみと喜びを共にすることだ。それだけでなく、教会指導者は結婚前の純潔と結婚後の貞節を力説する性の神学の模範を示すことができる。そして、われわれだけができるなによりも大切な貢献は、これまでと変わらず、福音を共有し、赦しと変わる力を与えることである。(61)

二〇〇七年、ブッシュ大統領はPEPFARを再認可して五年間延長し、拠出金を倍に増やすよう議会に求めた。議会はこのイニシアチブを承認し、エイズ対策に三九〇億ドル、結核とマラリア対策に九〇億ドルを新たに拠出することを容認した。

どのような尺度で見ても、PEPFARが収めた成功は途方もないものだった。二〇〇八年末までに二〇〇万人に抗レトロウィルス薬を提供し、約五七〇〇万人にカウンセリングと検査を含む予防支援をおこない、さらに一〇〇〇万人を治療した。元国務長官コンドリーザ・ライスの言うように、PEPFARは歴史上どの国もなしえなかった思いやりの行動としていつまでも人々の記憶に残ることだろう(62)。

## 福音派の政治的アドボカシーについての予備的結論

福音派はなぜこれらの問題に政治的に関わるようになったのだろうか？　どの問題も人間の

尊厳を脅かしているが、人権向上のためというだけではこうした特定の問題へのアドボカシーを完全に説明することはできない。人間の尊厳を脅かす世界的な問題は、ほかにいくらでもあるのだから。同様に、先にあげた五つの問題にはそれぞれ中核となる道徳的価値観が関わっているが、福音派の積極的な政治活動の原因は政治道徳に対する懸念だけでは説明できない。確かにこれらの問題が中核的な聖書的価値観を脅かさなければ福音派が関与することはなかっただろう。しかし、彼らの行動を触発したのは、神学的思想や教派の宣言ではなく、むしろ個人や宗教団体、教会連合のイニシアチブであった。福音派の政治倫理が社会分析や政治分析の枠組みを提供する一方で、宗教および政治指導者は、教会グループや人権NGOからアドボカシーへの支援を動員するためのイニシアチブを提供したというわけだ。

これらの五つの外交政策イニシアチブを推進するうえで、福音派は問題の定義、そして法的措置に影響を与える草の根支援の動員に大きく貢献をした。彼らの政治的アドボカシーが奏功した理由をいくつかあげてみよう。第一に、宗教の自由、平和、病気の人々のケア、子供たちへの人道支援の提供といった基本的な道徳的問題に取り組んだこと。これらの価値観は世界の諸宗教の中で特にキリスト教徒にだけ重要なものではないが、福音派はこれらの価値観を特に差し迫った問題として取り上げることが、神の意志による秩序と一致すると信じていたのである。確かに、自由、人権、平和といった道徳目標を推進する最適な方法について、いわゆる有識者たちの間では完全な意見の一致を見なかった。それでも法律制定にこぎつけることができたのは、追求する外交政策目標について道徳面で広く深く意見が一致していたからにほかならない。

第二に、福音派は自分たちの行動を聖句で正当化しようとしなかった。その代わりに、人間の尊厳と平和に対する道徳的懸念につき動かされ、イニシアチブの基盤に道徳的価値観を据えて、慎重で柔軟な判断に基づいた政治的アドボカシーを採用した。これは、外交政策イニシアチブを正当化するために聖書に大きく依存しようとする者たち（その何人かは次章で取り上げる）とは対照的なアプローチである。教会グループの政治活動には聖書の分析が欠かせないとはいえ、聖書は政治問題や国際問題のマニュアルではない。よって、政策提言の正当性を示す根拠にするときは、慎重になる必要がある。さらに言えば、聖書の乱用や誤用は教会に多大な損害をもたらす恐れがある。

第三に、福音派は自分たちと同じように基本的な道徳的価値観にこだわるまったく異なる政治団体と積極的に手を組んだ。先にあげた五つの外交政策イニシアチブでは、どれもそのイニシアチブの構築に役立つ法案を可決する必要があった。議会の同意を取りつけるには幅広い支持を集めなければならず、さまざまな宗教団体や人権団体と組まなければ法案を通過させることができなかったのである。外交政策は外交官と国家安全保障当局者の領域とされているが、優先順位や権限を確立し、外交政策事業を構築する制度を作ることによって、法律もまた外交政策に貢献することができるのだ。採択された五つの法律は、諸外国に対してだけでなく、国内の政治に対しても要求と制約を作り出すことによってそれぞれの問題へのアメリカの外交政策アプローチを構築し、これらの問題の推進を後押ししたというわけだ。

第四の理由は、最善の選択肢にこだわらず、二番目または三番目の選択肢を受け入れる覚悟ができていたことである。政治は理想を推進する術ではなく、むしろ可能性を模索する術である。よって、国内政治においても国際政治においても、指導者は理想的とは言えない解決策を甘受する覚悟が必要だ。これは容易なことではない。認知されている悪や不正を排除したり、道徳的な目標を推進したりしようとしている場合はなおさらだ。しかし、このような道徳的妥協の重要性は、一九世紀初期にウィリアム・ウィルバーフォースが展開した奴隷貿易廃止運動の例に明らかだ。ウィルバーフォースは、奴隷制の廃止という理想的な政策に固執せず、奴隷貿易を止めるという現実的な目標で手を打っている(63)。福音派も同じように、それぞれの問題で道徳的に好ましい目標を促進するために、積極的に連合を組み、次善の策を受け入れたのである。PEPFAR法を例にとると、この法律の制定にあたっては多くの意見が対立し、妥協なしに解消することはできなかった。リベラル派は純潔と貞操を強調するABC教育プログラムを受け入れなければならなかったし、福音派は福音派でコンドームの広範な使用を認めることを余儀なくされた、というように。さらに福音派にとって問題だったのは、この過程でブッシュ政権が家族計画の一環として人工中絶を推進または実施するNGOに連邦政府の補助金拠出を禁ずる政策（メキシコ・シティ政策）の適用対象からエイズ・プログラムを除外していることだ(64)。つまるところ、福音派が公共政策の変更に貢献することができたのは、決して理想的とは言えない結果も受け入れる覚悟をしていたからなのである。

第五の理由は、草の根的な政治支援の動員である。この圧力がもっとも顕著だったのは国際的な宗教の自由という課題であったが、宗教指導者たちはほかの諸問題に対しても、地元の教会グループや宗教組織の支援を動員してきた。このような草の根的な政治活動を維持することは、北朝鮮の人権侵害や国際的な性的人身売買のようなとらえにくい問題に取り組むときはことさら困難である。当然のことながら、福音派の政治関与を維持することも難しい。

最後に、これらの五つの外交政策を優先すべき火急の問題とすることができたのは、福音派がほかの国の人々のニーズを道徳的支援に値するものと見なしていたからである。第四章で述べた通り、彼らの政治倫理の際立った特徴のひとつは、その国際主義的な視点である。全世界は神の創造の一部であるため、彼らは世界をひとつのまとまった道徳コミュニティ――地域性や国籍を超えて道徳的問題を共有する社会――と見なしている。世界は道徳社会として一体なのだから、国内のニーズや要望が必ずしも外国人に対する責任より優先されるとは限らない。たとえば、国際的な宗教の自由への取り組みは、外国社会で信仰のために迫害されているキリスト教徒に団結を示したいという願望からはじまった。同じように、エイズ患者への支援も医療危機への反応としてだけではなく、孤児やエイズによって貧窮している人々への思いやりを示す方法として動員された。つまるところ、人権侵害、戦争、宗教迫害、疾病のような外交政策問題に切迫感と優先性をもたらしたのは、福音派のグローバルな世界観なのである。

# 第8章
# 福音派の外交政策アドボカシーの欠陥

聖書は、公共政策の議論の構築に役立てることができる。しかし、特定の世界的な問題、たとえば移民、雇用創出、中東和平、気候変動に取り組むときに聖書に従った詳細な計画を作り出すことはできない。さらに、聖書を基に目標と意図を明確に示しても、それは外交政策を策定し実施するという複雑で多次元的なプロセスの入り口にすぎない。問題は、ただ道徳的に正当な目標を特定するだけではなく、有害な副作用を可能な限り回避しながら目標を推進できる戦略を編み出すことだ。アメリカの社会学者で神学者でもあるピーター・バーガーは、次のように書いている。「善を声高に主張することは簡単だ。厄介なのは、法外な犠牲を払ったりその善を台無しにしたりすることなく、それを実現できる方法を考えることだ。だから責任というものは、繰り返し現れる大量の不確かな手段と費用と結果を計算しながら、慎重に考えられるべきなのである」(1)

倫理的な外交政策を策定することは容易ではない。国家間の問題と世界的な問題は、たいていの場合、道徳的主張が競合するからだ。たとえば、経済的繁栄ときれいな空気の追求はどちらも立派な目標だが、このふたつが必ずしも調和するとは限らない。だから公正な政策は、意図または結果だけでなく、目標と手段と結果のすべてに焦点を当てた倫理的枠組みを通して判断する必要がある(2)。つまり、外交政策の場合は、望ましい結果を最大限に引き出すためにもっとも効率的な手段で正しい目標を追求すべきである。しかし、この三つのすべてにおいて道徳的な政策など稀である。必然的に、意思決定の際には目標、手段、結果の間で妥協せざるを得なくなる。言うまでもなく、いちばん重要なのは結果である。いくら目標と手段が道徳的でも、有害な結果をもたらすようでは、道徳的に正当な政策とは言えないのだから。かといって、結果のみで政策を判断することも受け入れられない。三つすべての要素を考慮に入れなければならないのはそういうわけだ。さらに、政策決定は確率的なものだということを認識する必要がある。採用した方法が望ましい結果を生むという確証など、まったくないに等しいのだ。だから、政策策定には十分な注意が必要なのである。

たとえば宗教迫害の例を見てみよう。外国の宗教迫害を糾弾することは比較的簡単だ。ところが、宗教の自由を推進する効果的な外交政策を作るとなると話は別だ。政策の主要目的が宗教の自由であれば、自由の促進という包括的な戦略に簡単に組み入れることができる。しかし、この目標を友好関係の探求や大量破壊兵器（ＷＭＤ）の拡散防止といったほかの正当な目標と調和させなければならないとなると、難易度は格段に上がる。北朝鮮の人権と核不拡散を同時に追求したジョージ・Ｗ・ブッシュ政権の例を思い出してほしい。現在のアメリカ政府もまた、中国の宗教の自由を促進し、それと同時に国際経済協力と環太平洋地域の安定を推進しようとして同じ困難にぶつかっている。

はなはだしい不正に直面しても決して暴力を認めない道徳絶対主義者の倫理を受け入れれば、国家の強制力を行使することはできなくなる。殺人は悪なのだから、いかなる状況でも戦争は容認できない、というわけだ。しかし、はるか昔に聖アウグスティヌスが述べたように、神の国と地上の国では、その性質と特徴が根本的に異なっている。前者には、愛と慈悲に満ちたスピリチュアルな生活がある。しかし後者は情熱と欲と罪にまみれた世界で、共同秩序を維持して正義に近いものを追求するために、国家に権力と権威が委ねられている。道徳絶対主義者の倫理は、天の王国では機能するかもしれないが、国政術にはふさわしくないのである。

本章では、福音派グループが推進する外交政策イニシアチブをいくつか取り上げて、考察および批評する。どれも基本的な価値観が関わっているが、福音派の力が足りていない問題である。

## 気候変動

地球温暖化は、現代社会が抱えるもっとも困難で厄介な問題のひとつである。地球の気温が上昇していることはすでに科学的に裏づけられている。環境科学者の推定では、二〇世紀の間に地球の気温は一℃高くなり、二一世紀にはそれが三℃から八℃になると懸念されている。気温上昇の大半は、エネルギーを生み出すために使用する化石燃料（石油、石炭、天然ガス）の増加によって引き起こされる。石炭や石油を燃やすと大気が汚染され、その汚染物質（主に二酸化炭素）が温室のガラスのように作用して、太陽熱の放射線を閉じ込めるのだ。この「温室効果」は、宇宙に再放出される太陽熱が、大気に含まれている温室効果ガスのせいで地球に吸収されてしまうために発生する。二酸化炭素など人間が作り出すガスは温室効果の原因の一部にすぎないとはいえ、地球の気候を決定づける重要な要因となっている。約二五〇〇人の著名科学者で構成される国連の「気候変動に関する政府間パネル」が発表した二〇〇七年度報告書によれば、地球温暖化の主な原因は人間の活動であり、一九五〇年以降の地球の気温上昇の大半は、〝十中八九〟人間によってもたらされたという(3)。

このような地球温暖化の脅威に、世界はどう対応すべきなのだろうか？　持続可能な開発推進が困難である、ということに国際社会が注目しはじめたのは、一九九二年の国連環境開発会議（別名「地球サミット」）でのことだった。この会議で気候変動に関する協定が締結されたが、化石燃料の使用削減を呼びかけながら、拘束力のある目標を設定しなかったために、署名国はほとんど行動を起こさなかった。その結果、この課題は一九九七年に京都で開催された国連気候変動会議に持ち越される。その席上で採択された枠組条約——一九九二年の気候条約の実質的な補遺となる京都議定書——は、二〇一二年までに温室効果ガス排出を一九九〇年のレベルから約五パーセント削減することを先進工業国に求めるものだった。この目標を達成するために、EUは八パーセント、アメリカは七パーセント、日本は六パーセントという炭酸ガス廃出量の大幅削減が規定された。ここで重要なのは、中国、インドその他の発展途上国に拘束力のある目標が設定されなかったことである。その代わりに、先進国、特に世界の温室効果ガスの四分の一近くを排出しているアメリカのエネルギー消費を大幅に減らすことが求められた。

この議定書の発効には、一九九〇年の温室効果ガス排出量の最低五五パーセントを占める五五カ国の批准が必要だった。中国、インド、アメリカが採択を見送ったものの、二〇〇五年にロシアが批准してようやく発効にこぎつけた(4)が、この枠組みだけでは気候変動の課題に取り組むにはまったく不十分であることが明らかになる。そこで、二〇〇九年一二月に国連がコペンハーゲンで京都議定書の後継となる地球気候サミットを開催した。しかし、この会議では新たな拘束力のある温室効果ガス排出削減のための枠組みを確立できなかっただけでなく、日本とロシアのふたつの主要国が、合意期間が終了する二〇一二年以降、京都議定書の温室効果ガス排出上限を受け入れないことを発表した(5)。

なぜ国際社会は温室効果ガス排出を大幅に抑制する条約を採択できないのだろうか? それは、化石燃料の使用を控えれば経済成長が妨げられる、と考えられているからだ。気候変動への取り組みが困難とされる理由はここにある。雇用創出には低コストのエネルギーが豊富に必要だ。その工業エネルギーの主要源が石炭、石油、天然ガスであることから、温室効果ガスの削減と経済的生産の拡大は根本的に矛盾しているのである。さらに、過去と現在の温室効果ガスの責任をどのように割り当てるか、という問題がある。京都議定書では先進国に主な責任があるとされ、中国やインドを含む後進国は削減を免除された。先進国は現在の温室効果ガス排出の大部分に圧倒的な責任があるのだから、抑制に対してもっとも責任を負うべきだ、というわけだ(6)。一方、発展途上国は、自国が十分な生活水準を達成するまでは、化石燃料使用に対する拘束力のある制限は免除されるべきだ、と主張している。このアプローチには一理あるが、特に中国とインドのような巨大な新興国が国際条約に参加していなければ、世界全体の排出量を減らすことは不可能である。ほかの地域でいくら汚染を削減しても、両国で急激に拡張されている石炭エネルギーの使用で相殺されてしまうことは目に見えている。したがって、新興国による石炭と石油の使用量増加に向き合っていない、という点で京都議定書には問題がある。この議定書については、気候変動への取り組みが着実に進展している、という幻想を助長しているからこそ問題なのだ、という声もある(7)。

では、キリスト教徒は「持続的な開発」という課題にどのようにアプローチすべきなのだろうか? さらに具体的に言うと、地球温暖化にどのように対応すべきなのか? 一九九〇年代を通じて、福音派は資源のスチュワードシップの重要性と持続可能な発展の追求を強調して、この問題に取り組みはじめた。「クリエーション・ケア」〔創造物の保護という意味〕とも呼ばれるひとつ目の主張は、何世代にもわたって地球の資源を維持できるように、資源の責任ある使用に焦点を当てている。「世界とそこに住むものは、主のもの」という神のことば(「詩編」二四篇一節)に基づいて、地球のことを考え保護するという聖書に書かれた義務が強調されている。ふたつ目の主張は、自然の脅威を鎮め、そして自然の秩序を利用して開発する必要性を訴えている。「創世記」一章二八節で、神はアダムに「産めよ、増えよ、地に満ちて地を従わせよ」と述べている。また、「詩編」一一五篇一六節の「天は主のもの、地は人への賜物」は、人間が自身のニーズを満たす際には、副所有者として地球の資源を使う責任があることを示唆している。さらに、気候に関する議論から生まれた三つ目の主張は、貧困者への気遣いである。気候変動は貧困者、とりわけ海面上昇の危険にさらされている低地の人々に甚大な被害を与える可能性が高いからだ。

経済成長と化石燃料の使用量削減の折り合いをつけることの難しさを考えると、アメリカの有権者が気候変動にどのように取り組むか（または、この問題に取り組むべきかどうか）をめぐって大きく意見が割れているのもうなずける。二〇〇八年にピュー研究所が実施した調査によると、回答者の圧倒的多数（七〇パーセント）が地球温暖化には確かな証拠があると考えていたが、それが人間のせいだと考えている者は四七パーセントしかいなかった。重要なことに、アメリカ政府がこの問題に最優先で取り組むべきだと考える回答者はわずか三五パーセントにとどまっている(8)。同じ年にバルナ研究会が実施した調査では、キリスト教徒の六三パーセントが気候変動が起きていると考え、四〇パーセントがこの現象が「絶対的なものだと確信している」と答えており、アメリカのキリスト教徒が全般的にこの問題を一般国民と同じようにとらえていることが判明した。しかし、福音派は気候変動に懐疑的な傾向があり、この現象が起きていることに同意したのは二七パーセントのみで、六二パーセントは気候変動を人為的なものとは考えておらず、六〇パーセントが提示されている解決法は特に発展途上国の貧しい人々を傷つけると考えていた(9)。

気候変動について福音派が打ち出した最初の著名なイニシアチブは、二〇〇六年二月に発表された「気候変動——福音派の行動への呼びかけ」である(10)。指導的牧師、大学学長、宗教NGO指導者、パラチャーチ組織の責任者ら八六人が署名したこの文書は、環境保護に関心を寄せる福音派の運動「福音派環境ネットワーク（EEN）」によって二〇〇五年に起草された。その後、正式な支持表明を受けるために全国福音派協会（NAE）指導部に提出されたが、承認を拒否されたため、主だった支持者たちが「福音派気候問題構想（ECI）」を発足して二〇〇六年二月に発表した(11)。序文には次のように書かれている。「アメリカの福音派の指導者として、われわれには聖書に基づいた道徳の有無の監視機能となる機会と責任がある。そうすることで、地上でもっとも強力な国家の政策形成を助け、それによって世界全体の幸福に貢献できるのである」。この声明の主張は以下の四つである。

**1 人間が引き起こした気候変動は現実である。**
**2 気候変動は重大な結果をもたらし、貧しい者がもっとも大きな被害を受ける。**
**3 キリスト教徒の道徳的信条はこの環境問題に取り組むよう求めている。**
**4 行動を起こすことが急務である**(12)。

この短い声明で聖書的視点が関わっている部分は一カ所しかなく、この行動への呼びかけが「聖書に基づいた道徳の有無を監視する機能」をどのように提供できるのかは定かではない。さらに、政府、企業、教会、個人は二酸化炭素排出量の削減に役立つ行動を追求すべきだ、と提案しているものの、具体的な案が示されているわけでもない。というわけで、このイニシアチブは公共政策論争にほとんど影響を与えず、それを認識したＥＣＩは一年後に気候変動に関する政府の政策立案の指針となる一〇原則の枠組みを構築した(13)。

このＥＣＩに同じ福音派内から異議を唱えたのが「コーンウォール同盟」という環境に関するスチュワードシップに関心を寄せる学者と宗教指導者のグループだった。以前は「インターフェイス・スチュワードシップ同盟」と名乗っていたこのグループは、二〇〇〇年に一般的な環境保護運動の前提に挑む宣言を発表して発足した。一五〇〇人以上の聖職者、神学者、政策専門家が署名したこの声明は、主に三つの主張に基づいている。まず、人間を生産者でもスチュワードでもなく、消費者であり汚染者と見なす一般論に抗議している。第二に、「手つかずの地球が理想である」という非実際的な観点に異議を唱えている。そして第三に、環境に対する正当な懸念と正当ではない懸念を区別しなければならないと述べて、「人為的な地球温暖化、人口過剰、種の盛んな消失」に関する一般的な見解は事実無根である、と主張している。

興味深いことに、NAEは一九七〇年代初期に環境保護に関するふたつの短い決議を採択しているが、温室効果ガス排出と地球温暖化に関しては何の見解も示していない(14)。しかし、一部の指導者的牧師が、NAEの政治担当副会長リチャード・サイジックとともにこの問題への支援を集めようと試みた。すると二〇〇七年初め、一五人の影響力のある福音派信徒——「フォーカス・オン・ザ・ファミリー」の代表ジェームズ・ドブソン、「アメリカン・ファミリー・アソシエーション」の責任者ドン・ワイルドモン、「ファミリー・リサーチ・カウンシル」の代表トニー・パーキンスら——が、サイジックが地球温暖化の問題を強引に推進しているとして、NAE指導部に彼の懲戒または罷免を求めた(15)。サイジックは人々の関心を環境へと逸らして、命の尊厳や結婚の尊重といった問題から遠ざけようとしており、福音派の一般的な考えを示していない、というのが批判者たちの主張だった。結局のところ、NAEからサイジックに処分が下されることはなかった(サイジックはその後、同性愛者のシビル・ユニオンに関するコメント〔同性カップルに結婚と同様の法的権利を与えるシビル・ユニオンなら支持できる、とラジオで発言した〕が原因で追放された）が、この騒動は福音派内の深い亀裂を浮き彫りにした。要は、福音派が気候変動の性質、範囲、影響についてだけでなく、費用効率の高いクリーンエネルギーを生み出せる政策の種類などについても意見が割れているので、NAEはこの問題に取り組んでこなかったのである。

気候変動に対する立場を表明していないのは、南部バプテスト連盟（SBC）も同じである。持続的な発展に調和した行動をとるようメンバーに繰り返し奨励してきたものの、SBC自体は化石燃料使用の劇的な抑制を支持することを拒否してきた。さらに、二〇〇六年の決議で、環境保護は福音派コミュニティを分裂させ、より基本的な問題からメンバーを遠ざける恐れがある、という懸念を表明した。そして、「聖書の原則と見解が矛盾する急進的な環境グループと連携しない」ようメンバーに呼びかけると同時に、創造物に配慮するという神から与えられた責任を果たすよう促した(16)。二〇〇七年の決議ではもっと直接的に気候変動に言及し、「近年の地球温暖化は人間のせいであるかどうかについて科学界の意見は割れている。相反する科学研究を考慮して、人為的な地球温暖化の議論は慎重に進めるべきだ」と述べている(17)。一方、原理主義者のテレビ伝道師ジェリー・フォルウェル師にいたっては、バージニア州リンチバーグにある自分の教会で「地球温暖化という神話」という説教までやってのけた。そして、地球温暖化をことさら騒ぎ立てる人々に異議を唱え、こうした〝地球第一主義〟崇拝者たちに騙されないよう信徒全員に命じたのである(18)。

地球温暖化の複雑さを考慮すると、この問題にどのように取り組むべきか、福音派の方針が定まらずにいるのもうなずける(19)。結果として、前章で考察したイニシアチブとは対照的に、福音派は気候変動イニシアチブではこれといった実績を残していない。むしろ、神学的分野でもっとも重要な貢献をしてきたと言えるだろう。地球温暖化の科学的側面については意見を異にしている福音派も、環境悪化に対処するための中核となる神学的根拠は共有しているのである。南西部バプテスト神学校で組織神学および説教を教えているベンジャミン・フィリップスは、気候変動をめぐる福音派の議論の分析で、彼らの神学的コンセンサスの主な領域に言及している。

福音派の声明の大半は、人間以外の創造物の価値を理解する根拠として、神が世界の創造主であるという事実を訴えており、多くが神を世界の所有者だと述べている。実質的に、環境と気候変動に関する福音派の声明はすべて、神が地球のスチュワードシップ/統治の責任を人間に委ねたこと、この責任の遂行が罪によって歪められ、環境に否定的な影響を及ぼしていることを認めている。また、環境政策を考慮するにあたって重要な要素として、キリスト者が貧困者に配慮する責任があることもほぼ例外なく認めている。(20)

要は、福音派は地球温暖化に関する政策論議にほとんど貢献してこなかったにもかかわらず、皮肉にも地球を慎重に管理するという使命への関心を高める役割を果たしてきたということだ。とりわけ環境に関する聖書的な見解に注目したことにより、信徒の創造物への配慮と地球の資源のスチュワードシップへの関心が増大したのである。

## アメリカの移民改革

移民は国内の政治問題であると同時に、国際問題でもある。不法入国者への対応は、よりよい生活を求める人々への慈悲と思いやりだけでなく、越境移住規制の正当性にも懸念を引き起こすことになるからだ。前者のほうが道徳に直接関連しているように見えるが、入国許可を規定する国際法もまた正義の問題として無視できない。

すでに述べた通り、国際社会の構造は国家の政治的独立性と領土主権に基づいている。これは、一六四八年に締結された三〇年戦争の講和条約「ウェストファリア条約」によって形作られたものである。現在の国際政治制度の下では、国境内の問題はそれぞれの国の責任である。国家が国民としての身分を規定するのだから、外国人の入国を規定する政策も国家が決定する。言うまでもなく、母国を離れる権利は誰にでもあるが、他国に入国する権利はない。その決定権は、あくまでも受け入れ国にあるのである(21)。

海外移住問題の評価は、国際社会をどうとらえるかによって大きく変わる。国際政治学者へドリー・ブルとマイケル・ウォルツァーのような学者たちは、世界を多数の国家から成るひとつの社会と見なすべきだと主張している(22)。そして、国際平和と国際正義は、他国と自国民に対する義務を尊重する平和的で順法精神のある国家によってのみ実現することができる、と。

同様に、哲学者のジョン・ロールズも、世界的な正義は秩序だった社会を通してもっとも推進されると主張している(23)。ブル、ウォルツァー、ロールズは国際平和と国際正義の問題にアプローチする視点は異なるが、世界を異なる政治コミュニティに分けることは道徳に適っているだけでなく、人道的で平和的な世界秩序の基盤でもある、という意見は一致している。つまり、彼らにとって国境は重要なのである。

しかし、コスモポリタン(世界主義的)な視点を維持し、世界を国境を超えて統合されたひとつのコミュニティととらえている者もいる。哲学者のピーター・シンガーを例にあげると、彼は国境を道徳的にさして重要ではないと考えている。この考え方は国際学者チャールズ・ベイツやデューク大学の哲学教授アレン・ブキャナンのようなほかのコスモポリタンな思想家と同じである(24)。この視点によれば、人権は基本的な権利なので、国家主権は人間の幸福の保護と推進に比べれば二次的なものである。よって国境は道徳的に重要ではなく、海外移住の規則は撤廃するとまでは言わないまでも、緩やかであるべきだ。さらに、国家のナショナリズムに基づいた連帯感は偏りや分裂を生み出すため、国籍は世界の調和を妨げるものである。

世界の憲法である国連憲章は、このコスモポリタンな世界観の対極にある。より開かれた国境を追求するコスモポリタンの考え方は、現代の国際政治制度の法的・政治的基盤を否定することになるため、広い支持は得られそうにない。それどころか、国家が指定する現行の海外移住規則を無視すれば、市民から反対の声が上がり、国内および国家間の政治紛争を悪化させることになるだろう。つまるところ、「移民の政治」は、ほかの国に定住したいと願う外国人をただ思いやることではない。むしろ、現行の政治秩序の法的・政治的現実との対峙が避けられないものなのだ。

アメリカの場合、外国人の入国は連邦法によって規定されている。政府は一九二四年に移民規制に乗り出し、移民の出身国別に年間の移民ビザ割当数を定める法律を制定した。しかし、一九六五年にその割当基準が修正されて、出身国ではなくスキルを持った移民とアメリカ市民や定住外国人の家族〔家族の呼び寄せ〕に対して優先的にビザを発給する「移民および国籍法」が採択された。この新法は、移民者総数の大幅増加という予期せぬ結果を招くことになる。一九六五年から一九七〇年にかけて移民者の数は倍増し、一九七〇年から一九九〇年にはさらに倍になった。それだけではない。新しいシステムによって、移住者の人種的属性ががらりと変わり、入国者の中心がヨーロッパ出身者から、アジアとラテンアメリカ出身者へと移行した。

移民と難民の受け入れ数は、年ごとに大統領が現行法に従って決定する。近年は、毎年約一〇〇〇万人がアメリカへの定住を許可されている。しかし、希望者が受け入れ数よりはるかに多いため、ビザの需要は供給を大幅に上回っている。結果として、何万という外国人が毎年アメリカに密入国したり、ビザの有効期限を過ぎてもとどまることを決意したりしている。

このような不法移民への対応に迫られた議会は、一九八六年に「新移民法（ＩＲＣＡ）」を可決した。この法律は、雇用主が合法就労者のみを雇うことを条件に、数百万という不法滞在者に恩赦を与えるものであった。しかし、効果的な識別、監視、強制システムは確立されなかった。その後、一九九〇年に「移民法」、一九九六年に「不法移民改正および移民責任法」

というふたつの追加措置が承認される。前者は移民の上限枠を拡大して呼び寄せた家族と特殊スキルを持つ外国人を優遇し、後者では不法滞在者の国外退去を容易にした。こうした措置がとられたとはいえ、当時は不法移民の解決策として歓迎されたＩＲＣＡの採択から二五年以上がたった今も、大勢の外国人が不法にアメリカ国内に住み続けている。その数は二〇一一年時点で推定一〇〇〇万人から一二〇〇万人にのぼる。多くは、合法的に入国したがビザの有効期間が過ぎても滞在している者たちで、それ以外のほとんどはアメリカ南西のメキシコ国境からの密入国者と見られている。結局のところ、アメリカ政府は外国人労働者と国境の警備に対する国内需要と、アメリカに住んで働きたいという大勢の外国人の願望を折り合わせることができていない、ということだ。

企業にとっては低賃金労働者の供給源となる不法滞在者だが、その数が増加すれば次のような重大な問題を引き起こす。

a 現行法が限定的にしか執行されず、それによって法の支配が損なわれる。
b 合法と非合法という二重の社会秩序が生まれ、社会の結束が損なわれる。
c 不法滞在者に教育、社会、医療サービスを提供する地域コミュニティの財政上の義務が増大する。
d 不法移住は緩慢で煩雑な合法移住プロセスに代わる実行可能な手段である、という期待感から合法移民制度が弱体化する。

そこで二〇〇六年、ブッシュ大統領はこれらの問題に取り組むために包括的移民制度改革（CIR）イニシアチブを提案した。この計画には、国境警備の強化、現行の労働法のより厳格な適用、不法滞在者の合法化（「管理化」）への道筋を作ることが含まれていた(25)。

では、キリスト教徒は不法移民問題をどのようにとらえるべきなのだろうか？　不法滞在者は歓迎されるべきなのか、国外退去させられるべきなのか。それともただ無視すべきなのだろうか？　信徒は思いやりを強調すべきなのか、それとも現行法の執行を重視すべきなのか？　福音派は、この公共政策問題にどのような貢献ができるのだろうか。二〇〇六年、NAEはこれらの問題に取り組むことを決定し、国境警備と不法移民への共感を求める決議を採択した。「移住がアメリカの法に則っておこなわれるように国境の安全保障を強化することは理に適っている。われわれはキリスト者として、人間の尊厳、思いやり、神の下の国家に不可欠な正義を反映した移民改革を支援する」(26)。また、移民や難民に対する敵愾心《てきがいしん》に懸念も表明し、隣人たちに思いやりを示すよう呼びかけている。

二〇〇七年に議会がCIRの検討に入ると、宗教団体――福音派、ローマ・カトリック教会、メインライン・プロテスタントの教派を含む――もこの問題の見直しにとりかかった。その結果、二〇〇九年にNAEが採択した決議の焦点は、国境警備と法の執行から外国人の幸福へと移行した(27)。一二ページから成るこの決議は、「聖書的な基盤」、「国家の現実」、「行動への呼びかけ」の三部に分かれていた。第一部は、すべての人間は神の姿を持っていること、キリスト者はすべての人間に敬意を示すよう求められていることを認めている。第二部では、移民の著しい増加が多くの問題を引き起こしてきたことを示唆している。

第三部の「行動への呼びかけ」では、いくつかの政策が提言されている。この中には、「人間の尊厳の尊重」を強調した国境警備をおこなうこと、「妥当な数の移民労働者」の受け入れを促進すること、家族呼び寄せビザの数を見直すこと（そして、暗に増やすこと）、国外退去が家族に及ぼす影響を再評価すること、アメリカにいる者すべての人権――特に公平な労働慣行に関する権利――を保護すること、「法律の適正な手続きの重要性、人間一人ひとりの神聖性、家族の比類なき価値を認識できるような方法で」移民法を執行すること、が含まれている。これらの提案を考え合わせると、NAEの声明の起草者が、より開放的で柔軟な移民制度――不法滞在者の法的状況を改善し、家族呼び寄せをより優先させる制度――が必要だと信じていることは明らかだ。

この決議では、アメリカは国の経済的ニーズに見合った数の外国人を受け入れていない、と断言している。その結果が大勢の不法入国者なのだ、と。彼らは自分たちの経済的利益を促進するためだけでなく、アメリカの企業に安い労働力を提供するためにやってきた。「数百万もの人々が正規の書類なしに入国するか、短期ビザでオーバーステイ（不法滞在）しているのは、ビザの数が制限されているせいだ」

このNAEの声明を評価するにあたって、ホイートン・カレッジの政治学教授ピーター・メイラエンダーと私は、政府のビザ政策の適切性に対する宗教指導者たちの評価能力に疑問を持った。われわれは次のように書いている。

しかし、「十分な」ビザの数とはいったいいくつなのだろうか？　それはどのように決めたらよいのか？　アメリカの外国人労働者の需要を考慮して決めるのか、あるいはこの国にやってこようとしている外国人労働者の数を考慮して決めるのか？　熟練労働者か非熟練労働者かで何らかの違いは生まれるのか？　アメリカの消費者への利益はどのように測るのだろうか？　アメリカ人労働者のコストに対して、それより安い商品とサービスという賃金競争という形で測るのか？　また、労働者、家族、難民の間でどのようにビザを割り当てるべきなのか？　このような困難だがきわめて重要な問題がすべて、われわれが「十分な」移民を受け入れていない、という表面的な臆測の下に埋もれてしまっている。(28)

興味深いことに、この声明では、国内のいたるところにいる不法移民がいかに法の支配を損なっているかについては言及されておらず、彼らへの社会、医療、教育サービスに対する市民の経済的負担にもほとんど触れられていない。国境を監視する必要性と法の執行の必要性を認めているふたつの提言でさえ、国境警備の維持よりも密入国をはかる者たちの人権を守る必要性のほうを重視している。

はたしてこの決議は不法移住の問題を評価するにあたって、福音派の教区民に役立つ重要な聖書の規範を明示していると言えるだろうか？　この複雑な問題に政府が公正に対応できるように聖書的・道徳的原則を示しているだろうか？　結果的に、より多くの情報に基づいた政策論争に貢献しているだろうか？　残念ながら、この文書は問題をあまりにも単純にとらえすぎて、相反する目標の道徳的な妥協点を明らかにできておらず、信徒に十分な情報を与えているとは言いがたい。なによりも重要なことに、なぜ移民が流入するのか、その背景についてまったく議論がされていない。これを読んでも、移民規制が国際政治における重要な問題であることはまったくわからないだろう。

ほかの複雑な問題に関する短い声明にも言えることだが、このNAEの文書の根本的な欠陥は内容が漠然としすぎていることだ。人間は神のかたちを帯びていて、思いやりをもって扱われるべきだ。決議はそう力説している。しかし、「善きサマリア人」や旧約聖書に書かれている民の移動を引き合いに出されても、有意義な政策ガイダンスとしてはあまりにも抽象的だ。他人に思いやりを示すことは大切だが、人間の尊厳や寛大さといった道徳的価値観だけでは十分な移民改革の指針とはならない。政府は相反する価値ある目標の間で優先順位を定めようとしているのだから。たとえば、難民の主張と外国人労働者の主張、あるいは不法滞在者の主張と家族を呼び寄せようとしている合法的滞在者の主張のバランスをとること、といったような。思いやりは確かに必要だ。しかし、すでに相当厄介な、負担の多い問題を抱えている移民行政の困難な要求に取り組むには、この倫理だけではいかにも力不足である。

何度も述べたように、聖書は国際政治のマニュアルではない。重要な価値観と視点は提供してくれるが、政策問題に関する指示は示してくれないのだ。それにもかかわらず、福音派は自分たちの政治的選択と政策的偏向を聖書で正当化したいと熱望している。包括的移民制度改革（ＣＩＲ）に関する議論でも、恩赦への賛成・反対を論じるうえで聖書を引き合いに出して、この慣習に従ってしまった福音派の指導者や教師がいた(29)。旧約聖書学者のジェームズ・Ｋ・ホフマイヤーは、聖書をもっと特殊なやり方で移民論争に適用している。ただ聖書の原則を強調するのではなく、それらの規範がどのように古代イスラエルに関連しているか、現代の地政学にどのように関連している可能性があるかを示しているのである。

聖書の教えを真剣に受け止め、人々に寛大に対応したい者たちは、貧しくはあるが不法に滞在している者を助ける際に、倫理と法律のバランスを見出すことに苦慮するだろう。また、旧約聖書の律法では合法入国者と異邦人を区別している、という事実も受け入れなければならない。それゆえ、キリスト者は思いやりを持ち、なおかつ不法移民が自分たちと同じようにその土地の法律に従う必要があると認めることと葛藤し続けるだろう。(30)

聖書は、どのように解釈するにしろ、ＣＩＲに関する政策手引書にするには明らかに不完全である。政策の道徳的分析の根幹を構築するうえで欠かせない存在であることは間違いないが、政策問題に適用する際は、政治目的に誤用され、それによって教会の信用性が損なわれないように十分慎重におこなう必要がある(31)。

ＣＩＲについてより多くの情報に基づいて議論ができるように貢献したければ、もっと移民の政治倫理に眼を向けなければならない。そのためには、次のような中級レベルの課題に取り組まなければならないだろう。

・国家の本質と目的とは何か？　国家は道徳的に正当なのか。そうであれば、政府は国境の内側で法律をつくり、それを執行する責任があるのか。

・市民と外国人の道徳的関係とは何か？　同胞に対する義務は、外国人に対する義務より重要であるべきなのか。そうであれば、他の国の市民には、どのくらい手を差し伸べるべきなのか。最後に、どのような原則を外国人受け入れの指針にすべきだろうか。

・分権化した、国家を基盤とした世界秩序という現在の道徳状態はよいのか、悪いのか？　世界を独立した主権国家に分けることは道徳的に正当なのか？　そうであれば、国家が移住を制限することもまた、道徳的に正当なのか。そうでないなら、キリスト教徒は国籍に異議を唱え、国境を自由に通行できるコスモポリタンな世界を奨励すべきなのか？

異邦人への思いやりやホスピタリティといった理想を明確に示すことは重要だが、慎重な外交政策は理想だけでは考案できない。正義の推進に努めるなら、教会は聖書の理想を宣べ伝える以上のことをする必要がある。つまり、聖書を分析し、さらに市民と外国人の間の相反する利益を包括的に分析し、そのふたつを統合する、という困難な仕事に取り組まなくてはならないということだ。最後に、教会が自らのスピリチュアルな独立性と道徳的信用性を維持しようとするのであれば、政治倫理を猛勉強せずして短絡的な政策を表明することは控えるべきである。危険なのは、単にお粗末な助言をおこなうことではない。教会にとって真の脅威は、政治目的のために聖書の権威を誤用したり悪用したりすることなのである。

## 強制的尋問と対テロ戦争

二〇〇一年九月一一日、テロによってニューヨーク市とワシントンＤＣで無辜の市民三〇〇〇人の命が奪われると、ブッシュ政権はアルカイダ、タリバン、その他のイスラム教過激派グループとの戦いに乗り出した。この対テロ戦争では、テロリストとテロリストをかくまい支援する者たちを区別しない――大統領はそう宣言した。国家間の戦争とは異なり、非国家団体に対する軍事作戦は変則的で慣例にとらわれない。テロリストは罪のない一般市民を標的にし、極秘に作戦を実行して、社会を不安に陥れる。このような敵を倒すのはことのほか難しい。通常戦争の場合、その目標は敵の軍隊を負かすことだ。それが不正規戦争または非対称紛争〔正規軍と戦闘員資格のない者が戦い、後者が自爆テロなどの非常手段をとる戦争〕になると、単にテロリストを罰するだけでなく、テロリストの破壊活動を未然に防ぐことも含まれる。そのためにはタイムリーかつ正確な情報が必須であり、変則的な戦争を推進するには諜報活動が欠かせない。このような軍事紛争では、捕えた非合法戦闘員から、基本的な道徳的・法的規範を侵さずに、どのように情報を引き出すかが課題となる。

対テロ戦争をおこなうにあたって、ブッシュ政権は早い段階でテロリストを非合法戦闘員と見なす——人道的に扱われるが、国際法の下で与えられた保護を受ける資格はない——ことを決定した。諜報員は、捕えたアルカイダ戦闘員から情報を確保するために、選択的に強制的尋問のテクニックを使うことを許可された。さらに、「囚人特例引き渡し」という、より法的制約の少ない取り調べができる他国への囚人移送システムの利用も増加した。このように強制的尋問に対する規範が緩和された結果、収容所や刑務所で多くの虐待がおこなわれ、これらの虐待が軍と諜報機関の対テロ戦争のやり方について激しい国民的な議論を巻き起こした。

強制的尋問に関する社会の認識を高めようと、二〇〇六年に宗教指導者たちは「拷問に反対する全国宗教キャンペーン（National Religious Campaign Against Torture：NRCAT）」を立ち上げた。目的は、信徒たちが連携して被拘束者に対する非人道的扱いをやめるようアメリカ政府に圧力をかけることである(32)。その後、USA長老派教会、ディサイプル教会（ディサイプルス）〔アメリカで起きた第二次大覚醒の結果として生まれたプロテスタント団体〕、米国カトリック司教協議会など主な教会教派が拷問を非難する宣言と調査書類を発表した。

福音派が強制的尋問に初めて懸念を示したのは二〇〇六年二月、旗艦月刊誌「クリスチャニティ・トゥデイ」がこの慣行を非難する記事を掲載したときのことだった。その一年後、キリスト教倫理学者のデヴィッド・ガシー率いる神学者と活動家の小規模なグループが「拷問に反対する福音派宣言――テロの時代の人権保護」を発表し、討論に入った(33)。この一八ページの文書はNAEの議題にのぼり、二〇〇七年三月一一日にほぼ即決で採択された。このときの承認と、のちにほかの多くの福音派指導者たちが署名したという事実により、この文書は――NAEが起草したものではなかったにもかかわらず――対テロ戦争への福音派の意見と認識されるようになった。

この宣言は「拷問に反対する福音派宣言」と銘打ってはいるものの、そのタイトルには内容が正確に反映されていない。一例をあげると、聖書に書かれていることばを除けば、その主張と分析は福音派特有の教えとは関係がない。確かに人権に関する考えは神学および聖書の原則に基づいているが、それはキリスト教の規範であって、福音派独自のものではないのである。さらに、NAE指導部とほかの多くの福音派指導者が署名をしたという事実は、確かに宣言に正当性を与え、福音派の有権者の大部分の意見が反映されている、という印象を与えるのだが、世論調査の結果はそうではない。二〇〇九年に実施された調査では、福音派が対テロ戦争における強制的尋問をほかのキリスト教団体よりも支持していることを示している。白人の福音派の六二パーセントが、重要な情報を得るためにテロリスト容疑者をしばしば、またはときおり拷問してもよい、と答えており、ほかの宗教または世俗グループの数字を上回っている(34)。

このタイトルにはもうひとつ問題がある。それは、この宣言が一般市民をテロ攻撃から守ることではなく、人権の不可侵性について述べていることである。命は侵すべからざるものであり、市民であろうとテロリストであろうと、人間は尊厳を得る権利がある――それが基本的なメッセージとなっている。三・三項では、次のように述べている。「人権はすべての人間に適用される。人々が持つ権利は、神のかたちに創られた人間であるがゆえに、彼らのものである。自らの行為または他人から受けた行為によって、人間性を奪い取られることは決してない」。国家の主な使命のひとつは国民の安全の確保なのだが、この宣言では潜在的な被害者の安全と幸福よりも、被拘束者の権利と幸福のほうをはるかに心配しているように見える。

さらに、拷問を非難する一方で、この慣行の定義づけがされていない。極度の痛みを伴う意図的な残虐行為――それが一般的な拷問の見解である。しかし、脅威と精神的苦痛も重度の身体的危害に匹敵するのではないだろうか？　欺きと孤立は拷問だろうか。睡眠不足と大音量の音楽は？　概念的な合意がないことから、リチャード・ポズナー連邦裁判所判事は、拷問には「確固とした定義がない」と述べている(35)。この問題を考慮して、政治倫理学者ジーン・ベスキー・エルシュテインは「あらゆる形態の強制または操作を〝拷問〟に含めるなら、道徳主義と法律主義の区別がなくなる」と論じている(36)。

はたしてこの文書は、テロから社会を守るという問題について市民に情報を与えているだろうか？　対テロ戦争における武力行使に関する倫理政策を策定するうえで、役に立つ基本的な聖書および道徳規範を明らかにしていると言えるだろうか？　より安全で人道的な社会の実現に貢献できる原則を提供しているだろうか？　福音派の倫理学者で神学校教授のダニエル・ハインバッハはこう述べている。「この文書は何を強く拒絶しているのかさえ定義することなく、ただ漠然と拷問を非難している。強制的尋問を非難する代わりに、現在おこなわれている対テロ戦争で軍事力が果たす役割を検証し、〝どの時点から強制が道徳の一線を越えて不道徳の領域に入るのか〞を探究していたなら、国民的論議に貢献することができただろうに」(37)

国家安全保障倫理学者のキース・パブリチェックも、この宣言の姿勢と、テロから市民を守るという国家の倫理的な義務に向き合っていないことに批判的である。「公益を保護し守るという正統な政府が持つ権利と義務にほとんど言及されていない。〝テロの時代〞の被拘束者政策に関する問題にはしっかりと意見を述べているのに、何とも奇妙な省略である」(38)。パブリチェックは、この文書の平和主義志向にも困惑している。教会は歴史的に、国家が公共の正義のために強制力を行使することを認める「正義の戦争」を支持してきた。ほとんどのキリスト教徒と同じように、彼もそのように思っていた。しかし、この宣言は、命は神聖である、ということを大前提としているため、国家が人権を保護する責任の範囲を研究したり、正しい力と不正な暴力、合法戦闘員と非合法なテロリストを区別したりしていないのだ。

諜報活動は、テロリストの活動を未然に防ぐためにきわめて重要である。テロ組織の秘密性、その非中央集権的な性質を考えると、電子機器や写真を用いた情報収集では将来のテロ行為を防ぐ情報は得られそうにない。必要なのは、人間を使った諜報活動、つまりスパイによって、または被拘束者の尋問によって収集される情報なのである。拷問が不道徳で違法だと考えると、尋問の強制的なテクニックはすべて禁じられることになるのだろうか？　とすると、被拘束者はどのように尋問すべきなのか？　社会が極度の緊張事態に直面し、その安全と幸福が脅かされたときに、限定的な強制的尋問（一部の識者は「軽い拷問」と呼ぶ）は道徳的に許容されるのか？

囚人に重度の身体的危害を引き起こすこと、と定義される拷問が不道徳で違法であることは間違いない。宗教学教授のジェームズ・ターナー・ジョンソンが述べたように、拷問は正義の戦争の伝統に反している。まず、武力行使に直接関わっていない者に危害を加えてはならない。次に、意図的な危害または虐待は「善良な人間の在り方」に反する(39)。福音派はこの慣行が悪しきものだということを思い起こす必要があるだろう。しかし、九・一一後の時代のキリスト教徒の課題は、被拘束者への身体的虐待をただ非難するだけでなく、公正であるべき政府がテロの脅威にどのように対応すべきかを明らかにすることだ。彼らの道徳的な使命は、罪のない人々を守るという政府の責任と、聖書の道徳と一致する行動を調和させることである。

ナチスドイツにおいて、告白教会〔一九三三年に政権奪取したナチスに反対する、ドイツのルター派教会の牧師や信徒たちが結成した組織〕の指導者的牧師ディートリッヒ・ボンヘッファーは、ドイツ国家に従うという世俗的な義務と、神に従うというスピリチュアルな義務を調和させるという困難な倫理的使命に立ち向かわなければならなかった。結局のところ、彼は断固たる反体制派になっただけでなく、ヒトラー暗殺作戦にも積極的に加担するようになった〔のちに作戦が発覚し、ボンヘッファーは銃殺刑に処せられる〕。国家に忠実ではない反抗的なルター派教会と邪悪な政治体制という複雑な問題に取り組むにあたって、ボンヘッファーは、道徳的原則だけでは自分が対峙する問題を解決できないことに気づいたのである。このような彼の葛藤について、エリック・メタキサスは次のように述べている。「原則で達成できることには限界がある。ある時点で、誰もが神のご意志を聞き、神がほかの人とは別に自分に求めていることを知らなければならない」(40)。ナチ体制を脅かした罪で投獄されたのち、ボンヘッファーは自らが直面する実存的状況がもたらした道徳的問題について、次のように書いた。

歴史においては、国家の正規の法を厳守することが、突如として人の命という避けられない必要性と激しく対立するときがある。このとき、責任ある適切な行為は、原則やしきたりという領域、通常と正常という領域を置き去りにしていく。そして、究極の必要性という普通ではない状況、いかなる法律でも支配できない状況に直面するのである。(41)

ＮＡＥの発表した宣言は、人権は重要であり命は基本的な権利である、という説得力のある事例を示している。しかし、人命は神聖だと表明したところで、社会をテロ攻撃から守ることはできない。キリスト教徒、そして人権と市民の安全に対して責任を負う意思決定者たちは、基本的な道徳的および法的主張を宣言するだけでは十分ではない。そこで必要になるのが、敵に対する人道的処遇と、市民をテロから守るという競合する道徳的善を調和させるための指針である。ＮＡＥの声明は、この基本的な道徳的使命にほとんど応えることができていない。

## 核兵器の削減

歴史的に、軍事力は国益を保護し守るための道徳的に正当な手段と見られてきた。神学者と政治理論学者は、「正戦論」として知られる軍事力に関する精緻な理論を展開し、国家がどのようなときに戦争に訴え、その戦争がどのようにおこなわれるべきかを規定した。しかし、一九四五年に核兵器が発明されると、その計り知れないほどの破壊力は単なる戦争の道具と見なせる範囲を超えており、この道徳的伝統が大きく揺らいだ。その絶大な力により、核兵器は三つの根本的な道徳的問題をわれわれに突きつけた。まず、それほど威力のある兵器を開発し所有することは、はたして道徳的なことだろうか？　次に、大規模な攻撃にさらされたとき、国家は核兵器を使用すると相手を脅すことができるだろうか？　最後に、戦争抑止政策が失敗に終わったとき、国家は核兵器を使用することができるだろうか？　これらの道徳的な問題を考慮して、軍の理論家は一九四六年に核兵器の出現が果たした役割を次のように定義した。「これまで軍事組織の主たる目的は戦争に勝つことだった。これからの目的は、戦争を避けることにしなければならない」(42)

その結果、冷戦中のアメリカの核戦略の主目的はソ連の大規模な攻撃を抑止することになった。核弾道ミサイルの攻撃を受けたが最後、社会を守ることなど不可能だ。よって、核戦争を回避するには核の抑止力――受け入れがたい報復を誓うこと――しか方法がない。この目的に向けて、ふたつの超大国は何万という核兵器を開発および配備して潜在的な脅威に対処した。彼らの戦略理論によれば、アメリカが受け入れがたい報復を実行できる限り、世界の秩序は保たれるというわけだ。

このような軍事競争を繰り広げていたにもかかわらず、冷戦中、アメリカとソ連は戦略兵器の数と種類を限定する多くの軍縮協定を交わしている(43)。そして一九九一年の冷戦終結とともにソ連が解体されると、超大国の軍事衝突の危機は消滅し、戦略兵器を大幅に削減する機会が訪れた。この世界政治における劇的な変化を反映するために、ロシアとアメリカは自国の核兵器の数を激減させる。これらの削減を成文化した三つの条約が、一九九一年の第一次戦略兵器削減条約（ＳＴＡＲＴ）、二〇〇二年のモスクワ条約、二〇一〇年の第四次戦略兵器削減条約（新ＳＴＡＲＴ）(44)である。二大国の核開発競争の一方、ほかの国による核戦力獲得が国際社会の新たな懸念となっていた。そこで一九六八年に主要国が核兵器不拡散条約（ＮＰＴ）に署名し、二年後に発効となる。ＮＰＴの目的は、核兵器の拡散を抑止するとともに、原子力の平和利用を促進することであった(45)。

米国防総省は定期的に自らの戦略的ドクトリンを見直して、軍事ドクトリンが国際体制の中で進行中の政治的変化を確実に反映するよう努めている。冷戦終結以降、アメリカはこのような再評価を、一九九四年、二〇〇一年、そして二〇一〇年の三回おこなってきた。核態勢見直し（ＮＰＲ）として知られるこの再評価のうち、三回目の二〇一〇年には五つの関心分野を特定している。それが、核拡散と核テロリズムの防止、アメリカの国家安全保障戦略における核兵器の役割の縮小、削減された核戦力レベルにおける戦略的抑止と安定性の維持、地域的抑止の強化、安全かつセキュリティーの確保された効果的な核兵器の維持である(46)。そして、これらの広範な目的を実行するためにさまざまなイニシアチブを推奨している。

たとえば、核不拡散という目標と確実な抑止力の維持をさらに強固なものにするため、ＮＰ

R報告書はアメリカの核実験の中止、包括的核実験禁止条約（CTBT）の批准、新たな核弾頭開発の自制を勧告している。さらに、核兵器への依存を緩和するために、アメリカがNPT署名国である非核保有国に対して核兵器を使用すること、または使用すると脅すことを控えるよう提言した。そしてなによりも重要なことに、長期的には核兵器を廃絶することを求めている。

アメリカの政策の長期的な目標は、核兵器の完全撤廃である。現在のところ、この目標をいつ達成することができるかは定かではない……国際的な不安定と安全の欠如を拡大するというリスクを冒さずに、最終的にアメリカやほかの国々が核兵器を放棄できるようにするためには、きわめて多くの条件が必要である。それらの条件の中には、対立国家を核兵器の獲得や維持へ導くような地域紛争の解決、核兵器の拡散防止の成功、主な関係国の核開発計画や能力に関する透明性の飛躍的な向上、軍縮義務違反を探知できる検証手段および技術、そのような違反を抑止するに十分な強さと信頼性をそなえた執行手段が含まれる。これらの条件が現在において存在しないのは明らかである。しかし、われわれはこれらの条件を創出するために積極的に行動することができるし、しなければならない。(47)

核兵器なき世界は、冷戦時代にもジョージ・F・ケナンやジョナサン・シェルのような核の平和主義者が奨励しようとしていたが、この運動に大いに弾みをつけたのが二〇〇七年に四人の元政府高官――ジョージ・P・シュルツ、ウィリアム・J・ペリー、ヘンリー・A・キッシンジャー、サム・ナン――が寄稿した論説である(48)。この文章で核兵器廃絶を呼びかけた四人はさらに三本の記事を執筆し、「ニュークリア・セキュリティ・プロジェクト」という組織を設立した(49)。この核兵器なき世界という目標は、近年、ほかのさまざまな団体によって推進され続けてきた(50)。よって、NPRがアメリカ政府の長期目標は核兵器のない世界だと宣言したとき、それは新しい発想ではなく、むしろ多くの政府関係者や学者たちの間ですでに支持されていたビジョンだった。しかし問題は、単に核なき世界という目標を明確に打ち出すだけでなく、そのビジョンを実現できる政治的前提条件も創出することにある。

冷戦終結以降、先進民主国家間の国際問題において核兵器の重要性は大きく低下した。さらに、ロシアとアメリカ両国の核兵器の大幅削減、核戦略において現在進行中の調整を見ると、両国は核戦争の危険性を著しく低減させたと言ってよい。冷戦の緊張が高まっていたころ、このふたつの超大国は約七万発の核兵器を保有していたが、二〇一一年に配備中の核弾頭は両国を合わせても六〇〇〇発に満たなかった(51)。したがって、二〇一二年の時点でもっとも差し迫った核の問題はもはや主要国の戦略兵器の状態ではなく、核拡散――とりわけ、ならず者国家やテロリスト・グループへの拡散――の脅威だった。

第四章で述べたように、NAEは一九八六年に平和、自由、安全の追求に関連して核の抑止力に関する道徳的な意見を構築するガイドラインを発表した。当時はアメリカの国家安全保障における核兵器の役割について重要な議論が続いていたため、自由で平和的な国際体制を追求する際に戦略兵器が果たす役割を分析するために作成されたのである。しかし、冷戦が終わった現在は核戦略の重要性は当時より薄らいでいる。それだけに、NAEが「ニュークリア・ウェポン二〇一一」(52)という声明を採択して核兵器の政策論議に改めて参入したことは驚きをもって迎えられた。

この短い宣言は、「聖書的基盤」、「牧師たちの懸念」、「政策的含意」の三部から構成されている。「聖書的基盤」のセクションでは、命の神聖さ、悪の抑制、平和の促進、「核兵器使用によって次世代への影響を及ぼさないこと、あるいは地球の全生命に悪影響を及ぼさないこと」という四つの原則を強調している。「牧師たちの懸念」のセクションでは、神を愛することの優先性、敵を愛する必要性、核兵器産業で働く人々への道徳的ガイダンスの規定を強調している(53)。この声明によれば、敵への愛を育てるという点では、核兵器への依存は、核破壊の脅威から相手国の一般市民を非人間的に扱う可能性がある(54)。核兵器産業従事者の道徳的懸念については、大量破壊兵器を維持・製造することへの「倫理的な曖昧さに悩まされる」者がいるかもしれないので、「祈りあふれる瞑想」で導くことができる牧師または従軍牧師の助けを求めるべきだという。「政策的含意」のセクションでは、福音派の原則を思慮深く適用することで以下のイニシアチブをサポートできると示唆している。核兵器使用に対するタブーの維持。核武装の相互削減の続行。不注意による核兵器の使用防止対策の強化。許可されていない核分裂性物質の拡散防止。

NAE役員会はなぜこの決議を採択したのだろう？　新STARTや二〇一〇年のNPR報

告書のようなアメリカの現行の軍縮イニシアチブが十分ではないと考えたのだろうか？　先に発表した核なき世界を求める四つの声明を後押ししようとしたのだろうか。あるいは、現行の戦略的イニシアチブの道徳的分析を強化したかったのか。どのような理由にしろ、この文書のあまりにも単純で平和主義的な性質を考えると、戦略上の懸念に対する福音派の指導者や教区民の認識を高めることも、国家安全保障の専門家による核戦略の道徳的分析への識別力を高めることもできそうにない。あまつさえ、新たな核保有国の台頭、核テロの脅威、核拡散の危険といったもっとも喫緊の核兵器問題に言及していないため、国防省関係者の注意を引くとは考えにくい。一九八三年に米国カトリック司教協議会が発表した、核抑止力の問題を聖書的、道徳的、政策的に分析した、説得力に満ちた司教教書[55]や、一九八六年にＮＡＥが発表した平和、自由、安全プログラムのガイドラインとも違って、この声明では核なき世界の追求によってもたらされるジレンマについてほとんど道徳的分析がされていない。

　宗教団体の強みは聖書的分析と道徳的分析にあり、国際政治ではない。よって、福音派が取り組む政策イニシアチブは、政策提言ではなく道徳を説くことを重視すべきである。このことはＮＡＥも認識しているらしく、声明には「われわれは軍の戦略家としてではなく、教会指導者としてこの声明を書いている。核兵器は重大なスピリチュアリティ、道徳、倫理上の懸念を引き起こすため、意見を表明するものである」と書かれている。しかし、その後にこうした懸念の本質を説明し、それらが国家安全保障にどのように関係しているかを示すこともなく、政策的助言に移行している。たとえば、戦術核兵器〔主に軍事目標の破壊を目的とする核兵器〕の配備は禁止すべきだ、というように。さらに、「核兵器の保有は、国家の安全を強めるよりも弱めるだけだ、と多くの有識者たちが主張している」と述べることによって、核のない世界の望ましさを示唆している。こうした提案には傾聴すべき点もあるかもしれないが、どれも同じような考えのほかの識者たちの慎重な意見に基づいていて、教会指導者たちが教区民や一般市民に提供できる、そして提供すべき公平な道徳的分析に根ざしたものではない。

冷戦後、核兵器が国際安全保障において果たす役割は劇的に縮小した。相互的かつ検証可能な削減を推進できる政治情勢が続く限り、この傾向は変わらないだろう。「一九四五年以来普及してきた核による平和の根底には、差し迫った相互破壊の脅威がある」とNAEは主張する。冷戦中は当然の主張だったが、現在はそんなことはまったくない。核兵器は今後も攻撃の抑止力として限定的な役割を果たしていくだろうが、主要国の国際関係においてその重要性はますます薄れつつある。

国際紛争は、軍備ではなく政治から発生する。よって、現代世界で核兵器の役割を削減できるかどうかは、国際政治の質にかかっている。実際のところ、先進民主国家が核兵器を保有したところで、世界の秩序に危険が及ぶことはほとんどない。平和への真の脅威は、カシミール、イスラエル／パレスチナ、朝鮮半島のような領土紛争、そしてイラン、北朝鮮、パキスタンのような脆弱な国家から生じるのだ。アルカイダやその他のテロリスト・グループによる大量破壊兵器の追求も、重大な脅威である。核のない世界を目指すことは意義のある目標だが、政治的対立が続くうちは、アメリカの核の抑止力への依存緩和は慎重に進めなければならないだろう。それが二〇一〇年のＮＰＲの結論である。核兵器の分析を作成するにあたって、ＮＡＥはこの文書にもっと注意を払うべきであった。

政策論議に参加したいと熱望するあまり、現代の世界制度においてあらゆる国家が直面し続けている安全保障の課題について、ＮＡＥは道徳的な洞察をほとんど示さないアドボカシー文書を発表してしまった。宗教指導者たちの専門分野を考慮すると、この声明の起草者たちは内容を聖書的・道徳的分析に絞り、国家安全保障政策に関する慎重な判断は軍事問題と政治問題の専門家に任せたほうが賢明だったと言えよう。

## 結論

本章で特定された方針の欠陥は、法律を採択させることや望ましい政治改革を実現させることができない、という点にあるのではない。むしろ、福音派の外交政策イニシアチブの限界は、本章で取り上げた問題に政治倫理や道徳的根拠を十分に適用していないことにある。どれも一筋縄ではいかない問題ばかりなので、宗教指導者や政治活動家の定義づけや提案する戦略が大きく異なるのは無理もない。さらに、どの問題も根本的に倫理的ジレンマを含んでいるため、相反する道徳的善の中で折り合いをつけることが難しい。単純な解決策がないのだから、絶対的な道徳的判断が保証されていないのである。

本章の冒頭で述べたように、道徳的分析における課題は、価値のある目標を推進し、害を及ぼす副作用を最小限に抑える戦略を考案することである。たとえば、気候変動への取り組みは、この問題の性質について学者たちの意見がばらばらなうえに、温室効果ガスの削減が経済成長の追求を妨げるため、取り組みようのない地球規模の問題だ。この問題が厄介なのは、産業の促進と化石燃料の使用削減という相反する目標が関わっている点にある。経済成長にはより多くのエネルギーが必要なため、経済拡張の追求と化石燃料の使用抑制という要求は矛盾する。当座の最善策は、この問題に関する広範な聖書的規範を明確に述べ、具体的な政策を提言する際はもっと慎重になることだろう。この問題は道徳的な政治の重要な原則を示している。つまり、キリスト教徒は聖書および道徳的原則をしっかりと守り続けるが、提言は謙虚に慎重におこなうべきなのである。

移民改革もまた、世界的に重要な倫理問題である。国際社会はさまざまな主権国家で成り立っているため、政府は主権領土内のすべての人々の人権を、その人々の法的状況にかかわらず、守る責任がある。さらに、難民を含む妥当な数の移民に合法的入国（ビザ）を許可するという人道的な移住を継続する必要がある。ビザの需要が政府の発給数をはるかに上回るため、法的許可を得ずに入国または滞在する外国人への対応を含め、人道的な移民政策の立案には道徳的に困難なジレンマがつきものだ。不法滞在者の窮状に取り組む際に思いやりは重要な価値観だが、法の原則を守ることも同じくらい必要である。何百万という不法滞在者の法的状況に関する相反する主張を考えると、政府が移民のジレンマを解決できずにきたこともうなずける。福音派のこの問題への取り組みに対する批判は、ＮＡＥが包括的移民制度改革（ＣＩＲ）を推進できなかったことではなく、ＮＡＥの宣言がこの問題について聖書に基づいた優れた分析を提供できていないことに向けられている。結果として、福音派はより多くの情報に基づいた道徳的な議論をほとんど構築することができなかった。

拷問に関するイニシアチブも、やはり罪のない人々をテロの脅威から守るという政府の責任を道徳的に理解することにほとんど貢献できなかった。前述の通り、キリスト教が人権を支持すること、あらゆる人々――被害者もテロリストも――が尊厳を持って扱われなければならないことを力説しても、世界の正義にはほとんど役に立たない。問題は、人間の尊厳という基本的規範を宣言することではなく、市民をテロからいかに守るかを明らかにすることにあるのだから。テロ対策のひとつの戦略として、過激派の容疑者の拘束と尋問がある。これはジョージ・Ｗ・ブッシュ政権の政策で、ＮＡＥの決議発表の動機となったものだ。この政策はバラク・オバマ大統領が就任すると中止され、より致死率の高い戦略――無人偵察機プレデターなどの無人機（ＵＡＶ）によるテロリストの殺害――に置き換えられた。ある概算によると、二〇〇九年から二〇一一年にかけて、アメリカはパキスタン西部の部族自治地域だけで二三四回の無人機攻撃をおこない、二〇〇〇人近い過激派を殺害している(56)。ＮＡＥはこのような無人機の戦争行為について何の決議も発表していないが、この新しい戦略が突きつける重大な道徳的課題は、強制的尋問に関連する課題と大して違わないはずだ。結局のところ、無辜の民をテロから守るといった困難な問題に取り組むときは、人命の神聖さを宣言するだけでは大して役に立たないのだ。重要なのは不当な攻撃を防ぐことであり、それにはＮＡＥの声明の内容よりもはるかに慎重な分析が必要なのである。

核兵器廃絶問題も、同様に厄介な問題だ。確かに冷戦終結以降、ロシアとアメリカは核兵器の量を大幅に削減してきた。しかし、この世に核技術が存在する限り、核のない世界の推進は技術的および物質的な問題だけでなく、憎しみと、国家や非政府団体の紛争を減らすための政治改革にもかかっている。核がほとんどない、またはまったくない世界の追求は素晴らしい理想だが、宗教団体がこの目的にもっとも貢献することができるのは、その必須条件である国家間の信頼や政治的な調和の促進に尽くすことである。

# 第9章

# より効果的なグローバルな関わりへ

福音派がグローバルな関わりをさらに強化するにはどうしたらよいだろうか？　アメリカの福音派は国内外の政治問題への関心を高め、有益な影響を与えてきた。二〇世紀初頭、保守派のプロテスタント教派は公共生活への参画から離脱あるいは完全に孤立したせいで、贖罪を担う証人としての活動を自ら損なったうえに、過度な敬虔主義に走ってしまった。その結果、一九四〇年代半ばにより積極的に社会と政治に関わる改革派として福音主義が興り、アメリカの伝統的なプロテスタント宗教の役割を回復した。しかし、福音派の政治化は多くの問題を提起している。なかでも重要な問題として、どうしたら教会の基本的なスピリチュアルな使命を危険にさらすことなく政治と積極的に関わることができるだろうか？　さらに、どうしたら人間と正しい世界秩序の発展にもっとも貢献することができるだろうか？

## 教会の政治関与

政治は対立を生む。政治とは、愛ではなく権力である。その活動は教会の超越的な使命を希釈し、ときに損なうことさえあるため、慎重に丁寧におこなわなければならない。フランスの政治思想家アレクシ・ドゥ・トクヴィルは、一九世紀に宗教団体の政治活動の危険性に言及している。彼はアメリカの文化、社会、政治を深層まで描写した著書『アメリカの民主政治』（井伊玄太郎訳、講談社文庫）で、「教会が国家の世俗的な権力を共有すれば、国家が引き起こす敵意の一部を受け取ることになる」(1)と書いている。同様に、二〇世紀半ばのイギリスの国際問題の歴史家ハーバート・バターフィールドも、「外交問題の解決は教会の仕事ではない」と述べている(2)。したがって、福音派が世界と関わるときは、政治的意思決定に直接関与することなく、道徳的分析と外交政策問題および国際問題に関する考えに影響を与えること、つまり政治圧力団体にならずに、その問題に関する道徳的な考え方に影響を与えることを目指すべきである。

では、教会グループが道徳的権威を失うリスクを最小限に抑えるためにはどうしたらよいだろうか。それは、特定の政策イニシアチブに焦点を当てず、聖書の規範を強調することによって教えを説く、という本来の使命を優先することだ。このアプローチは、一九五〇年代から一九六〇年代の福音主義の出現と発展に多大な影響を与えた神学者カール・F・H・ヘンリーによって提唱された。「クリスチャニティ・トゥデイ」誌の初代編集長だったころに、彼は福音派が教会と政治の関係を考えるうえで役立つ一連の原則を策定している。

1 聖書は、社会的・政治的領域を含め現代生活および文化全体と非常に深く関わっている。
2 機構としての教会は、神の名において国家の法律、軍の戦術、または経済政策の善し悪しを判断する権限も能力もない。
3 教会には、神のすべての啓示を宣べ伝えるという神から与えられた義務がある。この啓示には、人間と国家を最終的に裁き、人間が生活し社会の安定を維持する拠りどころとなる基準や律法が含まれている。

4 よりよい社会を政治的に実現することはすべての市民の務めであり、特にキリスト者は可能な限り政治に関与する義務がある。

5 聖書は、神によって定められた目標を達成するために政府と教会がおこなうべき適切な活動を割りふっている。政府の活動は正義と秩序の維持であり、教会の活動は世界で福音を説くという道徳的かつスピリチュアルな使命である(3)。

この枠組みを見て、ヘンリーが政治に関わらないように呼びかけていると解釈するのは間違いである。それどころか、聖書には神の正義と義の重要な原則が示されている、と主張している。神は神の掟に従って個人と国家を裁くのだから、教会の重要な使命はこれらの聖書的・神学的規範を宣べ伝えることである。となれば、福音派の指導者たちの課題は、教会のスピリチュアルかつ超越的な使命を損なうことなく公共問題に積極的に関わること、つまり国の内外の政治問題について道徳的な考えを構築するのを助けることである。

では、教会と宗教団体はどのようにこの使命を遂行することができるのだろうか? まず重要なのは、聖書的原則を脅かす根本的な国際政治問題を特定し、定義づけることだ。たとえば大虐殺、宗教迫害、飢饉、人権侵害といった問題は領土紛争、国家間の貿易摩擦、地球政治〔国家を行動主体と見なす国際政治とは異なり、地球的視点から見た全体的な政治の動態〕の改革のような特定の問題よりも道徳的にも聖書的にもはるかに重要である。ふたつ目は、世界的な問題に聖書的な道徳を適用することだ。根本的な問題が特定されたら、その問題に関連する聖書的・道徳的規範を明らかにし、当てはめることができる。たとえば宗教迫害、気候変動、拷問に取り組むときに、根本的な道徳的価値観を明確にし適用することによって、それらの問題の道徳的分析を構築する手助けをする。それが教会の重要な役割なのだ。このとき、聖書の概念をぞんざいに利用してはならない。赦しと思いやりを例にとると、対外債務の不履行を正当化したり、軍および政界の指導者に対する重大な戦争犯罪を赦したりすることにこれらの原則を用いてはならない。外国人を無制限に受け入れ、それによって既存の政治コミュニティの完全性が損なわれることを「異邦人を歓迎する」という旧約聖書の概念で正当化することも同様である。

　公共問題における教会の権威は、世界的な問題に対する理解力と、それらの問題に関連する聖書的・道徳的原則を特定し適用するスキルに正比例する。具体的な政策提言は、宗教団体ができるもっとも小さな貢献にすぎない。教会の能力は道徳を扱うことにあり、政策分析にはないのだから、福音派が政治に関与するときは、政策アドボカシーよりも、重要な道徳に関わる国際問題を優先すべきだ。教会、または全国福音派協会（ＮＡＥ）のような宗教連合の役割は、政府関係者に何をすべきか告げることではなく、国家と国際社会の重要な道徳的問題の分析の構築に役立つことだ。冷戦時代、キリスト教徒である倫理学者のポール・ラムゼイは世界教会協議会〔略称ＷＣＣ。全世界のキリスト教会によって作られている協議会。福音派は参加していない〕の行き過ぎた積極的な政治活動主義について、そのような関与のしかたはキリスト教徒の証《あかし》〔神から与えられた恵みを人に伝えること〕を損なうと批判した。より説得力のある証を追求しようとするなら、世界的な政治的アドボカシーを抑えることが重要だと。ラムゼイは、次のように書いている。

キリスト教の政治倫理は、すべきことやなされねばならないことを示すことはできない。してもよいことを示すだけだ。政治においては、教会は単なる理論家でしかない。よって、宗教コミュニティは、具体的な命令ではなく、政治観、政治思想、日常生活の方向性や構造に関心を持つべきだ。選択できる合理的なオプションを明確にし、それらのオプションの幅を広く保ち、そうすることによって国家の道徳と政治倫理を育むべきなのである。宗教コミュニティの仕事は、政策決定ではないのだから。(4)

メインライン・プロテスタント教会は、ラムゼイの忠告に従う代わりに、冷戦時代を通して、あらゆる種類の外交政策問題について数えきれないほど多くの宣言や決議を発表した。その対象は、軍縮から中東問題、米ソ関係、経済援助、第三世界の開発まで多岐にわたる。しかし、教会によるこのような提言の乱発は、アメリカ政府または国連、世界銀行、NATOのような国際機関が抱える複雑な世界的問題に関する道徳的な議論にほとんど役に立たなかった。それどころか、これらの政治的イニシアチブがしばしば信徒たちの考えを代表していなかったり、短絡的で不和を生じる考え方と見なされたりしたため、教会自体の道徳的権威が疑問視される、という事態を招いた。また、国際的な政治的アドボカシーを拡大するにつれて、メインライン教会と全米キリスト教会協議会(NCC)の焦点がスピリチュアルな問題から世俗的な問題へと移り、彼らのスピリチュアルな影響力にも疑問が投げかけられた。あまつさえ、指導者たちが政治問題に積極的に取り組むようになったため、教会指導者たちと教区民の政治的理想と信条の間に大きな隔たりが生じてしまった。この隔たりが、教会の政策論議への影響力を弱めることになったのである。

宗教の政治化がもたらす危険を考慮すると、とりわけ政策提言を伴う政治活動をおこなうときは慎重に事を進めるべきである。教会または宗教組織が、聖書の教えに反している、または不道徳だと考える政策や慣行を非難することはかまわない。しかし、ジンバブエの人権侵害、イランの核兵器追求、シリアの政権交代を求める経済制裁の正当性といった問題に取り組むときに、政府のとるべき戦略に口出しすることはまた別の問題だ。そこでラムゼイの助言をもう一度繰り返そう。教会指導者は、政策提言ではなく、道徳的な考え方を育てるべきだと。そのうえで政府が正当な使命から逸れて聖書の道徳に反する政策を追求するときは、その行為を非難すべきだ。たとえば、ナチスが一九三〇年代に勢力範囲を拡大して宗教の領域を侵害したとき、一部のキリスト教徒の大臣たちが別の教会を設立した。その理由は、告白教会として知られるこの組織が、教会は政府の影響を受けずに独立性を保っていなければスピリチュアルな使命を遂行できない、と信じていたからにほかならない。

では、福音派は国際政治に関与するという使命にどのように取り組めばよいのだろうか？第四章で、私は現代の福音派の五つの政治倫理を提示した。スピリチュアルな領域の優位性、キリスト教徒の二重国籍、人間の絶対的な尊厳、個人の責任の優先、小さな国家の必要性——いずれも発展した政治神学の構成要素ではないとはいえ、公共問題に対する福音派の世界観の際立った特徴を強調している。また、これらの原則を用いて福音派の政治的な考えと活動をこれからも構築していくことができるし、構築していくべきであることも明らかだ。だが、効果的な世界の諸問題への関わりは、このような概念だけで推進していくことはできない。ローマ・カトリック教会の世界的な問題に取り組む枠組みとなっているカトリック社会教説（CST）の伝統に従うことも考えられるが、この楽観的な枠組みは人間性をより悲観的にとらえるプロテスタンティズムにはそぐわない。

そうなると、福音派が倣うことができるのは、罪と恩寵に関するプロテスタンティズムの基本前提により一致する政治神学――たとえばキリスト教現実主義の伝統ではないだろうか。このアプローチは、もともと聖アウグスティヌスが天の国と地上の国の明確な区別について教えたときに紹介され、その後ほかの神学者や政治思想家によって発展した。この伝統をさらに進化させ世に広めたのが、二〇世紀半ばの著名なプロテスタント倫理学者ラインホールド・ニーバーである(5)。

ニーバーは国際的な政治問題に対処する高度な政治倫理体系を考案した。彼のキリスト教現実主義の枠組みの四つの要素は、力の優先性、政治活動の道徳的限界、謙虚さの必要性、責任ある政治活動の要求である。

まず、キリスト教現実主義によれば、政治共同体において社会の秩序を維持し、近似的正義を追求する唯一の方法は力である。愛は信徒にとって絶対的な倫理だが、人間同士が自発的に大規模な協調をはかることは不可能なので、人道的な政治秩序をつくり維持するためにイエスの道徳を適用することはできない。それゆえ、政治組織を持つ社会には、法を確実に遵守し、利己心という厳しい現実に立ち向かうために政府が必要なのである。これが国際レベルでの社会秩序の問題となると、主権国家間の紛争を解決する中央権威が存在しないので、なおさら厄介である。そこで国際秩序を追求する唯一の方法が、国家間の力の根本的な均衡を維持することだ――これがニーバーの主張である。

その結果として、彼は国際紛争はすべて仲裁で解決できる、という非戦論に断固として反対した。そして、非暴力のアプローチが道徳的に優れているだけでなく、武力侵攻や専制政治などの問題に立ち向かうときにより有効だと考える平和主義者に異を唱えた。暴力回避に固執するキリスト教理想主義者は、専制政治の下で保たれている平和を支援する。そのほうが戦争よりも神の国の平和に近いとでもいうように。それが彼の主張だった(6)。

また、ニーバーの倫理的枠組みでは、すべての政治的イニシアチブは偏愛と利己心にまみれているとされているため、人間の行為は常に不完全で、公正ではない。共通善の追求は知識の欠乏によってしばしば損なわれるが、集団の道徳的行動が十分におこなわれない主な理由は、道徳的理想を特定できず、ゆえにそれを着実に実行できないことにある。罪があらゆる人間のイニシアチブを歪めてしまうため、未来をコントロールすることは不可能なのだ。ニーバーは、次のように書いている。「歴史上のある特定の見地から歴史的な運命を操ることができる、という錯覚は常に誤った判断に基づいている。それらの判断は操ろうとする者の持つ力と英知の誤認識、そして歴史上の諸々の現象の脆弱性と御しやすさの誤認識に基づいている」(7)

すべての人間の政治的イニシアチブは不完全なのだが、キリスト教徒はそれでも公正な平和をもたらすと考えられる外交政策イニシアチブを追求すべきである。人道的で道徳的に価値のある目標を、それを達成するためのいかなる取り組みにも限界があることを認識しながら推進すべきだ。そうニーバーは信じていた。

このような限界を考えると、政治活動は控えめにおこなう必要がある。人間の活動は、たとえそれがもっとも高尚な理想に駆り立てられたものであっても、常に罪によって損なわれているのだから、慎ましさは重要だ。実際のところ、理性の限界と行動の不公平性を自覚しないまま、下した決定を道徳的なことばで正当化すれば、不正義が増えるだろう。ニーバーによれば、悪行がもっとも増えるのは、指導者が自らが創造物であることを忘れて、自分の能力以上の美徳、英知、力があるふりをするときだという(8)。したがって、不正義は、主に間違った行動または不適切な判断ではなく、うぬぼれから生まれるのである(9)。

ニーバーの倫理の三つ目の特徴は、政治問題に謙虚さを求めていることである。人間は問題を完全に理解することはできず、その行動も常に罪に穢れているため、政府指導者は自らの政治的イニシアチブと計画を絶対視してはならない。だからといって道徳的判断が不可能だというわけではない。それどころか、人間は代替案を評価するために自分の知識と道徳能力を駆使し、入手できる情報にもっとも一致した行動をとらなければならない。「あらゆる人間は罪にまみれ、神の栄光には届かない」というパウロの主張は、あらゆる道徳的判断を抑制することを奨励しているように解釈できるが、ニーバーは偏った判断は不可避なだけでなく、むしろ必要でさえある、と主張している。敵同士の争いは「宗教に基づいた究極の審判」で消えるはずだとしつつも、重要な政治課題に取り組むときに、暫定的に明確な政策的優先順位を主張することはきわめて適切なことだと書いている(10)。

ニーバーが謙虚さを主張したもうひとつの理由は、政治倫理をひとつの道徳的価値に凝縮することに反対しているからである。国際政治における課題のほとんどには複数の道徳規範が含まれていて、その中には互いに矛盾しているものもある。そのため、道徳的な判断を簡単に下すことなど不可能だ。そこで、関連する道徳規範を特定し、その課題に照らしてじっくりと評価し、それから共通善をもっとも効果的に推進しそうな活動方針を特定することが倫理的な仕事となる。ニーバーにとって、政治思想の指針となるたったひとつの包括的な価値など存在しない。むしろ、彼はキリスト教を複数の価値を生み出す土台として利用した。そして、それらの価値を試験的かつ近似的な方法で統合しようとしたのである。国際政治学者ケネス・トンプソンによると、国際問題を判定するたったひとつの包括的な規範はない、と主張するニーバーは、神学者の中で異彩を放っていたという。彼は、自由、安全、正義をアメリカの外交政策の支配的な目標と見ることを拒否した。「人はいつも原則を尊重する者を褒めたたえる。しかし、優れた人間とは、原則という迷路の中で苦労して進まなければならないことを知っている者だ」というホームズ判事〔一八四一〜一九三五年。アメリカの法律家。最高裁陪席判事〕と意見を同じくしていたのである(11)。

国際舞台で道徳的行動を追求するときの大きな危険のひとつは、それが独善と思い上がりにつながりかねないことである。道徳的な言語、そして特にマニ教的二元論〔世界を光と闇などに分ける徹底した善悪二元論的な教義〕は避けるべきである。「政治的議論は常に罪人たちの衝突であって、正しい人間と罪びとの衝突ではない。このことをキリスト教は私たちに納得させるべきだ」。そうニーバーは書いている(12)。結果として、道徳的な政治の使命は地上に神の国を作ることではなく、過剰な利己心の影響を軽減しながら平和的共存、社会秩序、人間の自由を推進することによって正義にもっとも近いものを追求することである。この際に、キリスト教は復讐心を抑制し、社会の正義を促進するうえで重要な資源——真実を述べること、悔恨、悔い改め、赦しなど——を提供することができるのだ。とりわけ、キリスト教は謙虚と寛容を促進するための資源を提供し、それによって自由な社会の発展に貢献することができるというわけだ。

最後に、ニーバーのキリスト教現実主義は、責任ある説明できる行動の必要性を強調している。彼が謙虚さを強調していることを考えると、政治関与への呼びかけは矛盾しているように見えるかもしれない。しかし、彼は野心が強すぎる独善的な政治イニシアチブに警告を発する一方で、倫理的に完璧であることを求めるあまりなんの行動もしないことの危険性も同じくらい懸念していた。道徳主義者の中には、道徳的純度を気にするあまり、不正義や専制政治に立ち向かうことを拒否する者もいた。そのような行動によって彼ら自身の愛の倫理が損なわれることを恐れたのである。しかし、ニーバーは安定した人道的な世界を維持するただひとつの方法は、公共の正義によって力を抑制することだと主張した。だから、キリスト教現実主義者が公正な国際平和を追求するためには、道徳に触発された勇気ある政治活動が必要なのである。誤った行動をとることではなく、何の行動もとらないこと——ニーバーはそれをなによりも危険なことだと考えていた。彼が第二次世界大戦勃発時に、不道徳行為の根源は「道徳的責任を回避すること、または拒否すること」だと述べた理由もそこにある(13)。

ニーバーのキリスト教現実主義の概略を説明したのは、この枠組みを政治的・神学的資源と、困難で扱いにくいことが多い国際社会の政治課題を結びつけるときに役立てることができるからだ。とりわけ、ニーバーが支持する現実主義は、世界の公正で人道的な秩序は、愛ではなく政府の強制力によって実現することを気づかせてくれる。そしてニーバーが支持する原則は、世俗の問題には必ず力が伴うことを福音派に思い出させる。つまるところ、信仰だけでは奏功する国政術を実行することはできない、ということを。

## より効果的に政治に関わるための原則

福音派が国際舞台で道徳的な政治活動に貢献したければ、国際政治の構造について理解する必要がある。それは、世界秩序における国家の役割、国際社会の性質、国家と非国家組織の国際関係を構築する際の制度機能などである。さらに、教会は宗教的・道徳的教えにおいて比較的優位にあることから、政策提言にあまり重点を置かず、関連する道徳的・神学的原則をもっと重視すべきである。

では、福音派はどのように国際問題に積極的に関わるべきなのだろうか？　問題を過度にスピリチュアルにとらえたり、具体的な政策提言にのめり込んだりすることなく、国際的な政治問題に聖書の視点を適用するにはどうすればよいのだろうか？　ここで、より効果的な政治の監視者として貢献できる指針をいくつかあげてみよう。

## 1　問題を十分に理解すること

アメリカの外交政策の道徳分析に貢献するなら、取り組みたい課題を熟知していなければならない。地球規模の重要な問題を理解することは一筋縄ではいかない。気候変動、国際的な金融改革、国づくりは複雑で多次元的なだけでなく、道徳的にも曖昧で、相反する道徳的善の折り合いをつける必要がある。社会学者のピーター・バーガーが述べたように、望ましい目標を示すことは簡単である。問題はその目標を、過剰なコストを生まず、善を打ち消すような結果ももたらさずに達成する方法を決めることだ(14)。政治団体がある課題の知識を豊富にそなえているときでさえ、異なる視点と価値観が強調されて意見の一致がはかりにくくなる。たとえば、大勢の不法滞在者への対応をめぐってアメリカでおこなわれる議論では、国境警備に焦点を当てる者もいれば、ビザの発給数を重視する者もいるし、さらには労働者の法手続きや特定期間国内に居住している外国人の合法化に注目する者もいる。こうした異なる視点と関心を調和させる簡単な方法などないのだが、指導者が権限を持ってこの問題に取り組みたければ、少なくとも競合する価値観の正当性とそれぞれの世界観が政策に与える影響を認識することが必要だ。

このような知識は、聖書や神学を勉強するだけでは得られない。問題そのものの社会的・科学的知識も得る必要がある。それなのに、宗教団体は概して問題を単純にとらえすぎて、その複雑性を過小評価しがちである。このような過度の単純化は、政治的アドボカシー団体によく見られる。これらの団体の共通点は、自分たちに好ましい政策に一致する問題と価値観を優先させたがることにあるからだ。

福音派組織が問題を単純化する傾向は、近年ＮＡＥが発表した移民と核兵器に関する宣言にも如実に表れている。二〇〇九年の移民に関する声明では、あたかも国境規制が公正で人道的な世界を妨げる障害であるかのように越境問題に取り組んでいる。その根本にあるのが、アメリカ政府は国境をより柔軟かつ開放的にして、「見知らぬ人を歓迎する」必要がある、というメッセージだ。しかし、この世界観は、各加盟国が国境内のすべての人々の安全、幸福、人権に最終責任を負う、という第二次世界大戦以降国連システムに反映されている世界の憲法秩序とは一致しない。ＮＡＥの声明は、国境警備と法の支配よりも移民を優先することによって、別の（コスモポリタンな）世界秩序を効果的に推進しているわけだが、そうするにあたって、この考えの聖書的または道徳的な根拠を示していない。しかしなによりも重要なのは、不法滞在者の問題の複雑かつ多次元的な性質に光を当てていないことである。

要するに、アドボカシー運動に乗り出す前に、世界の問題について十分に理解できるよう努めなければならない、ということだ。道徳的原則と神学的視点が政策論議に重要な洞察を提供できることは間違いないが、道徳だけで分析を構築することはできない。政治道徳を問題そのものに巧みに統合しなければならないのである。

## 2 聖書の原則を特定し説明する

NAEと加盟教派は、自分たちがもっとも得意なこと、つまり個人と集団の行動を駆り立て導くことができる聖書的規範を明らかにすることに力を入れるべきである。しかし、聖書は政治のマニュアルではないため、社会や政治の問題をひとつひとつ聖書の中に位置づけたうえで、その道徳観念や解決方法を適用することは困難だ。聖書は思慮深く解釈して政策問題に適用し、あまりにも単純な判断は避け、世界的な問題に過度にスピリチュアルな意味を与えることは控えなければならない。

予測できることと思うが、聖書には人間に対する神の意志が完全かつ十分に啓示されている、と信じる福音派は、個人のスピリチュアルな課題のみならず、社会的・政治的なアドバイスまで聖書に大きく依存している。そんな彼らが聖書を指針にして公共問題を分析しようとすることは意外ではない。たとえば、気候変動に関する福音派の宣言では、聖書の文章に基づいて行動を呼びかけている(15)。この声明によれば、キリスト教徒は、少なくとも次の三つの理由から気候変動を気にかけなければならない。それが神の愛(「創世記」一章、「詩編」二四篇、「コロサイの信徒への手紙」一章一六節)、隣人への愛(「マタイによる福音書」二二章三四～四〇節と二五章三一～四六節)、スチュワードシップの要求(「創世記」一章二六～二八節)である。これらの規範は確かに聖書で明示されているが、そこから引き出される政策決定をうかがい知ることはできない。

聖書の規範を見つけて当てはめる際は、それらの原則の定義を特定の政治課題を推進するために使わないよう、慎重におこなわなければならない[16]。無理もないことながら、福音派は政策論議で聖書を乱用および誤用しがちだ。一九八〇年代半ばにフロリダのある大規模な福音派教会の牧師は、説教中、飛来する弾道ミサイルを人工衛星の攻撃によって迎撃・破壊するというロナルド・レーガン大統領の戦略的防衛構想〔通称「スター・ウォーズ計画」〕を支持する根拠として、エルサレムに城壁を建てることを呼びかける聖書の一節（「ネヘミア記」二章一七節）をあげて見せた[17]。同様に、二〇〇六年に米国福音派契約教会（ＥＣＣ）が、次のようなことばで移民問題にスピリチュアルな意味づけをして不法滞在者問題を取り上げた。「さすらいのガラリヤ人であり、異邦人であり、しばしば住む場所も体を休める場所もなかったイエスと共にわれわれは歩んでいる。敬虔なキリスト者として、われわれは異邦人を歓迎し（「マタイによる福音書」二五章三五節）、もてなす（「ローマの信徒への手紙」一二章一三節）。教会であるわれわれもまた、さすらい人――この世の旅人であり仮住まいの身――なのだから（「ペテロの手紙」一、二章一一節）。そうすることで、キリストに仕えているのである」[18]

### 3　ふたつの国を区別する

教会は、キリストの普遍的な王国を地上で代表するものとして、軍縮、対外援助、移民などの世界的な問題に独特な視点を与えることができる。しかし、教会と国家というふたつの領域は同じではない。スピリチュアリティと国政術は別物なので、宗教指導者が世俗の問題に取り組むときは、スピリチュアルなガイドラインを公共問題に直接適用したいという衝動を抑える必要がある。このように世俗の問題にスピリチュアルな意味を与える傾向は、「クリスチャン・センチュリー」誌の編集者で発行人でもあるジョン・ブキャナン師の不法滞在者問題への取り組みに反映されている。ブキャナンは移民に対する教会の視点について以下のように述べている。「われわれは、国境も境界線もない神の王国に忠誠を尽くす。われわれが信仰する神はわれわれをまったくの他人として歓迎してくれる。それゆえ、われわれも社会にいる異邦人やまったくの他人を歓迎するのだ。われわれ自身を愛するように隣人を愛せよ——律法と預言者が示すことはこの命令に凝縮されている、と聖書は説いている」(19)。しかし、この宗教的主張が、移民規制とどう関係があるというのだろう。このスピリチュアルな視点が政府の国境管理にどのように適用されるというのだろうか。役人がブキャナンの解釈に従えば、現行のウェストファリア体制による世界秩序は損なわれ、やがて消滅してしまうだろう。だからこそ、国家の至高の法を維持し執行する政府当局者は、宗教的視点からではなく、地上の国の現世的政治問題として移民問題に取り組むのだ。

ふたつの国の区別の重要な点は、聖書的規範が特定の政策にそのまま転換されることはない、ということだ。たとえば、すべての人間は神のかたちをとって創られたので、生まれながらに等しく尊厳を持っている。しかし、だからといって、全員がなんのメンバーシップでも自動的に付与されるわけではない。私が教える大学では、大勢の出願者のうち入学を許可されるのはごく少数である。ある特定の企業で働きたいと望んでも、雇用を決定するのは雇用主であって志望者ではない。国家の市民権もまた入念に調整されていて、外国人はパスポート、ビザ、その他の書類を用意しなければ国境を越えることができない。自国から出るのは自由だが、だからといってほかの国に入る権利があるとは限らないのである。

ふたつの国という原則のもうひとつの重要な意味は、地上の国に滞在するキリスト教徒は罪から逃れることができない、ということである。ニーバーが支持する政治神学から引き出されるもっとも重要な洞察のひとつに、すべての人間の取り組みは罪に穢れている、というものがある。人間は、自分たちの政策や計画に利己心がないと思い込んではならない。政治における道徳的な葛藤とは、神の意志に沿っているか沿っていないか、公正か罪深いかの間ではなく、罪深い個人や集団の間、またはその中で発生するのである。

## 4　政治神学を明らかにし適用する

公共問題に関する道徳理論を構築するときに聖書的規範は必要だが、核兵器、気候変動、移民といった複雑な問題にそれだけで取り組むことはできない。そこで、信仰の世界と国際政治の世俗的な現実の橋渡しをする別の神学と政治資源が必要になる。その結果、福音派が地球規模の問題に効果的に取り組もうとすれば、現世的な秩序と信仰の関係を明らかにする聖書的・神学的枠組み、つまり政治神学を考案することが必要だ。そのような神学は、とりわけふたつの国という原則の性質、教会と国家のそれぞれの役割、国家および国際社会における政府の性質と役割を定義する一助となる。聖書がスピリチュアルな生活と現世の生活に対する一般的な指針を提供するのに対し、神学は聖書的規範と特定の国内および国際政治問題を仲介するということだ。

福音派が政治神学を顧みない要因はふたつある。まず、行動への熱望。これは間違いなく神学的・政治的倫理の合理的な体系の発展を妨げている。次に――そしてもっと重要なことに――福音派は聖書に直接問いかけることによって政治問題に取り組んできた。しかし、このような「聖書のみ主義」は公共生活では効果がないだけでなく、宗教の尊厳を脅かす危険がある。これについて、宗教および社会史学者D・G・ハートは次のように述べている。

> サラ・ペイリン〔熱心な福音派である〕にしろ、ジム・ウォリス〔政治的にリベラルな福音派牧師。雑誌「ソーシャナーズ」創設者〕にしろ、政治問題で聖書を引き合いに出すことは、原理主義者の姿勢と本質的に変わらない。法的諸制度と政治制度に属さない権威に頼ることは、公立学校での祈りと聖書朗読を奨励する原理主義者の牧師の説教と同じくらい説得力がない。[20]

キリスト教徒は一人ひとりが異なる神学的伝統を持ち、さまざまな政治理論を支持している。国際関係について考えるとき、現実主義の視点を好む者もいれば、コスモポリタンな視点を好む者もいるだろう。しかし、聖書的規範は義務的なものだが、特定の神学または政治理論には拘束力がない。どうしたらテロを回避できるか、不法移民の問題にどのように取り組むべきか――聖書にそのような特定の戦略は書かれていない。よって、教会が政策について公式に意見を表明するときは、自らの神学的・政治的前提を明確にして、聖書の原則と自分たちの慎重で柔軟な政策提言を区別する必要がある。目標にすべきは、特定の政策で勝利を収めることではなく、教会の会員たちが聖書的規範を政治的に適用する可能性についてより明確に考えることができるよう、手助けすることである。

## 5 アドボカシーより教えることに重点を置く

教会は、神を敬い、福音の要求に沿って生き、神の恩寵という良い知らせを共有しようとする信徒たちの共同体である。利益団体ではないので、政府当局者へのロビー活動は重要な使命ではない。むしろ、説教と教育に努め、キリストの忠実な僕として生きることと、イエス・キリストの贖罪という良い知らせを宣べ伝えることを信徒に求めなければならない。教会と教派連合がそれを疎かにして政治利益団体のようにふるまえば、自らの道徳的権威とスピリチュアルな信用を失う恐れがある。

社会問題に取り組むときに、教会にできることはそれほど多くない。教会ができるのは、公共問題に関連する聖書的原則を明らかにすること、人間がその規範に沿ってどのように考え行動するべきかを説明することだ。つまり、教会の教育的な役割は、聖書的視点から問題をとらえる手助けをすることなのである。公共の正義を促進したければ、主な公共問題を聖書的により深く理解できる文書を作成するとよい。そのような文書は、政策を策定および実行する当局者たちにとって有益なだけでなく、教区民たちが聖書的・神学的分析に基づいた視点を育むうえでも役に立つだろう。

一九八三年に米国カトリック司教協議会が発表した「平和の挑戦」という核戦略に関する司教教書は、教会の正しい教育方法の模範である(21)。この教書に示されている提案への評価はどうあれ、国家安全保障のための戦略核兵器がもたらすジレンマに対する信頼できる説明と、聖書的・神学的思想をどのようにこの問題に適用できるかという高度な分析を提示している点できわめて有意義と言えよう。この教書の発表当時は、世界的な破壊をもたらす戦略核兵器に依存する、ということの賢明さと道徳をめぐって人々の不安が高まっていた。そんな時期に解決困難な政策問題に取り組んだこの教書が与えた影響は大きかった。作成にあたっては、専門家グループが三年をかけて著名な神学者、倫理学者、軍事専門家、国家安全保障戦略家たちに複数回にわたって意見を聞きながら起草し、その素案を司教たちが一九八一年と一九八二年に発表してさらに多くの人々の意見を募り、メディアが広範に配布および報道した。

この文書はアメリカのカトリック教徒を教育するために書かれたのだが、困難な政策問題の道徳的側面を明らかにする、一般の人々向けの資源とも見なされた。つまり、市民、政治指導者、政府当局者に知識と影響を与えるために作成されたと言ってよい。しかし、もっとも役に立ったのはその具体的な提案ではなく、むしろアメリカの核戦略に対する高度な道徳的評価であった。注目すべきは、司教たちが自分たちの専門領域は聖書および道徳の分析であり、慎重で柔軟な政策立案ではない、と強調している点である。道徳的諸原則は従うべきものと見なされるが、それらの原則を特定のケースに適用するかどうかは自由である、と主張している。

これらの原則を適用するときに、われわれが理解し——また読者に認識していただきたいことは、変化しうる特殊な状況、または善意の人々がさまざまに解釈できる特殊な状況に基づいた慎重な判断が含まれているということである……だが、われわれが特別な場合におこなう道徳的判断は、良心を拘束はしないにしても、カトリック教徒たちの真剣な注目と考慮が払われねばならない。その道徳的判断が福音と合致しているかどうかを決定するのは彼らなのだから。(22)

司教たちは、キリスト教徒に「誠実な話し合いによって、相互に問題の理解を深め、相互に愛を実践し、共通善を第一の関心事としなければならない」と諭している。そして、「教会で必要なのは確信と献身だけではなく、丁重と愛でもある」と言明している(23)。つまるところ、この司教教書が注目に値するのは、宗教団体または教会連合が優れた教えによってどのように政策論議に貢献することができるかを明らかにしているからである。ただ技術的、軍事的、または政治的問題として核戦略に取り組んでいたら、このローマ・カトリック教会の試みは失敗に終わっていただろう。その代わりに、困難な政策問題に取り組むための聖書的、神学的、道徳的原則を提示することによって、核の抑止力をより深く、賢明に評価することに貢献したのである。

## 6 政策イニシアチブを謙虚に追求する

一九九三年に早世したポール・ヘンリー下院議員は次のように主張していた。「神の基準は絶対的で不変だが、われわれ一人ひとりがそれを完全に理解し適用することは決してできない。この事実を受け入れる道徳的な謙虚さが絶対的に必要だ」(24)。先に述べたように、ラインホールド・ニーバーも謙虚さの必要性を支持していた。ニーバーにとって「道徳政治」の使命とは、正義にもっとも近いものを追求することであった。この使命を遂行するにあたって、キリスト教徒は政治的寛容の必須条件である謙虚さに磨きをかけることによって、自由な社会の発展に貢献することができるのである。

公共問題に慎重さと謙虚さが必要であるふたつ目の理由は、公共政策の予測できない確率的な性質にある。政治における目標と意図は道徳的に正当でも、政策は最終的に結果によって判断される。目標、手段、結果のすべてにおいて正義を推進できる政策などほとんどないため、これら三つの間で妥協をはかることは避けられない。さらに、政策決定に伴うよく知られたアイロニーとして、イニシアチブが意図せぬ結果だけでなく逆効果を招くこともある。一九八六年の新移民法（ＩＲＣＡ）を例にとると、雇用者が将来合法的労働者だけを雇用することを条件に、数百万の不法滞在者に恩赦が与えられた。しかし、政府は雇用者に雇用規則を遵守させる効果的な制度を確立せず、不法労働者に大きく依存していたビジネス界も、雇用者の制裁を徹底することを怠った。その結果、ＩＲＣＡ採択から二五年でアメリカ国内の不法滞在者の数は四倍近くに膨れ上がるという事態が生じた。同様に、一九八〇年代半ばにレーガン政権が敵の弾道ミサイルから国を防衛する手段として追求した戦略的防衛構想（ＳＤＩ）は、一部の識者から不道徳で無謀であると批判を受けた。既存の核抑止力を弱体化させ、戦争の可能性を潜在的に高めるという点で道徳に反しており、効果が定かでない軍事イニシアチブに莫大な支出を強いるのは賢明ではない、というわけだ[25]。しかし、ＳＤＩは効果的な防衛シールドを提供することこそできなかったが、この構想がアメリカとの軍拡競争を続けるソ連の自信に揺さぶりをかけ、それが冷戦を終結に導く、という予期せぬ結果をもたらした。

これまでに考察した政策イニシアチブを見ると、福音派は常にためらいと謙虚さを持ってアドボカシーを追求してきたわけではない。たとえば、移民に関するＮＡＥの声明には強い自信があふれている。

移民の数が劇的に増え、移民問題について全国的な議論が喧しくなっているなか、全国福音派協会（ＮＡＥ）はこの困難なテーマについて聖書に基づいてしかと意見する……聖書への献身と国家の移民の現実に関する知識が、行動を起こすよう呼びかけているのだ。[26]

この後に多くの具体的な提言が続いているが、その中に教会指導者の能力で対処できるものはほとんどない。確かに、基本的な道徳的価値観を脅かす政策問題に対して、福音派は懸念を表明することができるし、表明しなければならないときもある。しかし、社会問題への取り組み方について意見を述べたり判断を下したりするのなら、その提案の根拠を強調して、慎重におこなうべきである。行動に明確な聖書的根拠がない限り、政治的アドボカシーの中心を担うことは避けるべきだ。さもなければ、教会が利益団体と見なされてしまう。

つまるところ、こういうことだ。基本的な道徳的価値観が関わる問題であれば、教会は政策論議に参加すべきである。しかし、その際は道徳論議の構築を重視して、政策アドボカシーにはあまり重きを置くべきではない。

## 7 最後に、キリスト教徒は巡礼者であることを忘れないように

スピリチュアルな領域と世俗的な領域の間で矛盾が生じたときは、神に従うよう聖書は説いている。ペテロたち使徒は、誤った教義を教えた容疑でユダヤ人の最高法院（サンヘドリン）に連行されたとき、自分たちの第一の義務は国家ではなく神にあると明言した。「人間に従うよりも、神に従わなくてはなりません」（「使徒言行録」五章二九節）。イエス自身も、弟子たちはまず神の国を求め、それからほかの願望や義務を実現すべきだと述べている（「マタイによる福音書」六章三三節）。

歴史的に、福音派はふたつの異なる視点から公共問題に取り組んできた。改革運動者として、または敬虔主義者としてである。改革運動者が自分たちの道徳的価値観と宗教的選好に一致する制度と政策を築くために力を得ようとするのに対し、敬虔主義者は自分たちの宗教的信念と道徳的信条に基づいた別の道徳社会を作ろうと社会から離脱する。前者のアプローチはキリスト教徒の道徳規範に一致する政策の策定を重視する。後者は、教会学校、その他の仲介機関を

通してキリスト教徒の美徳を示すことに重きを置く。D・G・ハートによると、福音派は改革運動者の視点を用いることが多いという。「昔から福音派は、しばしば善意から、おせっかいを焼いてきた。第二次大覚醒を振り返っても、さまざまな社会的または道徳的な改革運動をおこなっている。言うまでもなく、それは神の国を実現できるかどうかはアメリカがどのような社会になるかにかかっている、と考えてのことだった」(27)。もうひとつの視点である敬虔主義にも心を引かれてきたが、その結果は世界的な問題に過剰にスピリチュアルな意味づけをするか、社会からすっかり引きこもるというもっと過激なパターンに走るかのいずれかだった。しかし、このどちらも満足できる選択肢とは言いがたい。

教会と国家への二重の責任を追求するひとつの方法として、巡礼者の視点を使うことがある。イエスが信奉者たちに、世界に属さずに世界の中にいるよう命じて（「ヨハネによる福音書」一七章一五～一六節）以来、キリスト教徒は神への究極の忠誠を維持しつつ、地上の国で働いてキリストに仕えている。よって、巡礼者は世俗の義務を真剣に受け止めているが、その人生を最終的に決定するのは世俗の要求ではない。世俗の責任を重要なものととらえているが、最終的な忠誠は神に尽くしているからである。この巡礼者の視点をもっとも大局的に説明しているものとして、ローマでキリスト教徒が迫害されていた三世紀にディオグネトスに宛てて書かれた作者不詳の手紙〔「ディオグネトスへの手紙」。ディオグネトスの正体は不明だが、身分の高い人と推定されている〕がある。この手紙の一部を以下に引用しよう。

キリスト教徒は、国籍も、言語も、また生活習慣も、ほかの人々と何ら変わりません。自分たちだけの町に住んだり、奇妙な方言を話したり、風変わりな生活を営んでいるわけでもないのです……衣服、食事、暮らし方全般においても、そこがギリシャの都市であろうと外国の都市であろうと、その土地の習慣に従っています。しかしながら、常識では信じがたい、驚くべき生活を送っていますが、それはあくまでも寄留者としてです。市民としてすべての義務をほかの人々とともに果たしていますが、外国人のように、ありとあらゆる辛苦を味わっています。彼らにとってはどの外国も母国であり、どの母国も外国なのです。ほかの人々と同じように結婚して子供をもうけますが、生まれたばかりの子供を捨てることはありません。共同の食卓は整えますが、床を共同にすることはありません。肉体を持って生活していますが、肉に従って生きてはいません。地上で時を過ごしますが、天上の市民なのです。

福音派が真の巡礼者であろうとするなら、世界の一員になるのではなく、世界の中にいなければならない。「ニューヨーク・タイムズ」紙のコラムニスト、ロス・ドウザットは、一般の社会通念とは逆に、アメリカは宗教的すぎるのではなく、むしろ宗教的なところが欠けているのだ、と主張している。問題は、悪い宗教が台頭し、歴史的なキリスト教が破綻していることなのだという。「今日のアメリカは、この国が本当は何なのかを認識する必要がある。キリスト教徒の国ではなく、今や宗教的異端者の国なのであると」(28)。ドウザットのことばを借りれば、アメリカのキリスト教徒は巡礼者であることをやめて、中核となる信条を「破滅的な疑似キリスト教」――すなわち繁栄への信仰か、自尊心と自己発見への自己陶酔的な信仰のようなものにすり替えてしまったのである。

現代の福音主義の課題は、スピリチュアルな問題を優先させながら公共問題に献身し続けることによって、社会と政治への積極的な関わりという重要な遺産を活かすことだ。もちろん、信仰と世俗の問題の要求の間で適切なバランスを見出すことは容易ではない。その結果、第二章で述べたように、二〇〇八年に一部の福音派が政治への関わりを抑えた信仰に戻ることを呼びかけるマニフェストを発表している。真の福音派により近い信仰を取り戻すため、マニフェストは次のように宣言している。

われわれ福音派は、党、イデオロギー、国籍よりも崇高な忠誠の求めに応じて政治と積極的に関わる義務があるが、それと同じくらい、ある特定の政党、特定の党派思想、特定の経済システム、特定の国籍と同一視されてはいけない義務がある……信仰の政治化は強さの表れではなく、弱さの表れである。「政治について第一に言えることは、政治が第一ではない、ということだ」という諺は真実を語っているのである。(29)

ドウザットはこのマニフェストに賛成の意を表し、アメリカが真のキリスト教を取り戻したければ、党派性よりも超越性、イデオロギーよりも道徳的原則を強調しなければならない、と述べている。信仰は、「特定の党派に偏ることなく政治的」であるべきだと(30)。

ここまでにあげてきた七つの原則に従えば、教会はこれまでよりも狭い範囲でより慎重に政治に関与するようになるだろう。しかし、だからといって福音派の影響力が弱まるわけではない。それどころか、思慮の足りない過剰な政治活動を避けることができるため、結果としてアメリカ社会への影響力が強まるだろう。二世紀近く前、アレクシ・ド・トクヴィルはこう言った。アメリカの宗教は公式な政治的役割がないからこそ、活気に満ちて影響力があるのだと。二〇世紀末にメインライン教派が会員と影響力を急激に失ったのは、彼らの関心が神のことばを説くことよりも、注目を浴びる課題についてうけのよい立場を示すことにある、と見なされたからにほかならない。このメインライン教派の衰退が好機となり、福音派は教会の使命にそれまで以上に熱中し、会員数を劇的に増やすことに成功した。こうしてアメリカの宗教に活気を取り戻すことに貢献したこの教派が、政治的影響力という魅力に惑わされ、凋落したメインライン教会と同じ道を辿ることになるのなら、実に残念なことである。

# 解説　アメリカのプロテスタント教会

橋爪大三郎

アメリカの「福音派」（Evangelicals）と聞いて、ピンとくる日本人はそう多くないだろう。福音派がどんなものかわからなければ、本書の主題――福音派の人びとがアメリカの政治や外交にどんな影響を与えているか――も理解できない。福音派とはどういうものか、簡潔な説明はないものか。

と思って探してみると、福音派について、日本語の手頃な参考書が見当たらない。よく「原理主義」（Fundamentalism）と混同されたりもする。そもそも、福音派の源流であるアメリカのプロテスタント諸教会の歴史について、手頃な概説書が少ないのである。

そこで、遠回りなようだが、宗教改革まで話をさかのぼるのがよいと思う。

＊

ローマ・カトリック教会から、プロテスタントと呼ばれる人びとが分離した。いわゆる「宗教改革」である。口火を切ったのは、マルチン・ルターだが、たちまち堰を切ったように、さまざまな宗派が現れた。

ルターはなぜ、カトリック教会を批判したのか。それはカトリック教会が、聖書に根拠を持たない主張をしていたからである。ルターによれば、人間を救うか救わないか決めるのは、G ｏｄ（とイエス・キリスト）の専権事項。カトリック教会は人間の集まりにすぎないから、救いに口をさし挟むことはできない。教会には「執《と》り成《な》し」（人間が救われるようＧｏｄに口添えすること）の権限がないのだ。それなのに、カトリック教会はその権限があると主張し、贖《しょく》宥状《ゆうじょう》（免罪符ともいう。救いを教会が約束する証券）を販売していた。贖宥状も、教皇や聖職者も、およそ聖書に根拠を持たない慣習は、存在してはならないというのが、ルターの主張である。ルターはもともと、カトリックの修道士であったが、これではカトリック教会に留まることはできない。カトリックと絶縁し、のちにルター派とよばれるグループをつくることになった。

ルター派のさらに先に踏み出したのが、再洗礼派とカルヴァン派である。

再洗礼派（アナバプティスト）は、信仰をともなわない幼児洗礼は無効だとして、自分たちの洗礼をやり直し、信仰を共にする人びとの信仰共同体を形成した。再洗礼派は、領主権など封建制度も否定したので、封建領主とのあいだで「農民戦争」が巻き起こり、敗れてドイツから駆逐されてしまった。アメリカにはこの流れを汲む、メノナイトという人びとがいる。

カルヴァン派は、フランス人ジャン・カルヴァンが創始したグループ。カルヴァンはプロテスタントの最初の体系的な神学書『キリスト教綱要』を著し、救済予定説を唱えた。Ｇｏｄがこの世界を統治し全知全能ならば、人間一人ひとりの誕生も死亡も復活も、神の国に入るか否かも、天地創造のはじめに決められていた。信仰するなら救われる、のではない。救われる（恩恵を受けている）なら信仰をもつはず、なのだ。罪にまみれた人間には、信仰する／しないを決められる自由意志などない。こうして神の意思にのみ従う、禁欲する信徒の教会ができあがる。フランスではユグノーと呼ばれて弾圧され、イギリスではピューリタン（清教徒）と呼ばれて社会変革の旗手となった。

イギリスではヘンリー八世がカトリック教会と絶縁し、英国国教会（アングリカン・チャーチ）をつくった。英国国教会／カトリック／ピューリタンが鼎立する、宗教間抗争と混乱の歴史が続いた。ピューリタンがアメリカ植民地に逃れたのも、そうした抗争が背景になっている。ピューリタンは自分たちの信仰を貫くことができる約束の地をめざし、ニューイングランドのプリムスに上陸し、入植地を開拓した。彼らはピルグリム・ファーザーズとよばれ、彼らの結んだメイフラワー契約がアメリカ合衆国憲法のひな型になったとされている。

＊

アメリカがピューリタンによって建国されたというのは、神話である。

実際にはアメリカは、系統や由来のさまざまな移民の集まりで、ピューリタンのほかにもさまざまな宗派が伝わっている。移民たちは、故郷の教会をそのまま新大陸に持ち込んだ。ドイツ系移民はルター派、北欧移民は北欧ルター派、アイルランドやフランスやポーランドやラテン系諸国はカトリック、ギリシャはギリシャ正教、ロシアはロシア正教、…という具合である。移民はそれぞれ、特定の地域にまとまって入植する傾向があり、州や地域によって宗派もかたよることになった。

さてアメリカの教会は、固定したものではなく、つねに変化しており、離合集散を繰り返している。まるで銀行のM&Aのようである。人気のない教会は信徒を減らし、教会の建物を維持できなくなれば売りに出す。信徒が増えて上り坂の教会が、それを買い取る。それぞれの教会の独立性が強く、全国組織に所属していたとしても、おとなしく指示に従うわけではない。むしろ、全国組織は自分たちの資金で支えられているのだ、と威張っている。信徒たちが相談して、これまでの宗派をやめて、別な宗派に看板を掛け替えてしまうこともある。これまでの宗派に留まりたい信徒は、分かれて別な教会をつくる。どの教会も、自分たちがどういう信条に従って何を信じているのか、しっかり意識している。日本のお寺の本寺末寺みたいに、関係が固定していて、信徒が宗派の信条や信仰の内容に無関心なのだろうと、勝手に想像してはいけない。

以上の特徴は、プロテスタントの教会に顕著である。カトリックや正教は、それに比べれば安定している。ただしアメリカの場合、カトリックも、正教も、出身国ごとにアメリカでは異なったエスニック・グループを形成しており、教会も異なっている。たとえばある正教会を見学したところ、そこはシリアのアンチオキア正教会で、英語に加えて、アラビア語でも礼拝を行なっているのだった。

WASP（ホワイト、アングロサクソン、プロテスタント）ということが、しばらく前によく言われた。彼らはいまや、アメリカではむしろ少数派である。また同じプロテスタントであっても、とても細かな多くの教会に分かれている。それはあたかも、虹のスペクトルのようである。

＊

アメリカのプロテスタント教会（ならびに、新宗教の教会）にどんなものがあるか、その概略をスケッチしてみよう。

まず、主流派（メインライン）の教会。つぎの四つの教会をいう。

ルター派（ルーセラン・チャーチ）。アメリカで多くの信徒をもつ教会である。ドイツと北欧のキリスト教会は、ほとんどがルター派なので、そこから移民してきた人びとを中心にアメリカではルター派が多い。ルター派は、プロテスタントであるが、幼児洗礼を認め、昔ふうの式文に従って礼拝を行ない、オルガンを演奏し、讃美歌を歌い、教会暦に従い、…のように、保守的な側面も残している。

長老派（プレスビテリアン）。カルヴァンの流れを汲み、スコットランド、イングランドで拡がった。教会の指導者として長老をたて、王権と厳しく対立、多くの殉教者を出した。アメリカに伝わってからの長老派は、一挙に拡大したが、穏健で中道的な教会に収まっている。

メソジスト。もともと英国国教会から分離したグループ。ジョン・ウェスレーが創始した。信仰に目覚め、日常生活を規則正しく送るメソッド（規律）を重視する。信徒説教者が熱烈な説教をする覚醒運動はアメリカで拡大し、現在、バプテストについで大きな宗派となっている。メソジストからは、救世軍、ホーリネス運動、ペンテコステ派などが分岐した。いっぽう、いくつかのメソジスト系教会が合同した、ユナイテッド・メソジストという大きな教会もできている。

バプテスト。アメリカでもっとも大きな宗派である。一七世紀にイギリスで始まり、カルヴァンの系統などいくつかの流れがアメリカに伝わって拡大した。洗礼として、他宗派のような滴礼（水を頭にたらす）ではなく浸礼（全身を水に浸す。バプテスマ）を行なう。聖書を信仰の源泉として重視し、信仰告白を重視する。幼児洗礼は認めない。牧師を置くが信徒と対等であることを原則とする。教会ごとの独自性が強い。南北戦争時に奴隷制への態度をめぐり、北部と南部に分裂。南部バプテスト（サザン・バプテスト）はバイブルベルトと呼ばれる地域で有力である。

これらメインラインの教会のほかにも、多くの教会がある。

会衆派（コングリゲーショナル）。イギリスで英国国教会から分離したカルヴァン派のグループで、メイフラワー号でアメリカに渡ったピューリタンたちもこの教会に属する。ニューイングランドでは主流となったが、教会の自主性・独立性が高いので、自由主義的で多様な傾向をうみ、分散化してしまって、現在では大きな勢力とは言えない。

米国聖公会（エピスコパル）。植民地時代、アメリカの聖公会（英国国教会）の主教はイギリス国王に承認を受けていたが、独立戦争でそれが困難になったため、スコットランド聖公会の承認を受けるしかなく、英国国教会から分離した。礼拝その他は英国国教会と類似している。アメリカ東部で勢力をもち、富裕層や指導層に信徒が多く、最近では同性愛を公認するなどリベラルな傾向が強い。

クウェーカー（フレンド教会）。イギリスで生まれ、アメリカにも拡がった。聖職者や聖餐の仲介がなくても誰でも内なる光によって神とつながることができると信じる。礼拝は式次第がなく、牧師もおらず、沈黙して座り、霊感によって語り始めるひとの言葉を聞くやり方が多い。ニューイングランドでカルヴァン派などから迫害され、ウィリアム・ペンが逃れた先がペンシルヴァニアである。質素に生活し、非暴力主義で、良心的兵役拒否が認められている。自分たちをプロテスタントであるとも、キリスト教であるとさえも考えないひともいる。クウェーカーはあまり布教をしないので、人数はさほど多くない。

ホーリネス。一九世紀後半アメリカで、自由主義や進化論の伸張に危機感をもつメソジストのあいだから起った、聖霊体験を重視する運動。大勢を野外に集めるキャンプ・ミーティングなどを通じて他宗派をも巻き込み、大きなグループとなった。

ペンテコステ派（ペンテコスタル）。二〇世紀初め、ホーリネス運動に加わっていた人びとが聖霊に満たされる神秘体験をえて、異言（知らないはずの外国語）を語り始め、拡大したグループ。宗派をこえた運動となった。アメリカに多くみられるメガ・チャーチは、ペンテコステ派の流れを汲むものが多い。

アドベンチスト。キリストの再臨（アドベント）を待ち望む人びと、の意味。一九世紀半ばにアメリカで、さまざまな宗派の影響を受けて現れたグループ。六日間の天地創造や身体の復活などを、聖書に書いてあることをその通りに信じる（たとえば、進化論を否定する）。初期キリスト教会の伝統に戻り、土曜日を安息日とするのは、セブンスデー・アドベンチスト教会。キリスト教であるかキリスト教系新宗教なのか、議論がある。

そのほか、少数であるが、メノナイト（再洗礼派）、アーミッシュ（電気や石油など現代文明を拒否して昔ながらに暮らす）、などのグループがある。

＊

以上がプロテスタントの諸教会であるが、アメリカにはそのほかに、カトリック、正教会、アルメニア教会などのキリスト教会がある。

これに対して、キリスト教会ではないと自認するか、第三者からそうレッテルを貼られている教会もいくつも存在し、宗派として活動している。その代表的なものを、紹介しよう。

ユニタリアン。宗教改革のあとヨーロッパで生まれ、アメリカに伝わったグループ。父と子と聖霊の三位一体（トリニティ）を認めない。カルヴァン派やクウェーカーから転向する場合や、ユダヤ教からの改宗者もある。牧師は置いている。リベラルで、ハーバード大学と特別な関係がある。一九六〇年代にユニバーサリスト教会（どんな信仰をもつ者も誰もが救済されるとする）と合同して、現在はユニタリアン・ユニバーサリスト教会（UUA）となっている。

新エルサレム教会。創始者のエマヌエル・スウェーデンボリは、一八世紀スウェーデンの著名な科学者・神秘思想家。霊界体験をもつようになり、使徒パウロやダビデが地獄に堕ちているのを見たと主張。ゆえに新約聖書のうち、パウロの書簡は認めない。三位一体説を否定し、独自の神学にもとづく教会を設立した。影響を受けたヨーロッパの知識人は多く、アメリカでも教会が活動している。日本へは鈴木大拙が紹介した。

フリーメーソン。中世に起源をもつとされる秘密結社。徒弟制度をモデルとし、厳格なピラミッド組織をもつ。キリスト教徒だけでなく、ユダヤ教徒やイスラム教徒、最近では仏教徒も加入できるという。教会と二重帰属ができ、友愛組織であって宗教団体でないというが、宗教色の強い儀式を行なう。クリスチャン・サイエンスやモルモン教にもかつて影響を与えたという。ジョージ・ワシントンやトマス・ジェファソンもメンバーでアメリカ独立に大きな役割を果たし、歴代大統領にもメーソンが多くいる。マッカーサー連合軍最高司令官もメーソンである。

クリスチャン・サイエンス。一九世紀半ば、ニューイングランドで、メアリー・ベーカー・エディが創始した。メアリーの父は厳格なカルヴァン派の農夫。信仰の導き手であった兄を亡くし、自らも病弱だったメアリーは、霊感を受けるようになり、ヒーリングの能力を発揮。『科学と健康』を著す。教団は、聖書と並んでこの本を正典としている。機関紙クリスチャン・サイエンス・モニターは、全米随一の発行部数を誇る。

モルモン教（モルモニズム）。一九世紀初め、若い農夫ジョセフ・スミスがニューヨーク州で、天使に導かれて古代文字で書かれた金板が埋もれていたのを発見、英訳して『モルモンの書』を作成した。聖書に加えて、失われた古代文明の記録であるこの書も正典とする、宗教を創始する。正式名は、末日聖徒イエス・キリスト教会。イスラエル族長時代の習慣に従い一夫多妻婚を認めるなどしたため迫害を受け、ユタ州に移った。コーヒー、紅茶、緑茶、アルコールを飲まない、といった食物規制をもつ。死後洗礼を認める。

エホバの証人（ジェホバズ・ウィットネス）。19世紀後半アメリカで始まったキリスト教系の新宗教。三位一体説を否定し、イエスは人間であり、神でないとする。イエスの再臨と千年王国を待望する。集会所「王国会館」に集まり、聖書と冊子「ものみの塔」を学習する。輸血をしない。

これらのほかにも、無数のキリスト教系新宗教が、アメリカには存在する。

＊

さて、原理主義や福音派は、これら宗派（デノミネーションズ）を横断する、特有の傾向を指す名称である。最後に、この二つについて説明しよう。

原理主義（ファンダメンタリズム）は、二〇世紀初め、アメリカの保守的なプロテスタントが、自由主義神学に対抗して、自分たちの立場を称した言葉である。一九二五年に起きた進化論裁判（モンキー・トライアル）をきっかけに、全米にその名称が知られ、科学技術の進歩を認めない偏屈な狂信的な人びと、というネカティヴな意味で用いられるようになった。日本語では最初、根本主義と訳された。アメリカのメディアが用いる「イスラム原理主義」のレッテルは、この名称をイスラム教徒に転用したものである。

原理主義は、聖書がそのまま正しいと信じ（聖書無謬説）、キリスト教の基本信条（イエスが処女マリアから生まれたこと、十字架による罪の赦し、イエスの復活、イエスの再臨）を正しいと信じる。そして、進化論を学校で教えることに反対し、いかなる場合も中絶に反対し、同性愛に反対し、結婚以外の性交渉に反対する。

いっぽう福音派（エヴァンジェリカル）は、原理主義よりもゆるく、プロテスタントの信仰深い人びとを宗派横断的に指し示す名称である。メインラインの教会がリベラルな自由主義神学の影響を受けるにつれ、それに反撥する原理主義が極端な主張や孤立主義的な傾向を深めていた。それに対して、福音派は、両者の中間の道を探ろうとする。二〇世紀後半から福音派は、その存在感が顕著になった、その特徴をごくおおまかにのべれば、聖書こそが「神の言葉」であって、自分たちの考えや行動の正しさの規準であるとすること。そしてその立場から、信仰者として、現実政治や社会にも積極的に発言し行動しようとすること。原理主義は聖書のテキストが逐条的に正しいと考えるが、福音派は聖書の全体が神の言葉であるとして、その意味内容を逐条的にではなく「全体的に」受け取ろうとする。どう「全体的に」かはあいまいだから、同じ問題に対して、福音派の人びとのあいだでも意見が分かれることがよくある。

福音派の人びとと、そうでない人びととの態度（自由主義神学など）を比較するなら、どう言えるか。福音派の人びとは、聖書／聖書以外の書物、のあいだに分割線を入れる。そして、聖書は正しさの規準であるが、聖書以外の書物はそうではない（たかだか人間の著作にすぎない）、と考える。いっぽう、福音派でない人びとは、多かれ少なかれ、聖書も聖書でない書物（哲学や科学やほかの宗教のテキストや…）も同様に、自分の考えや行動を導く正しさの規準であると考える。聖書と聖書でない書物のあいだに、線を引かない。福音派でない人びとも、テキストの選択が異なるだけで、その態度は福音派と大きな違いがない、とみることもできる。

＊

福音派は、欧米各国のなかで、アメリカにだけ現れた特異な動きである。

教会史を振り返ってわかるように、アメリカは繰り返し、覚醒運動や教会刷新運動や新宗教や…といった、信仰再生運動を繰り返している。どの動きも、真実のキリスト教信仰に復帰しようという、「真面目な」動機にもとづいている。アメリカは、信仰について「真面目な」人びとの国なのである。

福音派の特徴は、教会の形態を必ずしもとらない、宗派をまたがった信徒の動きだということである。

二〇世紀後半、テレビの普及とともに、テレビメディアを使って幅広い聴衆に語りかける、テレビ伝道師（テレヴァンゲリスト）が登場した。その草分けで、もっとも成功したのが、ビリー・グラハムである。彼はかなり高齢であるが、いまも現役で、伝道者として活動している。

アメリカにはキリスト教の専門チャンネル（ケーブルテレビ）がいくつもあり、さまざまな会派やテレヴァンゲリストの伝道を二四時間中継している。ビリー・グラハムの後継者たちだ。彼らの多くは、ＤＶＤや著書を販売し、寄付をつのり、ケーブルテレビの番組を提供し、大都市の大きな会場で伝道集会を開く。メガ・チャーチの主宰者である人びともいる。そしてその多くが、無宗派（ノンデノミネーショナル）を名のっている。どの宗派のどの教会の人びとも、どうぞおいで下さい、なのである。説教の内容は、聖書を自在に引用し、福音をのべ伝えるもの。福音派の色あいをもった、保守的プロテスタントが主流である。メインラインの教会の教勢が下り坂であるのとうらはらに、こうした福音派の教えは、市場経済の競争社会のなかで不全感を抱える人びとに、アピールしている。

福音派が現実政治や外交政策に対して及ぼす影響は、あるに違いないが、これまで十分注目されてこなかった。本書がその欠落を埋め、アメリカ福音派の実像と影響力について正しい理解を深めるものであることは喜ばしい。

なお、ドイツで福音派（エバンゲリスティッシュ）というと、ルター派という意味になり、アメリカと異なるので、注意しておきたい。

# 訳者あとがき

本書は、アメリカの政治において多大な影響力を持つキリスト教福音派とアメリカ外交の関わりを解説したものである。著者のマーク・R・アムスタッツは全米屈指の福音派の名門大学ホィートン・カレッジの政治学教授であり、本書の概要は有力外交誌「フォーリン・アフェアーズ」の書評でも紹介されている。すでにお読みくださった読者にはおわかりの通り、アメリカの保守派論客による渾身の宗教ロビー解説である。

本書のいちばんの特徴は、なんといってもアメリカ人、しかも福音派の内部の視点からこの一大宗教勢力について語られている点だろう。日本においては、アメリカの宗教と政治を外側から解説している本はあっても、実際にアメリカ国内ではどのようにとらえられているのか、というところはあまり知る機会がないように思う。その点、本書は福音派の〝生の声〟が聞ける貴重な一冊と言ってよい。

ページをめくると、最初から「アメリカ人の三人にひとりが福音派である」、「八〇パーセントのアメリカ人が自国を特別であると信じており、このような考え方のルーツは宗教にある」といったさまざまな事実が提示される。アメリカってこういう国だったのか――本書を読んでそう思われた読者は多いのではないだろうか。アメリカに関する情報は巷にあふれているものの、アメリカにおける宗教の現実はあまり知られていない。宗教と外交の関わりとなれば言うに及ばず。知っているようで知らなかったこの国の新たな一面が見えてくる一冊でもある。著者は福音派の起源から世界への展開、そしてアメリカの政治、特に国際問題に与える影響について解説しながら、福音派にまつわる世間のさまざまな誤解を丁寧に正している。福音派といえば宗教右派、宗教右派といえば中絶クリニックを取り囲むちょっとカゲキな人たち、といったイメージがなきにしもあらずだが、本書を読むと福音派の中にもさまざまな考えのあることがよくわかる。福音派と混同されることが多い原理主義者との違いについても、きちんと説明がされている。日本ではあまり知られていない興味深い事実も多く、とりわけ宣教師の活躍が描かれる第三章と、アメリカの対イスラエル政策との関連を説明している第五章は読み応えがある。ほかに、宗教とアメリカの発展の関わりや、世界最大規模の人道支援団体をはじめとする福音派NGOの広範な活動、ブッシュ政権がおこなったエイズの世界的流行に対するかつてない規模の救済策なども印象深い。

本書ではこの政治勢力のさまざまな政治アドボカシーの検証および欠陥の指摘もされており、著者はアメリカの福音派の過度の政治化に警鐘を鳴らすとともに、将来の方向性も提示している。その筋金入りの主張については読者の感想が分かれるところだろうが、そんな著者の考え方にはアメリカの二重構造が垣間見えてもおり、そのあたりなかなか興味深い。イスラエル・ロビーに関しては、作中でも言及されているジョン・ミアシャイマーとスティーブン・ウォルトの著書『イスラエル・ロビーとアメリカの外交政策』（副島隆彦訳、講談社）と読み比べてみるのもよいだろう。いずれにしても、福音派が北朝鮮人権法やスーダン和平プロセスをはじめ、多くの政策に影響を与えてきたことを意外に思う読者は多いはずだ。

それと同時に、宗教と政治がこれほど密接に関わっていることに驚く向きもおられることだろう。なにしろ、中絶や同性婚はまだしも、テロや核兵器といった国の安全保障を左右する問題にまで聖書の解釈が及んでいるときては驚きを禁じ得ない。アメリカの憲法に謳われている政教分離はどうやら「教会と国家」の分離であって、「政治と宗教」ではないらしい。同じような誤解をしている日本人は、案外多いのではないだろうか。日頃の不勉強を反省しつつ調べてみると、そもそもアメリカの憲法で政教分離が定められたのは、国家と特定の宗派を結びつける国教を禁じることによって、さまざまな宗教の自由な活動を保証しようとしたのだという。つまり、政教分離は宗教を抑制するためではなく、むしろ保護し強化するためだったというわけだ。そんなアメリカでキリスト教徒が政治に関わることはしごく当たり前のことであり、すべての州でキリスト教徒であることが公職に就く条件からなくなったのはようやく一九六一年になってからのことである。同じ政教分離を掲げていても、宗教は政治に関わってはいけない日本とはずいぶん事情が異なるようだ。そもそも、アメリカには国の基盤となる共通の歴史がないために、常にアイデンティティの問題がつきまとう。同志社大学神学部教授の森孝一氏のことばを借りれば、「多様性を維持し、同時に統合しなければならない、その綱渡りの中心に神を置くことがアメリカの〝宿命〟なのだ」。そう考えると、単一民族である日本とはさまざまな点で少なからぬ隔たりがあることもうなずける。

本来、アメリカは神の下にある国である。初期入植者であるピューリタンたちは、イギリスの宗教弾圧から逃れ、神の意志を実現するコミュニティを作るためにこの地にやってきたのだから。そんな自分たちを、同じように迫害を受けてエジプトを脱出した旧約聖書のイスラエル民族と重ねあわせるアメリカ人は多い。そして、神がイスラエルの民にカナンの土地を与えたように、自分たちにもアメリカという約束の地が用意されたことを信じ、神の祝福を受けた選ばれた民――「新しいイスラエル」――という自画像を築き上げてきたのである。アメリカは特別だ、というアメリカ例外主義のルーツはここにある。さらに、ピューリタンの指導者ジョン・ウィンスロップは、聖書に出てくる「すべての眼が注がれる丘の上の町」にならなければならない、と入植者に説いているが、世界のリーダーたらんとするこれまでのアメリカの姿勢もこれによって理解できる。「誰がアメリカを動かしているのか」を解説する本書が、アメリカという国の成り立ちを知るうえでも役に立つことは間違いない。

アメリカ人と宗教については次のような興味深いデータがある。二〇一三年にピュー研究所が実施した調査によれば、アメリカ人の成人の三人にひとり（三三パーセント）が天地創造説を信じており、「人間とその他の生物は、世界のはじまりから現在の姿で存在していた」と考えている。進化論を肯定する人々は六〇パーセントと過半数を超えるが、その内訳をみると「至高の存在（＝神）に導かれて進化した」と答えた者が二四パーセントを占めており、結局のところ、アメリカでは人間が純粋に自然淘汰による進化で誕生したと信じる人は三二パーセントしかいないことになる。白人の福音派にいたっては驚くなかれ、実に六四パーセントが進化論そのものを否定している。

そんな福音派の中では多元化が急速に進んでおり、著者はこの傾向がもたらす影響力の低下を危惧している。実際のところ、全国福音派協会（ＮＡＥ）の元副会長リチャード・サイジック氏によれば、アメリカの福音派のうち伝統主義者は約四割で、別の四割は中道主義者、残りの二割が近代主義者に分けられるという。地球温暖化の問題ひとつとっても、積極的に取り組もうとする〝グリーンな〟福音派がいる一方で、本書に登場するコーンウォール同盟のように「地球上のあらゆる資源は、人間が使うために神が置かれたもの。だから、石油も石炭も掘り続けるべきだ」と主張する人々もいる（驚くべきことに、このグループは環境団体を名乗っている！）。また、「神が創ったこの惑星を人間が破壊できる、と考えるなど傲慢の極みである」と主張して人為的な地球温暖化説を否定する人々の中には、温室効果ガスの排出制限と再生可能エネルギーのインフラ建設に反対した政治家もいる。

こうした事実を踏まえると、著者が主張する「福音派内の多元性を抑える」ことがいかに一筋縄ではいかない問題か想像に難くない。ちなみに、前出のサイジック氏は、前回の選挙ではオバマ大統領に投票したようだ。さらに同性婚者に法的権利を与えることを肯定したためにＮＡＥを追われ、現在は「福音派だけにとってよいこと」ではなく「誰にとってもよいこと」の実現を目指す新しい福音派組織（ＮＥＰ、New Evangelical Partnership for Common Goods）を展開中だ。

信仰に妥協はないが、政治は妥協の産物である。これから福音派がアドボカシーと信仰のバランスをとりながら、著者の提言通りに活動を続けていくのか、あるいはますます政治化してかつてのメインライン・プロテスタントのように衰退していくのか？　読了後、福音派ならずともおおいに気になるところだろう。

本書の訳出にあたっては、福音派およびキリスト教の解釈について訳者の理解の及ばないところは、日本福音同盟総主事の品川謙一氏にアドバイスをいただきました。ご多忙の身であるにもかかわらず丁寧に質問にお答えくださったことに心より感謝いたします。また、本文に登場する「公共宗教」(civil religion) という用語については「市民宗教」という訳語が定着していますが、本書においては藤本龍児氏の『アメリカの公共宗教——多元社会における精神性』(エヌティティ出版) より「公共宗教」という訳語を拝借させていただいています。聖書の訳については、日本聖書協会の『新共同訳』を採用させてもらいました。

最後に、折にふれて貴重なアドバイスをくださる翻訳家の田口俊樹氏と、本書の翻訳を手がける機会をくださった川上純子氏に厚くお礼を申し上げます。この場を借りて心よりお礼申し上げます。

二〇一四年一〇月

# 原注

## まえがき

1. Walter Russell Mead, "God's Country?: Evangelicals and U.S. Foreign Policy," *Foreign Affairs*, 85（September/October 2006), 24.（ウォルター・ラッセル・ミード「アメリカは神の国か?――キリスト教福音派台頭の政治・外交的意味合い」『フォーリン・アフェアーズ・リポート』2006年10月号）
2. ISAE, "How Many Evangelicals Are There?" http://isae.wheaton.edu/defining-evangelicalism/how-many-evangelicals-are-there/
3. 1960年代、全国福音派協会（NAE）は共産主義を非難する決議を7つ採択している。
4. NAE, "Communism 1961." 共産主義を「偽」宗教と弾劾するこの決議は以下のサイトで閲覧可能。 www.nae.net/fullresolutionlist
5. NAEは、宗教迫害に関する決議を5つ――冷戦中に3つ、冷戦後に2つ――採択している。以下のサイトを参照のこと。www.nae.net/fullresolutionlist

## 第1章

1. 20世紀初期の著名なイギリス人外交官ハロルド・ニコルソンのような現代の外交官らは国際道徳は存在しないと主張しており、現代の政治的リアリズムの祖とされるニッコロ・マキャベリとトーマス・ホッブズも、国際的な道徳的規範の存在を疑問視していた。Harold Nicolson, *Diplomacy*, $3_{rd}$ ed.（New York: Oxford University Press, 1963), 147（ハロルド・ニコルソン『外交』斎藤眞、深谷満雄訳／東京大学出版会）参照。
2. A.J.M.Milne, "Human Rights and the Diversity of Morals: A Philosophical Analysis of Rights and Obligations in the Global System," in *Rights and Obligations in North-South Relations: Ethical Dimensions of Global Problems*, ed. Moorehead Wright（New York: St. Martin's, 1986), 21.
3. Michael Walzer, *Thick and Thin: Moral Argument at Home and Abroad*（Notre Dame, IN: University of Notre Dame Press, 1994), 1-19.（マイケル・ウォルツァー『道徳の厚みと広がり――われわれはどこまで他者の声を聴き取ることができるか』芦川晋、大川正彦訳／風行社、p.17-34）
4. Michael Walzer, Just and Unjust Wars: A Moral Argument with Historical Illulstrations, $4_{th}$ ed.（New York: Basic Books, 2006), 19.（マイケル・ウォルツァー『正しい戦争と不正な戦争』萩原能久訳／風行社、p.74-75）
5. James Q. Wilson, *The Moral Sense*（New York: Free Press, 1995), 251.
6. Alberto R. Coll, "The Relevance of Christian Realism to the Twenty-First Century," in *Christianity and Power Politics: Christian Realism and*

*Contemporary Political Dilemmas*, ed. Eric Patterson (New York: Palgrave Macmillan, 2008), 41.

7. Arthur Schlesinger, Jr., "The Necessary Amorality of Foreign Affairs," *Harper's Magazine*, August 1971, 72.
8. David Halloran Lumsdaine, *Moral Vision in International Politics: The Foreign Aid Regime*, 1949-1989 (Princeton, NJ: Princeton University Press, 1993), 283.
9. George Kennan, *Realities of American Foreign Policy* (New York: Norton, 1966), 48.
10. George Kennan, "Morality and Foreign Policy," *Foreign Affairs* 64 (Winter 1985-86), 205-218.
11. Dean Acheson, "Ethics in International Relations Today," *Vital Speeches of the Day*, February 1, 1965, 227.
12. Arnold Wolfers, *Discord and Collaboration: Essays on International Politics* (Baltimore: Johns Hopkins University Press, 1962), 58.
13. Robert Kennedy, *Thirteen Days* (New York: Norton, 1968), 27.（ロバート・ケネディ『13日間——キューバ危機回顧録』毎日新聞社外信部訳／中公文庫BIBLIO20世紀、p.38）
14. Walter Russell Mead, *Special Providence: American Foreign Policy and How It Changed the World* (New York: Routledge, 2001), 35.
15. 宗教を認識した視点がいかに外交政策分析を強化できるかについては、以下を参照のこと。Jonathan Chaplin, ed., *God and Global Order: The Power of Religion in American Foreign Policy* (Waco, TX: Baylor University Press, 2010).
16. Walter Russell Mead, "God's Country: Evangelicals and U.S. Foreign Policy," *Foreign Affairs* 85 (September/October 2006), 24.（ウォルター・ラッセル・ミード「アメリカは神の国か?——キリスト教福音派台頭の政治・外交的意味合い」『フォーリン・アフェアーズ・リポート』2006年10月号）
17. Robert N. Bellah, *The Broken Covenant: American Civil Religion in Time of Trial* (New York: Seabury Press, 1975), 15.（ロバート・ニーリー・ベラー『破られた契約——アメリカ宗教思想の伝統と試練』松本滋、中川徹子訳／未来社、p.46）より引用。
18. James W. Skillen, *With or Against the World?: America's Role Among the Nations* (Lanham, MD: Rowman & Littlefield, 2005), 78.
19. Walter A. McDougall, *Promised Land, Crusader State: The American Encounter with the World Since 1776* (New York: Mariner Books, 1997),

18.
20. 1961年1月20日のJ・F・ケネディの就任演説。以下のサイトにて閲覧可能。 http://www.jfklibrary.org
21. Ronald Reagan, "Remarks at the Annual Convention of the National Religious Broadcasters," January 31, 1983. このスピーチは以下のサイトにて閲覧可能。 http://www.reagan.utexas.edu/archives/speeches/1983/13183b.htm
22. Robert N. Bellah, *The Broken Covenant: American Civil Religion in Time of Trial* (New York: Seabury Press, 1975), 3. (ロバート・ニーリー・ベラー『破られた契約——アメリカ宗教思想の伝統と試練』松本滋、中川徹子訳/未来社、p.29) この部分の訳については、『アメリカの公共宗教——多元社会における精神性』(藤本龍児/NTT出版)を参照させていただいた。
23. James W. Skillen, "Evangelicals and American Exceptionalism," *The Review of Faith & International Affairs* 4 (Winter 2006), 45.
24. USA Today/Gallup, December 10-12, 2010.
25. Pew Research Center, "American Exceptionalism Subsides: The American-Western European Values Gap," November 11, 2011. このレポートは以下のサイトで閲覧可能。 http://www.pewglobal.org/2011/11/17/the-american-western-european-values-gap/
26. Robert N. Bellah, *Beyond Belief: Essays on Religion in a Post-Traditionalist World* (Berkeley: University of California Press, 1991), 168.
27. McDougall, *Promised Land, Crusader State*, 37.
28. Madeleine Albright, *The Mighty & The Almighty: Reflections on America, God, and World Affairs* (New York: HarperCollins, 2006), 32.
29. 宗教的価値観および信条の役割と、公共政策の意志決定については、以下を参照されたい。Paul Charles Merkley, *American Presidents, Religion, and Israel* (Westport, CT: Praeger, 2004).
30. George W. Bush, "Immigration Reform: Address in California," April 24, 2006. このスピーチは以下のサイトで閲覧可能。 http://www.presidentialrhetoric.com/speeches/04.24.06.html
31. "President Bush Delivers Graduation Speech at West Point," U.S. Military Academy, June 1, 2002. このスピーチは以下のサイトで閲覧可能。 http://georgewbush-whitehouse.archives.gov/news/releases/2002/06/20020601-3.html
32. Peter Singer, *The President of Good & Evil: The Ethics of George W. Bush* (New York: Dutton, 2004), 2. (ピーター・シンガー『「正義」の倫理——ジョージ・

W・ブッシュの善と悪』中野勝郎訳／昭和堂、p.2）

33. Merkley, *American Presidents, Religion, and Israel, x.*
34. たとえば、以下を参照されたい。Ole Holsti, *Public Opinion and American Foreign Policy*, rev. ed.（Ann Arbor: University of Michigan Press, 2004）.

**第2章**

1. Alister E. McGrath, *Christianity: an Introduction*（Oxford: Blackwell, 1997）, 332.（アリスター・E・マクグラス『総説キリスト教――はじめての人のためのキリスト教ガイド』本多峰子／キリスト新聞社）
2. Mark A. Noll, *America's God: From Jonathan Edwards to Abraham Lincoln*（New York: Oxford University Press, 2002）, 42-50.
3. Noll, *America's God*, 166.
4. Robert D. Putnam and David E. Campbell, *American Grace: How Religion Divides and Unites Us*（New York: Simon & Schuster, 2010）, 12.
5. James Reed, *The Missionary Mind and American East Asia Policy, 1911-1915*（Cambridge, MA: Harvard University Press, 1983）, 18.
6. McGrath, *Christianity*, 327.（アリスター・E・マクグラス『総説キリスト教――はじめての人のためのキリスト教ガイド』本多峰子／キリスト新聞社）
7. Mark A. Noll, "The Scandal of Evangelical Political Reflection," in Being *Christian Today: An American Conversation*, eds. Richard John Neuhaus and George Weigel（Washington, DC: Ethics and Public Policy Center, 1992）, 78.
8. John R. Stone, *On the Boundaries of American Evangelicalism: The Postwar Evangelical Coalition*（New York: St. Martin's, 1997）, 144-145より引用。
9. Gerald R. McDermott, "Evangelicals and Israel," in *Uneasy Allies?; Evangelical and Jewish Relations*, eds. Alan Mittleman, Byron Johnson, and Nancy Isserman（New York: Lexington Books, 2007）, 131-133.
10. Christian Smith, *Christian America? What Evangelicals Really Want*（Berkeley: University of California Press, 2000）, 16.
11. バルナ研究会の基準では、福音派の信徒は「ボーンアゲイン・クリスチャン」（訳注：個人的な救い主であるキリストとのスピリチュアルな交わりを経験して魂が生まれかわり、突然熱心な信者になったキリスト教徒）で、イエス・キリストを個人的に信仰し、キリストが個人的な救済者であることを受け入れることによって天国へ行くと信じていなくてはならない。さらに、以下の７つの基準に合意していなくてはならない。（1）信仰が生活において重要であると言明している、（2）非キリスト教徒とキリスト教信仰を共有している、

(3) サタンの存在を信じている、(4) 救済は行いではなく恩寵の結果であると信じている、(5) イエスが罪のない一生を送ったと信じている、(6) 聖書を信頼できるものと信じている、(7) 神は世界を創造し、今も支配し続けている完璧で全能の神であると信じている。福音派の定義に関する詳細は、Corwin Smidt, "The Measurement of Evangelicals, 'The Immanent Fame,'" Social Science Research Council Blog を参照のこと。以下のサイトで閲覧可能。 http://blogs.ssrc.org/tif/2008/08/29/the-measurement-of-evangelicals/

12. Timothy Shah, "Some Evangelical Views of the State," in *Church, State and Citizen: Christian Approaches to Political Engagement*, ed. Sandra Joireman (New York: Oxford University Press, 2009), 115.
13. "Response to Carl F. H. Henry," in *Evangelical Affirmations*, eds. K.S. Kantzer and C. F. H. Henry (Grand Rapids, MI: Zondervan, 1990), 97.
14. Jon R. Stone, *On the Boundaries of American Evangelicalism: The Postwar Evangelical Coalition* (New York: St. Martin's, 1997), 2.
15. David P. Gushee and Dennis P. Hollinger, "Toward an Evangelical Ethical Methodology," in Toward and Evangelical Public Policy: Political Strategies for the Health of the Nation, eds. Ronald J. Sider and Diane Knippers (Grand Rapids, MI: Baker Books, 2005), 120.
16. Institute for the Study of American Evangelicals, "How Many Evangelicals Are There?" このレポートは以下のサイトで閲覧可能。 http://www.wheaton.edu/ISAE/Defining-Evangelicalism/How-Many-Are-There
17. Robert D. Putnam and David E. Campbell, *American Grace: How Religion Divides and Unites Us* (New York: Simon & Schuster, 2010), 16.
18. Smith, *Christian America?*, 16.
19. 社会学者のD.・マイケル・リンゼイは、自著で福音派が影響力を強め、洗練されてきたことに言及している。D. Michael Lindsay, *Faith in the Halls of Power: How Evangelicals Joined the American Elite* (New York: Oxford University Press, 2008).
20. 信徒数の減少は、メソジスト派、聖公会、長老派、ルーテル教会などの主なプロテスタント教派の急激な会員数の減少を見れば明らかである。36 教派を擁する全米キリスト教会協議会 (NCC) は、約 10 万の教会と約 4,500 万人の会員がいると主張し続けているが、この数字はメインライン・プロテスタントの規模をかなり誇張したものだ。まず、多くの教会の会員名簿には、通うのを止めてしまったり、引っ越してしまったりした者が含まれているため、会員数が水増しされている (そもそも広く受け入れられている会員の基準がないため、教会の会員数を数えることは困難である。地元の教会に参加した家族

を書き加えることは簡単だが、その人たちが引っ越したり、参加することを止めてしまったり、子供が家を出たりした場合はどうなるのだろうか?)。さらに、メインライン・プロテスタントの教会では福音派の教会ほど信徒が礼拝や教会活動に頻繁に参加しない。福音派の教会と違い、参加率や資金援助の度合いによって宗教的献身を測らないからだ。最後に、すでに述べたように、メインライン教会の信徒の多くが福音派であり、教会指導者のリベラルな宗教志向と進歩的な政治的志向に足並みをそろえているわけではない。

21. Kenneth L. Woodward, "Dead End for the Mainline? The Mightiest Protestants Are Running Out of Money, Members, and Meaning," *Newsweek*, August 9, 1993, 46-48.
22. "Understanding American Evangelicals: A Conversation with Mark Noll and Jay Tolson," Center Conversations, June 2004（Washington, DC: Ethics and Public Policy Center), 2.
23. この形態のキリスト教の説明と批評については、David Wells, *The Courage to Be Protestant: Truth-lovers, Marketers, and Emergents in the Postmodern World*（Grand Rapids, MI: Eerdmans, 2008）を参照されたい。
24. David D. Kirkpatrick, "The Evangelical Crackup," *New York Times Magazine*, October 28, 2007, 38-68. 以下も参照のこと。Frances Fitzgerald, "Annals of Religion: The New Evangelicals," The New Yorker, June 30, 2008, 28-34.
25. David P. Gushee, *The Future of Faith in American Politics: The Public Witness of the Evangelical Center*（Waco, TX; Baylor University Press, 2008).
26. "An Evangelical Manifesto: A Declaration of Evangelical Identity and Public Commitment," May 7, 2008, 14. この宣言は以下のサイトで閲覧可能。http://www.anevangelicalmanifesto.com/
27. "An Evangelical Manifesto," 15.
28. Putnam and Campbell, *American Grace*, 424.
29. Putnam and Campbell, *American Grace*, 421.
30. Lamin Sanneh, *Disciples of All Nations: Pillars of World Christianity*（New York: Oxford University Press, 2008), 275.
31. Sanneh, *Disciples of All Nations*, 276.
32. ペンテコステ運動は20世紀初めにアメリカではじまった復興運動で、イエス・キリストの初期の使徒たちに聖霊が降りてきた聖霊降臨節（ペンテコステ）にちなんで名づけられた。ペンテコステ運動の教会グループは多数あるが、どれも個人が救済された後に二度目の経験として聖霊に「満たされる」、すなわち「洗礼を受ける」ことが重要だと

信じている。この二度目の聖霊による満たしは、スピリチュアルな贈り物によって表される。ペンテコステ派の原則と実践は、メインライン・プロテスタント教会とローマ・カトリック教にも波及している。学者たちは、この信者たちを「カリスマ派キリスト教徒」と呼ぶ。

33. Sanneh, *Disciples of All Nations*, 275.

## 第3章

1. Arthur Schlesinger, Jr., "The Missionary Enterprise and Theories of Imperialism," in *The Missionary Enterprise in China and America*, ed. John K. Fairbank (Cambridge, MA: Harvard University Press, 1974), 350.
2. Daniel J. Boorstin, *The Americans: The Democratic Experience* (New York: Random House, 1973), 562.
3. James Reed, *The Missionary Mind and American East Asia Policy, 1911-1915* (Cambridge, MA: Harvard University Press, 1983), 13.
4. William Hutchison, *Errand to the World: American Protestant Thought and Foreign Missions* (Chicago: University of Chicago Press, 1987), 1 を参照のこと。
5. Interdenominational Foreign Mission Association, *Missions Annual—1958* (New York: IFMA, 1958), 40.
6. Moreau, "*Putting the Survey in Perspectives,*" 35.
7. 福音派の三大宣教組織は、南部バプテスト連盟（SBC）、「アッセンブリーズ・オブ・ゴッド」、「ニュー・トライブズ・ミッション」で、それぞれ5,437人、1,708人、1,496人の宣教師を派遣していた。Moreau, "Putting the Survey in Perspective," 13 and 15を参照のこと。
8. Boorstin, *The Americans*, 562-563.
9. Stephen Neill, *Colonialism and Christian Missions* (New York: McGraw-Hill, 1966), 11-12.
10. Jean Comaroff and John Comaroff, *Of Revelation and Revolution: Christianity, Colonialism, and Consciousness in South Africa* (Chicago: University of Chicago Press, 1991), 309-310.
11. Lamin Sanneh, *Disciples of All Nations: Pillars of World Christianity* (New York: Oxford University Press, 2008), 134. 特に、宣教と植民地主義の相関関係を考察している第四章を参照されたい。
12. Andrew Preston, *Sword of the Spirit, Shield of Faith: Religion in American War and Diplomacy* (New York: Alfred A. Knopf, 2012), 183.
13. Neill, *Colonialism and Christian Missions*, 413.

14 Neill, *Colonialism and Christian Missions*, 413.

15. John K. Fairbank, "Introduction: The Many Faces of Protestant Missions in China and the United States," in *The Missionary Enterprise in China and America*, ed. John K. Fairbank (Cambridge, MA: Harvard University Press, 1974), 20.
16. Schlesinger, Jr., "The Missionary Enterprise," 371.
17. インドの児童奴隷や未亡人の虐待（サティー）、中国の纏足のような人間の尊厳に反する嫌悪感を引き起こす慣習に直面したとき、宣教師たちはそれらの慣習を公然と非難し、禁止しようとした。
18. Walter Russell Mead, *Special Providence: American Foreign Policy and How It Changed the World* (New York: Routledge, 2002), 143.
19. Schlesinger, Jr., "The Missionary Enterprise," 336-373.
20. Hutchinson, *Errand to the World*, 76.
21. Fairbank, "Introduction," 7.
22. 国家に中立を望んでいたケアリーは、サティーは宗教的に認められた伝統ではなく、むしろヒンズー文化に広く受け入れられるようになった慣習だと指摘した。よって、サティーを非難するときに、ヒンズー経典はこの伝統を支持しておらず、廃止してもヒンズー教徒の信教の自由を侵害することにはならない、と主張した。彼が最初にサティーを非難したのは 1804 年のことだったが、廃止に追いやるまでに 25 年もかかった。その主な理由は、インド社会がこの一般的な慣習をあきらめることを深くためらっていたためである。Vishal and Ruth Mangalwadi, *The Legacy of William Carey: A Model for the Transformation of a Culture* (Wheaton, IL: Crossway Books, 1999), 83-90 を参照のこと。
23. Robert D. Kaplan, *The Arabists: The Romance of an American Elite* (New York: Free Press, 1995), 33 and 39.
24. Joseph L. Grabill, *Protestant Diplomacy and the Near East: Missionary Influence on American Policy, 1810-1927* (Minneapolis: University of Minnesota Press, 1971), 27.
25. Fairbank, "Introduction: The Many Faces of Protestant Missions," 13.
26. Hutchison, *Errand to the World*, 100.
27. Kaplan, *The Arabists*, 36 より引用。
28. Kaplan, *The Arabists*, 34.
29. Kaplan, *The Arabists*, 37.
30. この男子校と女子校は、質の高い共学高等学校を作るために 1971 年に統合された。
31. Grabil, *Protestant Diplomacy and the Near East*, 300.
32. Robert D. Woodberry and Timothy S. Shah, "Christianity and Democracy:

The Pioneering Protestants," *Journal of Democracy* 13 (April 2004), 50.

33. Alfred Stephan, "Religion, Democracy, and the 'Twin Tolerations,'" *Journal Democracy* 11 (October 2000), 35-37.
34. これは、ウッドベリーとシャーの論文 "Christianity and Democracy," 47-60 の中心的な主張である。
35. Woodberry and Shah, "Christianity and Democracy," 53.
36. Hutchison, *Errand to the World*, 100.
37. Woodberry and Shah, "Christianity and Democracy," 52.
38. Grabil, *Protestant Diplomacy and the Near East*. 特に第 8 章、第 10 章、第 11 章、第 12 章を参照されたい。
39. Grabil, *Protestant Diplomacy and the Near East*, 309.
40. William Inboden, *Religion and American Foreign Policy, 1945-1960: The Soul of Containment* (Cambridge: Cambridge University Press, 2008).
41. Inboden, *Religion and American Foreign Policy*, 160.
42. Inboden, *Religion and American Foreign Policy*, 177.
43. Edward E. Plowman, "Conversing with the CIA," *Christianity Today*, October 10, 1975, 62.
44. Mead, *Special Providence*, 150.
45. Mead, *Special Providence*, 154.
46. Hutchison, Errand to the World, 2.
47. Preston, *Sword of the Spirit, Shield of Faith*, 180.
48. Schlesinger, Jr., "The Missionary Enterprise," 372-373.
49. Boorstin, *The Americans*, 560.
50. Dana L. Robert, "The First Globalization? The Internationalization of the Protestant Missionary Movement Between the World Wars," in *Interpreting Contemporary Christianity: Global Processes and Local Identities*, eds. Ogbu U. Kalu and Alaine M. Low (Grand Rapids, MI: Eerdmans, 2008), 93.
51. Schlesinger, Jr., "The Missionary Enterprise," 345 より引用。
52. Markku Ruotsila, *The Origins of Christian Anti-Internationalism: Conservative Evangelicals and the League of Nations* (Washington, DC: Georgetown University Press, 2008), 188.
53. Robert D. Woodberry, "The Missionary Roots of Liberal Democracy," *American Political Science Review* 106 (May 2012), 244.
54. 確かに、ヨーロッパの福音派宣教師——体制派ではないプロテスタント教派から派遣された宣教師——もまた、宗教の自由を育み、社会改革の先頭に立ち、宗主国の虐

待を訴える際に重要な役割を果たした。

55. Fairbank, "Introduction: The Many Faces of Protestant Missions," 8.
56. Mead, *Special Providence*, 146.
57. Robert Wuthnow, *Boundless Faith: The Global Reach of American Churches* (Berkeley: University of California Press, 2009), 170. 宣教・異文化研究の教授ロバート・プリーストは、ウスノウが短期宣教旅行への成人参加者の数を過小評価していると考えている。プリーストによると、200万人から300万人の成人が参加している可能性が高いという。Robert Priest, "Short-Term Missions as a New Paradigm," in *Mission After Christendom*, eds. Ogbu U. Kalu, Peter Vethanayagamony, and Edmund Kee-Fook Chia (Louisville, KY: Westminster John Knox Press, 2010), 86を参照のこと。
58. ロバート・プリーストは、少なくとも200万人の若者（13歳から17歳）が毎年国内か海外のいずれかの短期宣教旅行に参加していると主張している。*Christianity Today*, July 2005参照。以下のサイトで閲覧可能。www.christianitytoday.com/ct/2005/julyweb-only/22.0.html

**第4章**

1. Carl F. H. Henry, The *Uneasy Conscience of Modern Fundamentalism* (Grand Rapids, MI: Eerdmans, 1947), 53.
2. J. Budziszewski, *Evangelicals in the Public Square: Four Formative Voices on Political Thought and Action* (Grand Rapid, MI: Baker Academic, 2006), 44.
3. この宣言の大要は、以下を参照。*The Chicago Declaration*, ed. Ronald J. Sider (Carol Stream, IL: Creation House, 1974). シカゴ会議には、カール・F・H・ヘンリー、バーノン・グラウンズ、フランク・ガエベレインら中心メンバーのほか、ロン・サイダー、ジム・ウォリス、ドナルド・デイトンら進歩主義的福音派が参加した。
4. NAE, "Peace, Freedom and Security Studies――A Program of the National Association of Evangelicals," 1986. 以下のサイトにて閲覧可能。http://www.nae.net/fullresolutionlist. このPFFSプログラムのガイドラインには、以下の重要な要素が含まれている。(a) 平和の維持を人権と政治の自由の追求と調和させるという問題の性質の定義。(b) その問題に関連する聖書的原則と神学的原則の簡単な調査。(c) 平和、自由、安全保障の問題への効果的な政治的取り組みを妨げる深刻な誤解の概要。(d) プログラムに刺激を与える主な懸念事項と原則の概要。
5. 感想はどうあれ、この司教教書は、核のジレンマに関する洗練された記述と、この問題に聖書的な見解と道徳的な根拠を適用している点で注目に値する。さらに、この教書は

教会や宗教団体が複雑な政策問題に影響を与えるためにどのように道徳的分析を用いるかという模範を示している。

6. NAE, "Peace, Freedom and Security Studies," 3.
7. NAE, "Peace, Freedom and Security Studies," 11.
8. このNAEの文書は、多くの学者やメインライン・プロテスタントとカトリックの指導者たちから核議論に重要な貢献をしたと見なされているが、福音派の社会倫理学者ロナルド・サイダーと哲学者ニコラス・ウォーターストーフは批判している。以下の記事を参照されたい。Bruce Nichols, "Forestalling Armageddon: Evangelicals Join the Nuclear Debate," *Newsletter on Church & State Abroad*, Carnegie Council on Ethics & International Affairs, Number 9 (July 1987), 1.
9. NAE, "For the Health of the Nation: An Evangelical Call to Civic Responsibility," in *Toward an Evangelical Public Policy*, eds. Ronald J. Sider and Dian Knippers (Grand Rapids, MI: Baker, 2005), 363-375. この文書は以下のNAEウェブサイトでも閲覧可能。www.nae.net. NAEがこの文書を発表したときに発行されたすぐれた書籍には、過去の福音派の社会活動と政治活動、NAEの政策決議の歴史、福音派の政治倫理、人権や平和維持などの特殊なトピックの分析に関する章が収められている。
10. NAE, "For the Health of the Nation," 363.
11. Richard Mouw, *Political Evangelism* (Grand Rapids, MI: Eerdmans, 1973).
12. NAE, "For the Health of the Nation," 366.
13. NAE, "For the Health of the Nation," 366.
14. この7つの規範は、"Faithful Citizenship" という2003年にローマ・カトリック教会が発表した社会と政治に関する声明にある7つの基本方針とよく似ている。米国カトリック司教協議会（USCCB）が発行したこの文書は、カトリック教徒が市民としての責任をよりよく果たすことができるように作成された。NAEの声明ではこのカトリックの文書には言及していないが、両者が多くの点で共通していることは明らかである。USCCBの文書は以下のサイトにて閲覧できる。www.usccb.org
15. David Neff, "Love Language," *Christianity Today*, December 2010,36.
16. その結果、合計4,000人のうち各国の代表者は、アメリカが400人、イギリスが80人、カナダが50人、中国が230人になるよう割り当てられた。さらに、代表者の60パーセント以上が50歳未満であること、女性の参加者が35パーセント以上を占めることが定められた。Tim Stafford, "Teeming Diversity," *Christianity Today*, December 2010.
17. ジェンキンスによると、北アメリカのキリスト教徒が約2億6,000万人であるのに対し、グローバル・サウスのキリスト教徒はその4倍以上になり、ラテンアメリカが4億8,000万

人、アフリカが 3 億 6,000 万人、アジアが 3 億 1,300 万人と推定されるという。さらに重要なことに、グローバル・サウスにおける信徒数の急速な拡大を考慮すると、2025 年までに世界のキリスト教徒人口の 50 パーセントがアフリカとラテンアメリカに集中し、さらにアジアのキリスト教徒が 17 パーセントを占めることになると推定される。フィリップ・ジェンキンスの以下の著書を参照されたい。*The Next Christendom: The Coming of Global Christianity*（New York: Oxford University Press, 2002）. この本の主な主張は、*The Atlantic Monthly* の 2002 年 10 月号の特集記事に書かれている。

18. The Pew Forum on Religion and Public Life, "Global Survey of Evangelical Protestant Leaders," June 22, 2011. このレポートは以下のサイトで閲覧可能。www.pewforum.org/Christian/Evangelical-Protestant-Churches/Global-Survey-of-Evangelical-Protestant-Leaders.aspx#global
19. Stafford, "Teeming Diversity."
20. 「ケープタウン決意表明」は、以下のサイトで全文を閲覧可能。http://www.lausanne.org/ctcommitment
21. C. Henry, *The Uneasy Conscience*, 88.
22. Abraham Kuyper, *Lectures on Calvinism*（Grand Rapids, MI: Eerdmans, 1961）
23. Alexis de Tocqueville, *Democracy in America*, trans. Henry Reeve（New York: Appleton, 1904）, 1:334.（A.トクヴィル『アメリカの民主政治』井伊玄太郎訳／講談社文庫）
24. 福音派の倫理として、あとふたつ追加できる可能性があるのは、国家を否定的に見る傾向と、政治問題にスピリチュアルな意味を与える敬虔主義を好む傾向である。Paul Henry, *Politics for Evangelicals*（Valley Forge, PA: Judson Press, 1974）, 37-51 を参照。
25. Michael Gerson and Peter Wehner, *City of Man: Religion and Politics in a New Era*（Chicago: Moody Publishers, 2010）, 59.
26. Charles Marsh, *Wayward Christian Solders: Freeing the Gospel from Political Captivity*（New York: Oxford University Press, 2007）, 27.
27. Cal Thomas and Ed Dodson, *Blinded by Might: Can the Religious Right Save America?*（Grand Rapids, MI: Zondervan, 1999）.
28. P. Henry, *Politics for Evangelicals*, 50-51.

### 第5章

1. Timothy P. Weber, "How Evangelicals Became Israel's Best Friend," *Christianity Today*, October 5, 1998, 39.

2. Gary M. Burge, *Whose Land? Whose Promise?: What Christians Are Not Being Told About Israel and the Palestinians* (Cleveland: Pilgrim Press, 2003), 236.
3. ローマ・カトリック教会が聖書の解釈および適用において聖職者の役割と教会の伝統を強調していたのに対し、マルティン・ルター、ジャン・カルヴァン、ジョン・ノックスら率いる宗教改革家たちは、聖書を読んで解釈するときに教会の聖職者は必要ないと主張した。読み書きができる人々は聖書の基本的な真理を理解できるため、福音に直接触れることができるからだ。
4. Gerald R. McDermott, "Evangelicals and Israel," in *Uneasy Allies? Evangelicals and Jewish Relations*, eds. Alan Mittleman, Byron Jonson, and Nancy Isserman (Lanham, MD: Lexington Books, 2007), 139.
5. Gary A. Anderson, "Israel and the Land: Does the Promise Still Hold?" *Christian Century*, January 13, 2009, 22.
6. Richard J. Mouw, "The Chosen People Puzzle," *Christianity Today*, March 5, 2001, 73.
7. ディスペンセーションの信条にはいくつかの重要な要素がある。まず、救済史は異なる時期または時代（ディスペンセーション）に分けられていて、歴史の終わりに千年王国（キリストがこの世を統治するという千年間）が成立する。次に、神の贖罪計画にはふたつの異なる契約――イスラエルとの契約とイエスを救世主として受け入れる異教徒の教会との契約――がある。ユダヤ人はイエスを拒絶したが、アブラハムの契約は今も拘束力がある。つまり、優越的置換神学主義者とは違って、ディスペンセーション主義者は教会が新しいイスラエルになったとは信じていないのである。3つ目は、神の贖罪計画にはふたつの異なる目的――世俗的な目的（イスラエルの復興）とスピリチュアルな目的（教会）がある。この考え方は、なぜディスペンセーション主義者がユダヤ人とイスラエルをことさら強く支持するのかを説明している。4つ目は、キリストの輝かしい千年王国への君臨の前に、聖地がハルマゲドンという決戦の場となり、善の勢力と悪の勢力が戦うために世界は大きな苦しみの時期（別名「艱難期（かんなんき）」）を経験する。この預言的な主張は、歴史の終わりにイスラエルとユダヤ人を中心に位置づけているため、重要である。
8. この運動は、1909年にオックスフォード・ユニバーシティ・プレスがディスペンセーション主義の視点から見た注釈を含む"Scofield Reference Bible"（訳注：「スコフィールド版聖書」と呼ばれる注釈つきの欽定訳聖書）を出版すると、その正当性が高まった。
9. Timothy P. Weber, *On the Road to Armageddon: How Evangelicals Became Israel's Best Friend* (Grand Rapids, MI: Baker Academic, 2004).

10. Weber, "How Evangelicals Became Israel's Best Friend," 49.
11. "What It Means to Love Israel," *Christianity Today*, September 2007, 24.
12. Stephen Spector, *Evangelicals and Israel: The Story of American Christian Zionism*（New York: Oxford University Press, 2008）, 165.
13. Spector, *Evangelicals and Israel*, 180.
14. Spector, *Evangelicals and Israel*, viii-ix.
15. ピーター・バーコウィッツによれば、政治シオニズムが生まれたきっかけは近代化そのものではなく、ヨーロッパとロシアの各地でユダヤ人迫害が強まったためであったという。この反ユダヤ主義のせいで、ユダヤ人は自分たちが異邦人で自治居住地が必要であるという意を強くしたのだった。この主張を展開し、正当化した立役者が、政治シオニズムの父テオドール・ヘルツルである。彼の知的スキルと組織力のおかげで、ユダヤ人の故国を支持する国際的な運動が生まれた。ピュー・フォーラム・オン・リリージョン・アンド・パブリック・ライフの後援によって2006年12月4日にフロリダ州キーウェストで開催された宗教、政治、公共生活に関する年2回の会議"Israel and the Future of Zionism," Biannual Conference on Religion, Politics and Public Life 参照。
16. この宣言の一部は以下の通りである。「政府は、パレスチナにおけるユダヤ人の故郷（ナショナル・ホーム）の設立に賛成する……パレスチナに居住している非ユダヤ人コミュニティの市民権と信仰上の権利は侵害しないという明確な了解がある……」。イギリスによるユダヤ人の故郷（ナショナル・ホーム）設立への献身がパレスチナ人の権利を犠牲にしてはならない、ということが重要であった。
17. ドナルド・ワーグナーのような一部の識者は、クリスチャン・シオニズムは19世紀の前千年王国説のディスペンセーション主義から生まれたと考えている。しかし、プロテスタントはディスペンセーション主義が生まれるはるかに前――旧約聖書の律法に再び関心を向けはじめたとき――にユダヤ人を先祖代々の土地に帰還させることを訴えはじめているため、この主張には説得力がない。これについては、以下を参照されたい。Donald E. Wagner, "Marching to Zion: The Evangelical-Jewish Alliance," *Christian Century*, June 28, 2003, 20. ジョン・J・ミアシャイマーとスティーブン・M・ウォルトもまた、イスラエル・ロビーに関する挑発的な著書でこの主張を唱えている。以下を参照されたい。John J. Mearsheimer and Stephen M. Walt, *The Israel Lobby and U.S. Foreign Policy*（New York: Farrar, Straus and Giroux, 2007）, 132.
18. Stephen Sizer, *Christian Zionism: Road-map to Armageddon?*（Downers Grove, IL: IVP Academic, 2004）, 135.
19. 19世紀のイスラエル復興論者のイニシアチブについては、以下を参照のこと。Michael B. Oren, *Power, Faith and Fantasy: America in the Middle East, 1776 to the Present*（New York: W.W. Norton, 2007）, 141-147.

20. Walter Russell Mead, "The New Israel and the Old: Why Gentile Americans Back the Jewish State," *Foreign Affairs* 87（July/August 2008），32.（ウォルター・ラッセル・ミード「なぜアメリカのキリスト教徒はユダヤ国家を支持するのか――旧約聖書がつなぐアメリカとイスラエル」『フォーリン・アフェアーズ・リポート』2008年9月・10月号、p.79）
21. Paul Charles Merkley, *Christian Attitudes towards the State of Israel*（Montreal: McGill-Queen's University Press, 2001），4.
22. この調査については以下のサイトを参照のこと。http://www.gallup.com/poll/1639/middle-east.aspx
23. Michael Novak, *On Two Wings: Humble Faith and Common Sense at the Founding*（San Francisco: Encounter Books, 2001）.
24. Pat Robertson, "Why Evangelical Christians Support Israel". 以下のサイトで閲覧可能。http://www.patrobertson.com/Speeches/IsraelLauder.asp
25. Spector, *Evangelicals and Israel*, 165.
26. Madeleine Albright, *The Mighty & The Almighty: Reflections on America, God, and World Affairs*（New York: HarperCollins, 2006），134.
27. ミアシャイマーとウォルトへの主な批判については、以下を参照されたい。Walter Russell Mead, "Jerusalem Syndrome: Decoding the Israel Lobby," *Foreign Affairs* 86（November/December 2007），160-168.（ウォルター・ラッセル・ミード「エルサレム・シンドローム――イスラエル・ロビーの力はなぜ過大評価されるのか――」『フォーリン・アフェアーズ・リポート』2008年1月号）; Michael Massing, "The Storm over the Israel Lobby," *The New York Review of Books*, June 8, 2006, 64-73; and Jeffrey Goldberg, "The Usual Suspect," *The New Republic*, October 8, 2007, 40-50.
28. Dennis Ross, "The Mind-Set Matters; Foreign Policy Is Shaped by Leaders and Events, Not Lobbies," *Foreign Policy*（No. 155, July/August 2006），61.
29. Goldberg, "The Usual Suspect." 以下のサイトで閲覧可能。http://www.newrepublic.com/article/the-usual-suspect
30. Spector, *Evangelicals and Israel*, 166より引用。
31. その主な目的は以下の通りである。ユダヤ人とイスラエルへの気遣いを示すこと。イスラエルについての聖書に基づいた理解を促すこと。自国でイスラエルとユダヤ人のために効果的な影響を及ぼす存在になるようキリスト教指導者を奨励すること。ユダヤ人を故国へ戻す手伝いをすること。冷戦終結後、ICEJはロシアのユダヤ人がイスラエルへ移住できるよう力を貸し、1998年までに4万人以上を送り込んだ。また、ユダヤ人問題への認識とイスラエル問題への理解を深めてもらうために毎年タバナクルの祭りの中で

開催している秋祭りは、平均7,000人が訪れるイスラエルの一大観光イベントとなっている。

32. たとえば、「クリスチャン・フレンズ・オブ・イスラエル（CFI）」のミッション・ステートメントには次の3つの目標が定められている。イスラエルの人々を慰め支援すること。キリスト教徒に神のイスラエルのための計画について教えること。ユダヤ人にキリスト教徒との連帯を知ってもらうこと。
33. 「キリスト教徒とユダヤ教徒の国際交流（IFCJ）」は、ユダヤ教ラビのエヒエル・エクスタインが率いるシカゴを本拠地とする団体で、イスラエルへの移住予定者や財政的に困っている最近の移住者に資金援助をしている。1983年の創設以来、IFCJはこのようなユダヤ人移住者への人道支援に1億ドル近くを提供している
34. たとえば、テネシー州を拠点とする小さな組織ハヨベル（Ha Yovel）は、ブドウ摘みなどの農作業を手伝ってヨルダン川西岸にあるユダヤ人入植地の農夫を援助するようアメリカ人信徒に奨励している。
35. Spector, *Evangelicals and Israel,* ix.
36. Mark Harlan, "A Middle Way in the Middle East," *Christianity Today,* April 2003, 85.
37. Burge, *Whose Land? Whose Promise?,* 78.
38. Tom Strode, "Letter by 60 Christian Leaders Criticizes Pro-Israel Evangelicals," *Baptist Press,* August 9, 2002. 以下のサイトで閲覧可能。http://www.bpnews.net/printerfriendly.asp?ID=13995
39. Tarrence Group, "American Christians and Support for Israel," October 9, 2002. この調査については、以下のサイトで閲覧可能。http://www.imra.org.il/story.php3?id=14013

**第6章**

1. "Government, Global Poverty and God's Mission in the World: An Evangelical Declaration," May 18-19, 2010, Wheaton, IL, 9.
2. Robert McNamara, *One Hundred Countries, Two Billion People* (New York: Praeger Publishers, 1973), 6-8.
3. これらは以下に記載されている。Jay W. Richards, *Money, Greed, and God: Why Capitalism Is the Solution and Not the Problem* (New York: HarperOne, 2009), 88-89.
4. UNDP, *Human Development Report, 1990,* Chap.2. 以下のサイトを参照。http://hdr.undp.org/en/reports/global/hdr1990/
5. この指数は0から1の数字で示され、低い数字は貧困、高い数字は繁栄を表す。

6. United Nations, *Human Development Report 2011*. このデータは「人間開発指数のトレンド　1980年から2011年」のもの。以下のサイトで閲覧可能。http://hdr.undp.org/en/
7. Paul Collier, *The Bottom Billion: Why the Poorest Countries Are Failing and What Can Be Done About It* (New York: Oxford University Press, 2007), 3.（ポール・コリアー『最底辺の10億人――最も貧しい国々のために本当になすべきことは何か?――』中谷和男訳／日経BP社、p15）
8. 「エコノミスト」誌によると、1981年から2010年に貧困から抜け出した人々は6億6,000万人に及ぶ。中国の未曽有の貧困減少により、世界の貧困を半減させるという国連のミレニアム開発計画目標は、予定よりも5年早い2010年に達成された。"A Fall to Cheer," *The Economist*, March 3, 2012, 81を参照。
9. Philip Jenkins, "Forward," in *Wealth & Justice: The Morality of Democratic Capitalism*, Peter Wehner and Arthur C. Brooks (Washington, DC: AEI Press, 2011), xviii.
10. Amartya Sen, *Development as Freedom* (New York: Knopf, 1999). 特に序章と1章と2章を参照のこと。
11. Don Eberle, *The Rise of Global Civil Society: Building Communities and Nations from the Bottom Up* (New York: Encounter Books, 2008), 58-61.
12. Pope John Paul II, *On Human Work* (Washington, DC: U.S. Catholic Conference, 1981), 9-10.（教皇ヨハネ・パウロ二世回勅『働くことについて』沢田和夫訳／カトリック中央協議会）
13. The Lay Commission on Catholic Social Teaching and the U.S. Economy, *Toward the Future: Catholic Social Thought and the U.S. Economy* (New York: American Catholic Committee, 1984), 50.
14. 1970年代、ローマ・カトリック教会は、神は貧しい人々を特に重んじているという考えを広めることによって、ラテンアメリカで進む経済の二極分化に対応した。教会はこの偏愛を「貧しい人々への優先的選択」と呼んだ。
15. Sider, *Rich Christians*, 84.（ロナルド・J. サイダー『餓えの時代と富むキリスト者――聖書的ライフスタイルのすすめ』御立英史訳／聖文舎）
16. Sider, *Rich Christians*, 162.（サイダー『餓えの時代と富むキリスト者』、p.181）
17. Ronald J. Sider, *Rich Christians in an Age of Hunger: Moving from Affluence to Generosity*, $5_{th}$ ed. (Nashville, TN: Thomas Nelson, 2005).
18. Sider, Rich Christians, $5_{th}$ ed., 230.
19. Nicholas Wolterstorff, *Until Justice and Peace Embrace* (Grand Rapids, MI: Eerdmans, 1983).

20. 例として、以下を参照。Brian Griffiths, *The Creation of Wealth*（London: Hodder and Soughton, 1984）（ブライアン・グリフィス『富の創造――市場経済の民主化と自由化』春井久志、八木功治訳／すぐ書房）and Herbert Schlossberg, *Idols for Destruction: Chrstian Faith and Its Confrontation with American Society*（Nashville, TN: Thomas Nelson Publishers, 1983）, chaps.2 and 3.
21. 第三世界の貧困に関するこれらの文書のうち、もっとも重要な4つは以下の通りである。The United Church of Christ's（UCC）1987 study "Christian Faith and Economic Life;" the United Methodist Church's 1988 "Resolution on Economic Justice;" the Episcopal Urban Bishops Coalition's 1987 study guide, "Economic Justice and Christian Conscience;" and the Presbyterian Church's 1984 statement, "Christian Faith and Economic Justice." これらの文書の評価については、以下を参照されたい。Amy L. Sherman, "Christians and Economic Development," *First Things*, March 1990, 43-50. さらに、米国カトリック司教協議会が、主にこのような構造主義者の視点から貧困を評価した "Economic Justice for All" という教書を発表した。この教書の批評については、以下を参照されたい。Mark R. Amstutz, "The Bishops and Third World Poverty," in *Prophetic Vision and Economic Realiteis: Protestants, Jews, and Catholics Confront the Bishops' Letter on the Economy*, ed. Charles R. Strain（Grand Rapids, MI: Eerdmans, 1989）, 61-74.
22. 冷戦中、ソ連の国家社会主義とアメリカの民主主義的資本主義のイデオロギーが対立していたとき、多くのアメリカの教会指導者たちは「第三の道」――経済革新と雇用創出を促進する自由企業と政府の再分配の取り合わせを奨励する方法――を訴えることによってどちらの経済体制も避けようとした。しかし、実際のところは、これらのイニシアチブは資本主義よりも社会主義と見なされることが多かった。
23. Clark H. Pinnock, "The Pursuit of Utopia," in *Freedom, Justice and Hope: Toward a Strategy for the Poor and the Oppressed*, eds. Marvin Olasky, Herberg Schlossberg, Pierre Berthoud, and Clark H. Pinnock（Westchester, IL: Crossway Books, 1988）, 66-76.
24. Lawrence M. Mead, *From Prophecy to Charity: How to Help the Poor*（Washington, DC: AEI Press, 2011）, 60.
25. Mead, *From Prophecy to Charity*, 62.
26. Mead, *From Prophecy to Charity*, 106.
27. "The Oxford Declaration on Christian Faith and Economics," in *On Moral Business: Classical and Contemporary Resources for Ethics in Economic Life*, eds. Max L. Stackhouse, Dennis P. McCann, and Shirley J. Roels, with

Preston N. Williams (Grand Rapids, MI: Eerdmans, 1995), 470-482.
28. "The Oxford Declaration on Christian Faith and Economics," 478.
29. "The Oxford Declaration on Christian Faith and Economics," 474.
30. NAE, "US Foreign Aid and Humanitarian Assistance 1995." この決議は以下のサイトにて閲覧可能。http://www.nae.net/fullresolutionlist
31. 「アコード (Accord)」に関する詳細なデータは、以下のサイトを参照のこと。http://www.accordnetwork.org/
32. Rachel M. McCleary, *Global Compassion: Private Voluntary Organizations and U.S. Foreign Policy Since 1939* (New York: Oxford University Press, 2009), 16.
33. 「ワールド・ビジョン」については、以下のウェブサイトを参照のこと。www.worldvision.org/
34. 2010 年には 100 万人以上のアメリカ人が「ワールド・ビジョン」に寄付をしている。
35. 「オポチュニティー・インターナショナル」については、以下のサイトを参照のこと。www.opportunity.org/
36. Eberle, *The Rise of Global Civil Society*, 151.
37. J. Bruce Nichols, The Uneasy Alliance: Religion, Refugee Work, and U.S. Foreign Policy (New York: Oxford University Press, 1988), 3.
38. Eberle, *The Rise of Global Civil Society*, 151.
39. McCleary, *Global Compassion*, 29.
40. Andrew F. Walls and Jim Punton, "Evangelical Views on Mission and Development, Viewpoint" (London: Christian Aid, 1975), 1.

## 第7章

1. James W. Skillen, "Evangelicals and American Exceptionalism," *The Review of Faith & International Affairs* 4 (Winter 2006), 45.
2. Pew Forum on Religion & Public Life, Transcript on "God's Country," September 26, 2006. このレポートは、以下のサイトで閲覧可能。http://pewforum.org/Politics-and-Elections/Gods-Country-Evangelicals-and-US-Foreign-Policy.aspx
3. Allen D. Hertzke, *Freeing God's Children: The Unlikely Alliance for Global Human Rights* (Boulder, CO: Rowman & Littlefield, 2004).
4. 2008 年 6 月 20 日のポール・マーシャルへの電話取材より。
5. Hertzke, *Freeing God's Children*, 35.
6. ソ連のペンテコステ派の苦境に取り組む際に福音派が果たした役割と、彼らのアメリカ

移住を促進する際にアメリカ政府が果たした役割については、以下を参照のこと。Kent R. Hill, *The Puzzle of the Soviet Church: An Inside Look at Christianity and Glasnost*（Portland, OR: Multnomah Press, 1989）.

7. Hertzke, Freeing God's Children, 59.
8. National Association of Evangelicals, "1996 Statement of Conscience Concerning Worldwide Religious Persecution." 以下のサイトで閲覧可能。www.nae.net
9. Paul Marshall, *Their Blood Cries Out*（Dallas: Word Publishing, 1997）.
10. 国際宗教自由法（IRFA）は、アメリカの外交政策を固めるうえで多くの組織的な変化をもたらした。第一に、国際宗教自由の実現に向けて指揮を執り、アメリカの民主主義の宗教的要素への認識を高めるために、国務省に宗教自由担当特使をトップに据えた国際宗教自由局（IRF）が設置された。第二に、この新しい部門には、諸外国の宗教の自由の現状について年次報告書を作成することが義務づけられた。第三に、独立した非政府組織である国際宗教自由委員会（USCIRF）が創設され、国際的な宗教迫害を監視し、もっとも重大な迫害に注意を向けさせ、政策提言をおこなうことになった。
11. 最初の法律ではCPC指定国への制裁が義務づけられていたが、翌年、制裁適用にあたって大統領の裁量を拡大するように修正された。1999年に修正された法律の重要な規定のひとつは、制裁対象国が宗教の自由を推進するか、アメリカの国家安全保障上の利益を促進する場合は、大統領が懲罰処置を撤回することができる、というものだった。
12. 国際宗教自由法（IRFA）が10年間で与えた影響についてのすぐれた評価は、*Faith & International Affairs*, vol.6, no.2（Summer 2008）を参照されたい。宗教の自由問題の指導的学者や実践者による国際宗教自由法（IRFA）の制定、進化、影響に関する多くの記事が掲載されている。
13. Thomas F. Farr, *World of Faith and Freedom: Why International Religious Liberty Is Vital to American National Security*（New York: Oxford University Press, 2008）.
14. 国際宗教自由局（IRF）は、国際宗教自由委員会（USCIRF）の提言をときに思慮が足りないと見なしていた。さらに、国際宗教自由局（IRF）で初代特使を2年間務めたロバート・ザイペルは、委員会のアプローチはあまりにも懲罰的であると結論づけている。Robert A. Seiple, "Speaking Out: The USCIRF Is Only Cursing the Darkness," *Christianity Today*, October 2002（web only）参照。以下のサイトで閲覧可能。christianitytoday.com/ct/2002/octoberweb-only/10-14-31.0.html

15. Laura Bryant Hanford, "The International Religious Freedom Act: Sources, Policy, Influence," *Faith & International Affairs* 6, no.2 (Summer 2008), 38.
16. Open Door, "World Watch List 2012." 以下のサイトで閲覧可能。www.opendoorsuk.org/resources/persecution/
17. Allen D. Hertzke, "International Religious Freedom Policy: Taking Stock," *Faith & International Affairs* 6, no.2 (Summer 2008), 22.
18. Hanford, "The International Religious Freedom Act," 38.
19. Hanford, "The International Religious Freedom Act," 38.
20. 以下で、現代の人身売買が総合的に紹介されているEthan B. Kapstein, "The New Global Slave Trade," *Foreign Affairs* 85 (November/December 2006), 103-115.(イーサン・B・カプスタイン「現代版奴隷貿易を阻止するには」『フォーリン・アフェアーズ・リポート』2006年12月号)
21. Matthew O. Berger, "Human Trafficking Still Widespread, US Included," *Inter Press Service*, June 14, 2010. この記事は以下のサイトで閲覧可能。http://www.ipsnews.net/news.asp?idnews=51817
22. 人身売買では、被害者がよりよい生活を求めて越境するように、騙したり勧誘したりする。しかし、加害者が被害者を監禁して何らかの奉仕を強制することによっても発生する。したがって、人身売買には性的人身売買、強制労働、不本意な隷属、奴隷労働など、さまざまな形態がある。
23. UNICEF, "Child Protection Information Sheets," May 2006, 27. このレポートは以下のサイトで閲覧可能。www.unicef.org/protection/files/Trafficking.pdf
24. NAEが1999年に採択した決議は、性的人身売買は「命の神聖さと、神に与えられた人間の尊厳と完全性を侵すもの」だと述べている。
25. Hertzke, *Freeing God's Children*, 330.
26. Hertzke, *Freeing God's Children*, 322.
27. U.S. Department of State, "Trafficking in Persons Report, June 2011." このレポートは以下のサイトで閲覧可能。http://www.state.gov/j/tip/rls/tiprpt/2011/
28. 国務省の人身売買対策局は、各国を3つのグループに分類している。ランク1は、政府が人身売買を撲滅するための最低基準を遵守している国、ランク2はこれらの基準を完全に遵守していないが、遵守しようと多大な努力をしている国、ランク3は最低基準を遵守しておらず、遵守しようともしていない国である。ランク3に分類された国は、制裁対象——主に、人道目的でなく、貿易関連でない援助〔訳注:主に1961年対外援助法に基づく援助〕の停止——となる。2011年度の「人身売買報告書」では、アルジェリア、イラン、リビア、サウジアラビア、スーダン、ベネズエラ、ジンバブエを含む21カ国がレベル3に分類されている。"Trafficking in Person Report, June

2011," 53-58を参照のこと。以下のサイトで閲覧可能。http://www.state.gov/j/tip/rls/tiprpt/2011/

29. 韓国は北朝鮮からの難民を歓迎しているが、北朝鮮が軍事偵察を続けているために脱北者が韓国へ逃げることは不可能に近い。朝鮮戦争以降の50年間で韓国への移住に成功した北朝鮮人は6,000人に満たないと推定される。
30. 中国の難民政策への懸念はますます高まり、ついに米国下院は中国に強制送還の中止を求める決議を採択した。
31. Nicole Hallett, "Politicizing U.S. Refugee Policy Toward North Korea, *Yale Journal of International Affairs* 1 (Winter/Spring 2006), 78-79.
32. NAE, "2002 Second Statement of Conscience Concerning Worldwide Religious Persecution with Special Examination of Sudan and North Korea." 以下のサイトで閲覧可能。www.nae.net/government-relations/policy-resolutions/430-worldwide-religious-persecution-2002
33. Center for Religious Freedom, "Statement of Principles on North Korea," January 2003. 以下のサイトで閲覧可能。www.hudson.org/index.cfm?fuseaction=publicaton_details&id=4696（原書刊行時点）
34. 多くのグループが法案に反対だったことを考えると、これは大きな政治的成功である。たとえば、韓国政府は北朝鮮との経済関係の強化という自国の戦略を損なうことから反対を表明した。韓国は、北朝鮮が突然崩壊して数百万の難民が仕事と社会支援を求めて韓国へ押し寄せることを避けるため、基本的に北朝鮮政権の存続を支援する「太陽政策」を追求していた。米国務省当局もまた、この法案により北朝鮮との政治および安全保障問題の外交交渉が損なわれると考えて異議を唱えていた。
35. Interview of Michael Horowitz by Stan Guthrie, "North Korea Human Rights Act a 'Miracle,'" *Christianity Today*, October 1, 2004. 以下のサイトで閲覧可能。www.christianitytoday.com/ct/2004/octoberweb-only/10-4-12.0.html
36. "Statement of Principles Regarding the Suffering People of North Korea and the Threats Posed by Its Regime to World Security," July 2005. 以下のサイトで閲覧可能。www.uri.edu/artsci/wms/hughes/state_principle_nk.doc（原書刊行時点）
37. アメリカン・エンタープライズ研究所での講演は以下のサイトで閲覧可能。http://www.aei.org/events/2008/01/17/the-north-korean-problem-toward-a-diplomatic-solution-in-2008-event/
38. Thomas Omestad, "Condoleeza Rice Hits Back at Critics of Her North Korea Nuclear Strategy," *U.S. News & World Report*, January 24, 2008. この記事は以下のサイトで閲覧可能。http://www.usnews.com/news/world/

articles/2008/01/24/north-korea-strains-the-bush-administrations-strategy
39. "Dr. Barrett Duke on the Seoul Summit for North Korean Human Rights," *Christianity Today,* December 15, 2005. このインタビューは以下のサイトで閲覧可能。www.christiantoday.com/article/dr.barrett.duke.on.the.seoul.summit.for.north.korean.human.rights/4794.htm
40. 人権活動家の中には、奴隷をお金で解放することは奴隷貿易を助長するだけだと反対する者もいるが、実際にやってみるとこのキャンペーンはハルツーム政府の恐ろしい人権侵害を世に知らしめるうえで有益だった。
41. スーダン平和法成立に伴う駆け引きの詳細は、以下を参照のこと。Hertzke, *Freeing God's Children.*
42. 南北包括和平合意（CPA）実施の困難については、以下を参照のこと。International Crisis Group, "Sudan's Comprehensive Peace Agreement: Beyond the Crisis," March 13, 2008.
43. そもそも、この紛争はフール人の定住農耕民とアラブ遊牧民の争いである。フール人を中心とするダルフールの民兵が定期的にこの地域のハルツーム政府当局を襲撃し続けていたため、政府側は「ジャジャウィード」というアラブ系部族民を武装させ支援することで対抗した。2003 年に勃発したこの紛争はその後激化の一途を辿り、民間人約 30 万人が死亡し、250 万人が家を追われた。Neil MacFarquhar, "Why Darfur Still Bleeds," *New York Times,* July 13, 2008, WK5 を参照。
44. ダルフール紛争は、2010 年に国際刑事裁判所がスーダン大統領オマル・アル＝バシールに逮捕状を発行したことで再び世界の注目を集めた。同裁判所の検察官ルイス・モレノ＝オカンポは、アル＝バシールがダルフールでの集団殺害、人道に対する罪および戦争犯罪に対して刑事責任があると告発している。
45. アビエイをめぐる紛争の分析については、以下を参照のこと。Roger Winter, "Abyei Aflame: An Update from the Field," Center for American Progress. 以下のサイトで閲覧可能。http://www.americanprogress.org/issues/security/report/2008/05/30/4414/abyei-aflame/
46. 1981 年にアメリカで初めて診断されたエイズ（後天性免疫不全症候群）は、HIV ウィルス（ヒト免疫不全ウィルス）によって引き起こされる免疫系疾患である。この病気は人間の免疫系の働きを低下させ、感染症や腫瘍になる可能性を飛躍的に高める。
47. HIV は、HIV 感染者の血液や体液への直接的接触、HIV に汚染された注射針、授乳などのほかの理由でも拡散する。
48. 私は 1980 年代末に、エイズによる同性愛者の死亡率が高いのは、神の教えを無視した人々への神の対処方法を示している、と福音派牧師が説教するのを聞いたことがある。
49. National Association of Evangelicals, "AIDS 1988." 1988 年に NAE の役員会

が採択した政策決議。
50. "The Age of AIDS: Interview with Franklin Graham," *Frontline*, May 30, 2006. 以下のサイトで閲覧可能。http://www.pbs.org/wgbh/pages/frontline/aids/interviews/graham.html
51. "Statement of Conscience of the Evangelical Church on Global AIDS," June 2003. Chan Woong Shin, "Are Culture Wars Over? U.S. Evangelicals and the Global AIDS Crisis," Religion, Media and International Affairs, Syracuse University より引用。以下のサイトにて閲覧可能。http://sites.maxwell.syr.edu/luce/ChanWoong.html#_edn3
52. Shin, "Are Culture Wars Over? U.S. Evangelicals and the Global AIDS Crisis."
53. Mark Stricherz, "ABC vs. HIV," *Christianity Today*, April 1, 2003, 30.
54. George W. Bush, *Decision Points* (New York: Crown Publishers, 2010), 335.(ジョージ・W・ブッシュ『決断のとき』(下) 伏見威蕃訳／日本経済新聞出版社、p.169)
55. Bush, *Decision Points*, 338.(ブッシュ『決断のとき』(下)、p.172)
56. Bush, *Decision Points*, 340.(ブッシュ『決断のとき』(下)、p.175)
57. "President Discusses the Fight Against Global and Domestic HIV/AIDS," January 31, 2003. このスピーチは以下のサイトにて閲覧可能。http://georgewbush-whitehouse.archives.gov/news/releases/2003/01/20030131-4.html
58. 対象国は、ボツワナ、コートジボアール、エチオピア、ガイアナ、ハイチ、ケニア、モザンビーク共和国、ナミビア、ニジェール、ルワンダ、南アフリカ、タンザニア、ウガンダ、ザンビアである。2004 年半ばにベトナムが追加され、合計 15 カ国となった。
59. John W. Dietrich, "The Politics of PEPFAR: The President's Emergency Plan for AIDS Relief," *Ethics & International Affairs* 5 (Fall 2007), 280.
60. Holly Burkhalter, "The Politics of AIDS: Engaging Conservative Activists," *Foreign Affairs* 83 (Jan/Feb 2004), 9.
61. "The AIDS Team," *Christianity Today*, August 2006, 15.
62. Condoleeza Rice, *No Higher Honor: A Memoir of My Years in Washington* (New York: Crown Publishers, 2011), 229.(コンドリーザ・ライス『ライス回顧録――ホワイトハウス 激動の 2920 日』福井昌子、波多野理沙子、宮崎真紀、三谷武司訳／集英社、p.213)
63. 回心(ボーン・アゲイン)を体験したウィルバーフォースは、奴隷制は神の創った秩序に反していると結論づけた。その結果、イギリス議会の一員として奴隷制廃止を使命とすることを決心し、以後 20 年以上にわたってこの慣習を終わらせる運動に献身した。し

かし、戦術的な理由から、奴隷制を廃止するよりも、より穏健な戦略を採用した。まず、奴隷貿易を廃止することを目指したのである。イギリスの多くの組織が奴隷貿易によって経済的利益を得ていたため、彼の運動は激しい抵抗に直面した。が、1807 年についに奴隷貿易法が可決され、この英雄的取り組みは成功に終わる。それから約 26 年後の 1833 年、ウィルバーフォースが議員を引退したあと、奴隷制度廃止法が可決されて、奴隷制は違法となった。

64. 皮肉にも、ブッシュが大統領になって最初におこなったことのひとつが、クリントン大統領が無効としたこの政策を復活させることだった。メキシコ・シティ政策からエイズ・プログラムを除外するにあたってブッシュ大統領は、この政策を支持する気持ちは変わらないが、エイズの世界的流行（パンデミック）を食い止めるためにエイズ撲滅資金が広範かつ効果的に使われることのほうが重要だ、と決心したのである。

## 第8章

1. Peter Berger, "Moral Judgment and Political Action," Vital Speeches of the Day 56（December 1, 1987）: 120.
2. Mark R. Amstutz, *International Ethics: Theories, Concepts, and Cases in Global Politics*, 4th ed.（Boulder, CO: Rowman & Littlefield, 2013）.
3. *New York Times*, February 3, 2007, A1.
4. アメリカの反対は、新興国を含めないことが「公平ではない」というだけでなく、北半球の排出量削減によって実現される効果が相殺されてしまう恐れがあるからでもあった。当然のことながら、米上院はアメリカの批准検討の前に発展途上国が拘束力のある排出目標を受け入れることを求め、95 対 0 の圧倒的多数で可決された。
5. この国連会議のもっとも重要な成果のひとつは、地球温暖化による海面上昇やその他の環境の変化に脅かされている貧困国に、富裕国が 30 年間で 300 億ドルを送金する約束をしたことである。だが、2011 年半ばの時点で、援助国政府による予算計上は 120 億ドルにとどまっており、貧困諸国には 40 億ドルしか送金されていなかった。
6. 哲学者ピーター・シンガーはグローバル化の倫理の研究において、先進国が世界の公害の大半を占めてよい道徳的な理由はまったくない、と述べている。それゆえ、先進国は化石燃料の使用コストをより公平に分配するために、自分たちの炭酸ガス放出を大幅に減らす道徳的責任がある、と主張している。Peter Singer, *One World: The Ethics of Globalization*（New Haven: Yale University Press, 2002）, chap.2（ピーター・シンガー『グローバリゼーションの倫理学』山内友三郎、樫則章訳／昭和堂）を参照。
7. Stephen M. Gardiner, "The Global Warming Tragedy and the Dangerous Illusion of the Kyoto Protocol," *Ethics and International Affairs* 18, no.1

(2004), 36.

8. “A Deeper Partisan Divide Over Global Warming,” *Pew Research Center*, May 8, 2008.この調査は以下のサイトで閲覧可能。http://people-press.org/2008/05/08/a-deeper-partisan-divide-over-global-warming/
9. “Evangelicals Go ‘Green’ with Caution,” The Barna Group, September 22, 2008. この調査は以下のサイトで閲覧可能。http://www.barna.org/barna-update/article/13-culture/23-evangelicals-go-qgreenq-with-caution
10. The Evangelical Climate Initiative, “Climate Change: An Evangelical Call to Action,” February 2006. この文書は以下のサイトで閲覧可能。www.npr.org/documents/2006/feb/evangelical/calltoaction.pdf
11. この構想に異議を唱えたのは、主に「プリズン・フェローシップ」のチャールズ・コルソン、「フォーカス・オン・ザ・ファミリー」のジェイムズ・ドブソン、SBCのリチャード・ランドたちである。彼らはNAEのテッド・ハガード会長に宛てた書簡で、気候変動は「コンセンサスを得た問題ではないし、創造主を愛し、その創造物を尊敬しているからといって、われわれがこの問題に対して立場を決めなければならないわけではない」と主張した。
12. The Evangelical Climate Initiative, “Climate Change: An Evangelical Call to Action,” February 2006.
13. The Evangelical Climate Initiative, “Principles for Federal Policy on Climate Change.” 以下のサイトで閲覧可能。http://christiansandclimate.org/policy-makers/（原書刊行時）
14. NAE指導部は1970年に“Ecology 1970”（「エコロジー1970」）という環境保護の支援を誓う決議を採択した。その1年後、“Environment and Ecology 1971”（「環境とエコロジー1971」）という同様の決議を採択している。ふたつ目の決議では、最初の声明と同じく、地球の資源を慎重に利用し、それによって資源の長期的劣化を抑えることを呼びかけている。以下のサイトで閲覧可能。http://www.nae.net/fullresolutionlist
15. M. Banks, “Dobson, Others Seek Ouster of NAE Vice President,” *Christianity Today*, March 2, 2007を参照のこと。以下のサイトで閲覧可能。www.christianitytoday.com/ct/2007/marchweb-only/109-53.0.html
16. SBC, “On Environmentalism and Evangelicals,” June 2006. この決議は以下のサイトで閲覧可能。http://www.sbc.net/resolutions/1159
17. SBC, “On Global Warming,” June 2007. この決議は以下のサイトで閲覧可能。http://www.sbc.net/resolutions/1171
18. Banks, “Dobson, Others Seek Ouster of NAE Vice President.”

19. 福音派の気候変動をめぐる議論については、以下を参照されたい。John Copeland Nagle, "The Evangelical Debate Over Climate Change," *University of St. Thomas Law Journal* 5, no.1 (2008), 53-86; Benjamin B. Phillips, "Getting into Hot Water: Evangelicals and Global Warming," *Journal of Markets & Morality* 12, no. 2 (Fall 2009), 315-335; and Brian McCammack, "Hot Damned America: Evangelicalism and the Climate Change Policy Debate," *American Quarterly* 59, no.3 (2007), 645-668.
20. Phillips, "Getting into Hot Water," 321.
21. この状況は、企業や大学から職能団体まで、別の種類の人間社会に入る権利とよく似ている。たとえば、私が教えているリベラルアーツ・カレッジでは学生は出願者の中から選ばれる。一般的に、出願者の数は入学を許可される者たちよりはるかに多い。学生は、入学を許された場合のみ、大学のコミュニティに参加することができる。許可されなかった者は別の学校を探さなければならない。
22. Hedley Bull, *The Anarchical Society: A Study of Order in World Politics* (New York: Columbia University Press, 1977); and Michael Walzer, *Just and Unjust Wars: A Moral Argument with Historical Illustrations*, $4_{th}$ ed. (New York: Basic Books, 2006)（マイケル・ウォルツァー『正しい戦争と不正な戦争』萩原能久訳／風行社、p.17-34), and *Spheres of Justice: A Defense of Pluralism and Equality* (New York: Basic Books, 1984), chap. 2（『正義の領分――多元性と平等の擁護』山口晃訳／而立書房、第２章）を参照のこと。
23. John Rawls, *The Law of Peoples* (Cambridge, MA: Harvard University Press, 1999).（ジョン・ロールズ『万民の法』中山竜一訳／岩波書店）
24. Singer, *One World: The Ethics of Globalization*, especially chaps. 4 and 5（ピーター・シンガー『グローバリゼーションの倫理学』山内友三郎、樫則章訳／昭和堂、特に第４章と第５章）; Charles Beitz, *Political Theory and International Relations* (Princeton, NJ: Princeton University Press, 1979)（チャールズ・ベイツ『国際秩序と正義』進藤榮一訳／岩波書店）; and Allen Buchanan, *Justice, Legitimacy, and Self Determination: Moral Foundations for International Law* (New York: Oxford University Press, 2004) を参照のこと。
25. George W. Bush, *Decision Points* (New York: Crown Publishers, 2010), 303.（ジョージ・W・ブッシュ『決断のとき』（下）伏見威蕃訳／日本経済新聞出版社、p.124）
26. NAE, "Immigration 2006." 以下のサイトで閲覧可能。http://www.nae.net/fullresolutionlist
27. NAE, "Immigration 2009." 以下のサイトで閲覧可能。http://www.nae.net/

fullresolutionlist/347-immigration-2009

28. Mark Amstutz and Peter Meilaender, "Public Policy & the Church: Spiritual Priorities," *The City*, Spring 2011, 4-7. 以下のサイトで閲覧可能。http://www.civitate.org/2011/03/the-city-spring-2011-full-edition/

29. 不法滞在者の恩赦に賛同する福音派は、以下のような聖書の句に訴えた。「寄留者があなたの土地に共に住んでいるなら、彼を虐げてはならない。あなたたちのもとに寄留する者をあなたたちのうちの土地に生まれた者同様に扱い、自分自身のように愛しなさい。なぜなら、あなたたちもエジプトの国においては寄留者であったからである。わたしはあなたたちの神、主である」（「レビ記」19章33～34節）。しかし、恩赦に反対する者たちは、「人は皆、上に立つ権威に従うべきです。神に由来しない権威はなく、今ある権威はすべて神によって立てられたものだからです」という「ローマの信徒への手紙」13章1節の聖パウロの訴えを引用した。

30. James K. Hoffmeier, *The Immigration Crisis: Immigrants, Aliens, and the Bible* (Wheaton, IL: Crossway Books, 2009), 158.

31. 聖書の誤用に対する秀逸な批評については、以下を参照のこと。Manfred T. Brauch, *Abusing Scripture: The Consequences of Misreading the Bible* (Downers Grove, IL: IVP Academic, 2009).

32. 「拷問に反対する全国宗教キャンペーン（NRCAT）」のミッション・ステートメントには次のように記されている。「拷問は、すべての宗教がもっとも崇高な理想の中で大切にしている人間の基本的尊厳を踏みにじる。政策決定者、加害者、被害者――どのような立場にあるにしろ、関わった者全員を貶める行為である。さらに、われわれの国がいちばん大切にしている理想とも矛盾する。拷問と非人道的な扱いを認める政策は、それがどのようなものであれ、倫理を侵害する、道徳的に許せない政策である」

33. この宣言は、宗教と拷問に関する一連の評論とともに、*The Review of Faith & International Affairs* 5 (Summer 2007) に収められている。特に、John C. Green, "Religion and Torture: A View from the Polls," and James Turner Johnson, "Torture: A Just War Perspective" を参照されたい。また、この宣言は以下のサイトでも閲覧可能。http://newevangelicalpartnership.org/?q=node/14

34. Pew Research Center, "The Religious Dimensions of the Torture Debate," May 7, 2009. この調査は以下のサイトで閲覧可能。http://www.pewforum.org/2009/04/29/the-religious-dimensions-of-the-torture-debate/

35. Richard A. Posner, "Torture, Terrorism, and Interrogation," in *Torture: A Collection*, ed. Sanford Levinson (New York: Oxford University Press, 2004), 291.

36. Jean Bethke Elshtain, "Reflection on the Problem of 'Dirty Hands,'" in

*Torture: A Collection*, ed. Sanford Levinson (New York: Oxford University Press, 2004), 79.

37. Erin Roach, "Ethicist: NAE Torture Declaration 'Irrational,'" *Baptist Press*, March 15, 2007より引用。以下のサイトで閲覧可能。http://www.bpnews.net/bpnews.asp?id=25190
38. Keith, Pavlischek, "Human Rights and Justice in an Age of Terror: An Evangelical Critique of an Evangelical Declaration Against Torture." 以下のサイトで閲覧可能。http://www.booksandculture.com/articles/webexclusives/2007/september/ept24a.html
39. Johnson, "Torture: A Just War Perspective," 31.
40. この並外れたキリスト教指導者の、人を感動させずにはおかない素晴らしい伝記については、以下を参照のこと。Eric Metaxas, *Bonhoeffer: Pastor, Martyr, Prophet, Spy* (Nashville, TN: Thomas Nelson, 2010), 323.
41. Calo, "Torture, Necessity, and Supreme Emergency," 1598-1599より引用。
42. Bernard Brodie, "Implications for Military Policy," in *The Absolute Weapon: Atomic Power and World Order*, ed. Bernard Brodie (New York: Harcourt Brace, 1946), 76.
43. 主な冷戦中の軍縮条約には、SALT I、ABM条約、SALT II、INF条約などがある。
44. この新しい条約によると、アメリカとロシアはそれぞれ核弾頭を1,550発まで配備する権利を有し、そのうち700発までを戦略核兵器運搬手段(ICBM〔訳注:大陸間弾道ミサイル〕、SLBM〔訳注:潜水艦発射弾道ミサイル〕、爆撃機)に配備できる。さらに、それぞれが配備および未配備の戦略核兵器運搬手段を800基まで保有することができる。
45. 190カ国が署名しているが、4つの核保有国——インド、パキスタン、北朝鮮、イスラエル——は加盟していない。イランは加盟国だが、現在、少量の核兵器の保有まであと一歩の段階にあると見られており、国際原子力機関(IAEA)から協定の不遵守国とされている。
46. U.S. Department of Defense, "Nuclear Posture Review Report, April 2010." 以下のサイトで閲覧可能。www.defense.gov/npr
47. U.S. Department of Defense, "Nuclear Posture Review Report," 48-49.
48. George P. Shultz, William J. Perry, Henry A. Kissinger, and Sam Nunn, "A World Free of Nuclear Weapons," *Wall Street Journal*, January 4, 2007, A15. 初期の反核感情については、以下を参照。George F. Kennan, *The Nuclear Delusion: Soviet-American Relations in the Atomic Age* (New York:

Pantheon) and Jonathan Schell, *The Abolition* (New York: Knopf, 1984).

49. 追加された以下の3本の記事は、すべて「ウォールストリート・ジャーナル」紙に掲載された。*Wall Street Journal*, "Toward a Nuclear Free World," January 15, 2008; "How to Protect Our Nuclear Deterrent," January 20, 2010; and "Deterrence in the Age of Nuclear Proliferation," March 7, 2011. すべて以下のサイトで閲覧可能。www.nuclearsecurityproject.org/publications; 冷戦時代に核開発と核戦略を担当した元当局者たちによる意外で珍しい連携であったことから、ある一流ジャーナリストがこの重要な共同イニシアチブについて本を書いている。以下を参照のこと。Philip Taubman, *The Partnership: Five Cold Warriors and the Quest to Ban the Bomb* (New York: HarperCollins, 2012).

50. もっとも重要なNGOのひとつは、アメリカの戦略兵器のさらなる削減について重要な報告書を発表した「グローバル・ゼロ」である。その報告書は、退役した元統合参謀本部副議長のジェームズ・カートライト大将が委員長を務める、著名な元官僚たちから成る委員会によって作成された。この委員会は、アメリカの戦略兵器の総数を核兵器900発まで削減し、その半数のみを配備すること、核ICBM(訳注:大陸間弾道ミサイル)と戦術兵器をすべて廃絶することを勧告している。Global Zero U.S. Nuclear Policy Commission Report, "Modernizing U.S . Nuclear Strategy, Force Structure and Posture," May 2012を参照。

51. 戦略核兵器のデータについては、以下を参照のこと。U.S. Department of State, "New START Treaty Aggregate Numbers of Strategic Offensive Arms," April 6, 2012. 以下のサイトで閲覧可能。www.state.gov/t/avc/rls/178058.htm; 戦術核兵器のデータについてはArms Control Association, "Nuclear Weapons: Who Has What at a Glance" 参照。以下のサイトからも閲覧可能。http://www.armscontrol.org/factsheets/Nuclearweaponswhohaswhat

52. NAE, "Nuclear Weapons 2011." 以下のサイトにて閲覧可能。http://www.nae.net/government-relations/policy-resolutions/703-nuclear-weapons-2011

53. このNAEの決議は大胆にも、「軍および民間あわせて数十万にのぼるアメリカ人が、直接的または間接的に核兵器の設計、製造、配備に関わっている」と宣言している。アメリカはもう新たな核弾頭を作っておらず、核兵器を削減し続けているため、この主張は明らかに誤りである。小規模な信頼できる抑止力を維持するために、かなりの数の軍人と科学者が必要であることは事実である。とりわけ、2009年の戦略姿勢委員会が述べたように、現存する核弾頭の寿命を延ばすためには多くの科学資源が必要となる。

54. NAEは、核兵器が人間性を奪うことについて以下のように懸念を表明している。「国家が自国の安全保障を核兵器に依存すると、他国の非戦闘員を核破壊の脅威の標的にすることによって他国の市民の人間性を奪い去ってしまう恐れがある」。この宣言には、

軍事標的をピンポイントで正確に破壊し、民間人を保護することを重視した現代の戦略的ドクトリンが反映されていない。

55. National Conference of Catholic Bishops, *The Challenge of Peace: God's Peace and Our Response* (Washington, DC: US Catholic Conference, 1983).（米国カトリック司教協議会、アンセルモ・マタイス『平和の挑戦――戦争と平和に関する教書』片平博訳／中央出版社）
56. 無人機攻撃のデータについては、以下を参照のこと。対テロ戦争に関するウェブサイト *The Long War Journal* は以下のサイトで閲覧可能。http://www.longwarjournal.org/pakistan-strikes.php; オバマ政権の無人機への依存に対する深い洞察に基づいた批評については、Tom Junod, "The Lethal Presidency of Barack Obama," *Esquire* magazine, August 2012, 98-105+ を参照されたい。

## 第9章

1. Alexis de Tocqueville, *Democracy in America*, trans. Henry Reeve (New York: Appleton, 1904), 1:334.（A.トクヴィル『アメリカの民主政治（上）』井伊玄太郎訳／講談社文庫）
2. Kenneth Thompson, *Morality and Foreign Policy* (Baton Rouge: Louisiana State University, 1980), 147 より引用。
3. Richard J. Mouw, "Carl Henry Was Right," *Christianity Today*, January 2010, 31.
4. Paul Ramsey, *Who Speaks for the Church?* (Nashville: Abingdon Press, 1967), 152.
5. 20 世紀においてもっとも影響力のあるアメリカ人神学者ラインホールド・ニーバーは、人間の本性と政治的・社会的変化に関するメインライン・プロテスタント教派の進歩的な前提に挑むことによって、彼らに多大な影響を与えた。彼は、政治への新たなアプローチを計画するのではなく、当時の理性的で楽観的な信仰に異を唱えた。さらに、理性、愛、協調を人間の社会的・政治的秩序の基盤と想定する、当時浸透していたリベラル派の信仰を国内外で揺るがしたため、冷戦時代初期のもっとも影響力のある政治倫理学者になったのである。アメリカの文化的エリートたちの間で大きな影響力を発揮したため、「タイム」誌は 1948 年 3 月の巻頭特集で彼を取り上げている。
6. 当初、ニーバーは平和主義を標榜していたが、1930 年代末にナチズムの邪悪な現実によって立場を変えた。Niebuhr, "Why the Christian Church Is Not Pacifist," 111 参照。
7. Reinhold Niebuhr, *The Irony of American History* (New York: Charles Scribner's Sons, 1952), 72.（ラインホールド・ニーバー『アメリカ史のアイロニー』

大木英夫、深井智朗訳／聖学院大学出版会）
8. Reinhold Niebuhr, *The Structure of Nations and Empires*（New York: Charles Scribner's Sons, 1959）, 298.
9. ニーバーはアメリカ史の短い研究の中でこの見解を展開した。彼によれば、アメリカ国民と政府の集団的行動によって無意識のうちに希望と理想が裏切られているからこそ、アメリカ史は皮肉なのである。Niebuhr, *The Irony of American History*（ニーバー『アメリカ史のアイロニー』）参照。
10. Niebuhr, *Nature and Destiny*, Vol. I, 220.（ラインホールド・ニーバー『人間の本性と運命　第一巻　人間の本性』野中義夫訳／産学社）
11. Kenneth Thompson, "The Political Philosophy of Reinhold Niebuhr," in *Reinhold Niebuhr: His Religion, Social and Political Thought*, ed. Charles W. Kegley（New York: Pilgrim Press, 1984）, 249.
12. Niebuhr, "Why the Christian Church Is Not Pacifist," 114.
13. Reinhold Niebuhr, "Repeal the Neutrality Act!" In *Love and Justice: Selections from the Shorter Writings of Reinhold Niebuhr*, ed. D. B. Robertson（Philadelphia: Westminster Press, 1957）, 177-178.
14. Peter Berger, "Moral Judgment and Political Action," *Vital Speeches of the Day*, December 1, 1987, 120.
15. The Evangelical Climate Initiative, "Climate Change: An Evangelical Call to Action." 以下のサイトで閲覧可能。http://christiansandclimate.org/learn/call-to-action/（原書刊行時）
16. 聖書の乱用と誤用については、Manfred T. Brauch, *Abusing Scripture: The Consequences of Misreading the Bible*（Downers Grove, IL: IVP Academic, 2009）を参照されたい。
17. D. James Kennedy, "Surviving the Nuclear Age," a sermon preached in the mid-1980s at Coral Ridge Presbyterian Church, Fort Lauderdale, Florida.
18. Evangelical Covenant Church, "2006 Immigration." 以下のサイトで閲覧可能。http://www.covchurch.org/resolutions/2006-immigration/
19. John Buchanan, "Borderline Solutions?," *The Christian Century*, June 15, 2010, 7.
20. D.G. Hart, *From Billy Graham to Sarah Palin: Evangelicals and the Betrayal of American Conservatism*（Grand Rapids, MI: Eerdmans, 2011）, 193-194.
21. U.S. Catholic Bishops, "The Challenge of Peace: God's Promise and Our Response," The Pastoral Letter on War and Peace, *Origins*, May 19, 1983.（米国カトリック司教協議会、アンセルモ・マタイス『平和の挑戦——戦争と平和に関する

教書』片平博訳／中央出版社)。以下のサイトで閲覧可能。www.osjspm.org/the_challenge_of_peace_l.aspx（原書刊行時）; 司教教書は次の4部で構成されている。(1) 平和維持に関する神学的、聖書的、道徳的見解。正義の戦争の伝統の評価を含む。(2) 核の抑止力による平和維持の問題。(3) 核の時代に平和を促進するための提案と政策。(4) 国家安全保障問題の道徳的分析を推進する際の教会と選ばれた有権者の役割。

22. U.S. Bishops, "The Challenge of Peace," 3.（アメリカ・カトリック司教協議会『平和の挑戦——戦争と平和に関する教書』、p.30）
23. U.S. Bishops, "The Challenge of Peace."（アメリカ・カトリック司教協議会『平和の挑戦——戦争と平和に関する教書』、p.11）
24. Paul Henry, *Politics for Evangelicals* (Valley Forge, PA: Judson Press, 1974), 74.
25. 戦略的防衛構想（SDI）の議論における主な道徳的問題については、Mark Amstutz, "The Morality of SDI," *Christian Scholar's Review* 28, no. 1 (September 1988), 7-24を参照されたい。
26. NAE, "Immigration 2009." 以下のサイトで閲覧可能。http://www.nae.net/fullresolutionlist/347-immigration-2009
27. Hart, *From Billy Graham to Sarah Palin*, 223.
28. Ross Douthat, *Bad Religion: How We Became a Nation of Heretics* (New York: Free Press, 2012), 6.
29. "An Evangelical Manifesto: A Decralation of Evangelical Identity and Public Commitment," May 7, 2008, 15. 以下のサイトで閲覧可能。http://www.anevangelicalmanifesto.com
30. Douthat, *Bad Religion*, 284.

〈ヒストリカル・スタディーズ〉は、
現代の価値観や常識をその成り立ちにまで遡って、
歴史的に考えていくシリーズです。

ヒストリカル・スタディーズ 11

# エヴァンジェリカルズ

アメリカ外交を動かすキリスト教福音主義

2014年11月29日　第1刷発行

著　者　マーク・R・アムスタッツ
訳　者　加藤万里子
装　幀　水戸部 功
編　集　藤岡美玲

発行者　落合美砂
発行所　株式会社太田出版
ホームページ　http://www.ohtabooks.com/
〒160-8571　東京都新宿区愛住町22 第3山田ビル4F
TEL　03-3359-6262
振替　00120-6-162166

印刷・製本　シナノ印刷

ISBN 978-4-7783-1413-2 C0095

## ヒストリカル・スタディーズ ラインナップ

### バナナの世界史
歴史を変えた果物の数奇な運命

ダン・コッペル
黒川由美 訳

絶滅の危機に瀕したバナナと人類の壮絶な1万年史。アダムとイブが口にした果物はバナナだった!? いまや世界最大の消費量を誇る食糧となったバナナ。グローバリズムによる繁栄と悲劇を背負うこの果物を、人類は救えるのか？

### エリア51
世界でもっとも有名な秘密基地の真実

アニー・ジェイコブセン
田口俊樹 訳

全米が震撼したベストセラー。100人以上の関係者証言をもとに、いまだ謎に満ちた軍事施設「エリア51」の内部に初めて踏み込む！ ロズウェル事件、アポロ11号月面着陸、巨大核シェルター……謎に満ちた秘密基地の真実。

### 食糧の帝国
食物が決定づけた文明の勃興と崩壊

アンドリュー・リマス
エヴァン・D・G・フレイザー
藤井美佐子 訳

食物が世界文明を築き、そして崩壊させた。メソポタミアからエジプト、古代ギリシャ・ローマ、現代アメリカ、中国まで、食糧の視点から描く一万年史。現代の食システムの危うさを浮き彫りにする歴史ノンフィクション。

### ベストセラーの世界史

フレデリック・ルヴィロワ
大原宣久／三枝大修 訳

グーテンベルクの印刷革命以来、読者を熱狂させてきた書物の数々。『ドン・キホーテ』から『ダ・ヴィンチ・コード』『ミレニアム』まで、欲望・策略・スキャンダルに満ちたベストセラーの運命と法則を読み解く画期的な論考。

### 最後の晩餐の真実

コリン・J・ハンフリーズ
黒川由美 訳

イエスは「いつ」殺されたのか——世界でもっとも有名な食事をめぐる謎が2000年の時を経て明らかに。文献学の蓄積と最新の天文学を駆使してイエスの最後の日々を再現する。「本書は最高の探偵小説である」（解題・大澤真幸）